우리말은 서럽다

우리말은 서럽다

김수업 지음

Humanist

머리말

우리가 쓰는 말은 모조리 우리말이라고 생각하자는 사람들이 많다. 입말에 토박이말과 중국말, 일본말, 서양말이 뒤섞여도 우리가 쓰면 우리말이고, 글말에 한글과 한자, 로마자가 뒤섞여도 우리가 쓰면 우리말이라고 생각하자는 것이다. 그런 사람들이 우리말을 연구하고, 우리말을 가르치고, 우리말 사전을 만들었다. 그들은 말이란 사람의 생각을 담아서 주고받는 그릇이라고 한다. 그릇일 뿐이기에 생각을 담아서 주고받을 수만 있으면 그만이라고 한다. 그래서 지난날 중국말을 끌어들여 우리 생각을 담아서 주고받은 것도 우리말이었고, 오늘날 미국말을 끌어들여 우리 생각을 담아서 주고받아도 우리말이라고 한다.

이런 생각은 일제 침략 시절 경성제국대학에서 '말의 이론(언어학)'을 가르치던 고바야시 히데오 교수가 씨앗을 뿌려서 비롯했다. 말할 나위도 없이 그는 우리 겨레가 일본말을 편안히 받아들여 쓰도록 하려고, 소쉬르를 빌미로 이런 생각을 가르치며 심었다. 그리고 그의 제자들이 광복 뒤로도 이런 생각을 진리처럼 믿고 힘써 퍼뜨렸다. 그들은 우리가 중국말과 일본말을 가리지 않고 끌어들여 써 왔기 때문에 우리말이 푸짐하고 힘차다고 말한다. 그래서 오늘도 중국말과 일본말과 미국말을 가리지 말고 부지런히 배워서 우리말에 끌어들여 뒤섞어 써야 한다고 생각한다. 그러나 이 같은 생각은 크게 잘못된 것이다.

말은 생각을 담아서 주고받는 그릇일 뿐만 아니라 느낌과 뜻까지 싸잡은 마음을 온통 담아서 주고받는 그릇이며, 또한 그 말을 쓰는 겨레의 삶을 송두리째 담아서 주고받는 그릇이기 때문이다.

그런데 남의 말을 함부로 끌어들여 뒤섞어 쓰면 제 겨레의 삶으로 빚어낸, 느낌과 생각과 뜻을 싸잡은 마음을 온전히 담아낼 수가 없다. 제 겨레의 삶을 제대로 담아낼 수 없는 남의 말을 함부로 끌어들여 쓰면 겨레의 삶을 어지럽히고 흐트러뜨리게 된다.

그리고 남의 말을 함부로 끌어들여 쓰면 그런 말로는 주고받는 노릇을 제대로 이루어 낼 수가 없다. 남의 말을 끌어들여 쓰는 사람은 나름대로 어떤 생각을 거기 담아서 말을 하겠지만, 듣는 사람은 거기 담긴 생각을 올바로 알아듣지 못한다. 남의 말을 배우지 못한 사람은 아예 그런 말이 낯설어서 알아듣지 못하고, 남의 말을 적잖이 배운 사람끼리라도 남의 말에 담긴 느낌과 생각과 뜻을 서로 조금씩은 빗겨 알게 마련이어서 제대로 주고받을 수가 없다. 말이란 어느 겨레의 말이든 저마다 그 겨레의 삶에서 빚어진 느낌과 생각과 뜻을 간직하고 있는 것인데, 다른 겨레 사람이 그것을 배운다 하더라도 저들의 삶에 온전히 녹아들기까지는 그런 속살을 제대로 주고받을 수가 없는 것이다.

겨레 동아리 안에서 서로 주고받는 말을 누구는 알아듣고 누구는 알아듣지 못하게 되면, 그런 말은 머지않아 동아리를 갈라놓거나 망가뜨리게 마련이다. 알아듣는 사람은 못 알아듣는 사람에게 말을 하고 싶지 않고, 못 알아듣는 사람은 또 알아듣는 사람의 말을 듣고 싶어 하지 않는다. 그러면 마침내 이들은 하나의 동아리를 이루어 살아갈 수 없기 때문에 서로 갈라서 뿔뿔이 흩어지는 수밖에 없다. 삶의 동아리와 그들이 쓰는 말 사이에 얽힌 이런 진리를 《구약성서》 '창세기'의 이른바 '바벨탑 이야기'에서 알 수 있다.

이처럼 겨레 동아리가 갈라지고 흩어지는 지경까지는 아니더라도, 남의 말을 함부로 끌어들여 쓰면서 겪는 아픔과 괴로움은 갖가지다. 무엇보다도 우리 겨레가 겪은 아픔과 괴로움이 남다르다. 우리 겨레는 고구려, 백제, 신라가 일어선 뒤로 왕실을 비롯한 지배층에서 중국 글말(한문)을 다투어 끌어들이면서 그런 아픔과 괴로움이 겨레의 바탕에 쌓였다. 왕조 세상이 무너질 때까지 이천 년 동안 중국 글말을 아는 사람들만 중국 글말로 겨레를 이끌고, 수많은 백성은 중국 글말에 앞이 막혀 장님처럼 살면서 온갖 아픔과 괴로움에 시달렸다. 그리고 겨레 동아리는 물과 기름이 되어 갈라져 살았다. 그러자니 저절로 우리말 또한 중국말을 함부로 끌어다 뒤섞어 쓰는 지배층의 것과 우리 토박이말로만 살아가는 백성의 것으로 갈라졌다.

더욱 뼈아픈 것은 지배층이 뒤섞어 쓰는 중국말은 높고 값진 말이고, 백성들이 아끼며 쓰는 토박이말은 낮고 하찮은 말이라는 생각이 갈수록 굳어진 사실이다. 그래서 시나브로 토박이말은 내버려야 할 쓰레기가 되어 쫓겨나고, 중국말은 아끼고 가꾸어야 할 보물이 되어 안방으로 밀고 들어왔다. 백성의 삶이 서러웠던 것처럼 토박이말의 신세 또한 서러움에 젖어 눈물겹게 되어 버린 것이다. 나는 이런 우리 토박이말의 서러움에 뒤늦게 눈을 떠서 이처럼 부끄러운 글들을 써 보기로 했으나 이제는 너무 때늦었다는 안타까움에 가슴을 자못 에는 듯하다.

온 세상 사람들의 살림살이가 곤두박질을 치고 있는 때에 어려움을 무릅쓰고 책을 펴내 주신 휴머니스트 출판사에 가슴 깊은 데서 우러나는 고마움을 드리고 싶다. 보잘것없는 글을 즐겁게 읽을 수 있도록 아름답게 꾸며 주신 휴머니스트 편집부에도 머리 숙여 고마운 인사를 드린다.

김수업

차례

하나 • 우리 겨레의 삶과 말

둘 • 우리 토박이말의 속뜻

셋 ● 우리 토박이말의 속살

御製訓民正音

訓은 글ㅊ칠씨오 民은 百姓이오 音은 소리니 訓民正音은 百姓 ㄱㄹ치시논 正한 소리라

國之語音이
國은 나라히라 之는 입겨지라 語는 말ㅆ미라

나랏말ㅆㅏ미

異乎中國ㅎㅑ
異는 다ᄅᆞᆯ씨라 乎는 아모그에 ㅎᄂ겨체 ㅆᄂ 字ㅣ라

하나

우리 겨레의
삶과 말

역사란 실체가 없다고 한다. 있는 것은 역사책을 쓰
는 사람의 눈일 뿐이라 한다. 맞는 말이다. 그러나
그보다 더욱 맞는 말은, 역사란 실체가 있지만 그 실
체가 누구에게나 보이는 것이 아니라 눈을 비벼서
보려는 사람에게만 보인다는 것이다. 그리고 역사를
보려는 사람은 맨손으로 눈만 비비지 않고 반드시
제 눈에 맞는 안경을 만들어 쓴다. 이런 안경을 끼면
역사가 보이지만 안경이 저마다 다르므로 역사 또한
달리 보일 수밖에 없다. 이렇게 역사란 보는 사람의
눈에 따라 갖가지로 보이지만, 이 갖가지 역사는 모
두 하나의 실체에서 드러난 것이기에 참되다.

말이라는 안경을 끼고 우리 겨레의 역사를 보면 크
게 세 걸음으로 드러난다. 입말로만 살던 걸음, 입
말과 글말로 살던 걸음, 입말과 글말과 전자말로 살
아가는 걸음이 그것이다. 첫째 걸음은 구석기·신석
기·옥기·청동기·철기 시대에 이르는 이른바 고조선
시절이고, 둘째 걸음은 고구려, 백제, 신라에서 비롯
하여 남북국·고려·조선 시대에 이르는 중앙 집권 왕
조 시절이고, 셋째 걸음은 왕조가 무너진 다음부터
오늘에 이르는 일백 년 남짓이다. 이들 세 걸음에서
우리 겨레가 쓰던 말이 달랐던 만큼이나 삶 또한 달
랐다.

사람에게 가장 몹쓸 병

사람에게 가장 몹쓸 병은 제 스스로를 제가 업신여기는 병이다. 키에르케고르는 절망을 '죽음에 이르는 병'이라 했다지만, 제가 제 스스로를 업신여기는 병보다 더 무서운 절망은 없으며, 이는 제 스스로를 손쓸 수 없는 죽음으로 내모는 것이다.

그런데 우리 겨레는 지난 이천 년 세월에 걸쳐, 글 읽는 사람들이 앞장서 제 스스로를 업신여기는 병에 갈수록 깊이 빠져 살았다. 그런 병은 기원 어름 고구려가 중국 한나라의 글자를 끌어들이면서 씨앗을 뿌리고, 신라가 백제·고구려와 싸우며 당나라를 끌어들여 당나라 학교인 국학을 세우면서 모를 내고, 고구려와 백제를 무너뜨린 신라가 국학 졸업생과 당나라 유학생으로만 벼슬자리를 채우면서 뿌리를 내렸다.

신라는 나라 다스리는 제도와 체제를 당나라 것으로 본뜨고, 땅 이름과 사람 이름도 당나라처럼 바꾸고, 당나라를 우러르고 본받는 일에 매달리고자 제 나라를 '시골(향)'이라 불렀다. 이를 이어받아 고려는 송나라를 우러르며 제 나라를 '작은 중국(소중화)'이며 '동녘 나라(동국)'라 낮추고, 조선은 명나라를 우러르며 제 나라를 '작은 나라(소국)'며 '동쪽 언덕(청구)'이라 일컬었다. 중국 사람들이 우리 땅을 '동국'이니 '청구'니 한다고 해서 우리가 스스로를 '동국'이니 '청구'니 했으니, 얼마나 스스로를 내버리고 중국 사람의 흉내를 내었는지 헤아릴 만하다.

그렇게 살아온 이천 년의 끝은 어디던가? 나라를 남에게 빼앗기고 겨레가 침략자의 종살이에 떨어진 거기였다. 우리를 종으로 부리며 상전 노릇을 하던 침략자에게서 "조선 놈은 어쩔 수가 없다니까!" 하는 소리까지 듣던 거기였다. 그런 지옥이 어찌 하루아침에 오겠는가? 이천 년 세월이 하루씩 쌓여서 마침내 찾아온 끝장인 것이다. 거기까지 오는 동안 맨 처음은 고조선이 무너지면서 요하 서녘을 중국 한나라에 빼앗기고, 다시 고구려가 무너지면서 만주 절반을 중국 당나라에 빼앗기고, 발해가 무너지면서 만주 모두를 잃어버리고, 그때부터 반도 안에만 갇혀서 여태까지 일천 년이 넘도록 만주 너머를 밟아 보지 못했다. 게다가 줄곧 우리를 우러러보며 배워 가던 일본의 침략을 받아 칠 년 동안 짓밟히고, 머지않아 다시 침략해 온 그들에게 나라를 송두리째 빼앗겨 종살이를 하기에 이르렀다.

그뿐 아니라 중국 역사책만 읽으며 얼을 빼앗겨, 고조선 시절과 고구려 때까지 함께 어우러져 같은 삶으로 꽃피우며 살아온 겨레를 '오랑캐'라 부르며 팽개쳐 버렸다. 고구려 겨레의 하나였던 거란이 일어나 요나라를 세워서 발해를 싸잡고 고조선 땅을 다시 찾으며 중국으로 들어가 이백 년을 다스려도 반기기는커녕 중국을 따라 오랑캐라 부르며 고개를 돌렸고, 발해를 세웠던

여진 겨레가 일어나 금나라를 세워 요나라를 싸잡고 다시 고조선 옛 땅을 되찾아 중국으로 들어가 일백 년을 다스려도 마찬가지로 오랑캐라며 고개를 돌렸다. 임진왜란으로 동아시아가 뒤흔들린 다음 다시 여진 겨레가 청나라를 세워 고조선 옛 땅에다 중국 천하를 모두 틀어쥐고 삼백 년을 다스려도 우리는 끝내 저들을 오랑캐라 부르며 언니 아우로 여기지 않았다.

우리가 중국에 얼을 빼앗기지 않고 고조선과 고구려까지 이어온 배달겨레의 삶을 지켰다면, 우리의 역사는 마땅히 고구려에서 발해, 발해에서 요나라, 요나라에서 금나라, 금나라에서 청나라로 이어진 북녘 조선의 역사뿐만 아니라, 신라에서 고려, 고려에서 조선으로 이어진 남녘 삼한의 역사를 하나로 아우를 수 있었을 것이다. 그랬으면 우리가 어찌 섬나라인 일본에 나라를 빼앗겨 종살이까지 맛보게 되었겠으며, 오늘날 중국이 요하 문명을 저들 문명의 뿌리로 싸잡는 동북공정을 바라만 보고 있겠는가!

중국 글말을 끌어들여 망쳐 놓은 삶

우리 겨레의 삶을 구렁으로 몰아넣은 옹이는 바로 중국 글말인 한문이었다. 고구려의 상류층에서 한문을 끌어들였고, 그것은 저절로 백제와 신라의 상류층으로 퍼져 나갔다. 그러나 그것은 우리말과 맞지 않았기 때문에, 어떻게든 우리말에 맞추어 보려고 애를 쓰기도 하였다. 그래서 한쪽으로는 중국 글자(한자)를 우리말에 맞추는 일에 힘을 쏟으면서, 또 한쪽으로는 한문을 그냥 받아들여 쓰는 일도 서슴지 않았다. 한자로 우리말을 적으려는 일은 적어도 5세기에 비롯하여 7세기 후반에는 웬만큼 이루어졌으니, 삼백 년 세월에 걸쳐 씨름을 한 셈이었다. 한문을 바로 끌어다 쓰는 일은 이보다 훨씬 빠르게 이루어져, 고구려에서는 초창기에 이미 일백 권에 이르는 역사책《유기》를 펴냈고, 백제에서는 4세기 후반에 고흥이《서기》를 펴냈으며, 신라에서는 6세기 중엽에 거칠부가《국사》를 펴냈다.

상류층이 이처럼 한문에 마음을 쏟으면서, 우리 겨레 동아리에는 갈수록 틈이 벌어질 수밖에 없었다. 아무리 어려워도 배워서 익힐 시간이 있는 상류층 사람들은 한문으로 마음을 주고받는 새로운 길로 내달았으며, 배워서 익힐 시간이 없는 백성들은 언제나 우리 입말로만 마음을 주고받으며 살아야 했기 때문이다. 게다가 7세기 후반에는 한자로 우리말을 웬만큼 적을 수 있었음에도, 삼국 통일을 이룬 신라 상류층은 이것을 거들떠보지도 않았다. 한문을 부지런히 배워서 중국 사람을 따라잡아야 넓은 세상에서 사람답게 살 수 있다는 생각에 사로잡혀 있었기 때문이다.

이런 세월이 흐를수록 한문을 배워서 책을 읽고 글을 쓰며 벼슬길로 나가는 상류층 사람들은 우리 것을 모두 시들하게 보았다. 우리 것을 하찮게 여기고 중국 것을 우러르면서 한문에 힘을 쏟으면 쏟을수록, 벼슬길은 넓게 열리고 살기도 편해졌기 때문이다. 그런 길로 따라갈 수 없는 여느 백성들은 또 그만큼 제 삶이 고달프고 제 신세가 서러워 스스로 저를 부끄러워하며 업신여기지 않을 수가 없었다. 그래서 한문을 아는 적은 사람들과 한문을 모르는 많은 사람들이 마치 물 위에 기름처럼, 하나로 어우러질 수 없는 삶을 살 수밖에 없었다. 만주 땅 드넓은 벌판을 야금야금 빼앗겼던 까닭의 깊은 속내가 바로 이렇게 겨레가 속에서 둘로 갈라져 살았기 때문이다.

이런 세월의 흐름에서 우리말의 신세는 불쌍한 백성과 함께 서러움과 업신여김에 시달리며 짓밟히고 죽어 나갔다. 헤아릴 수 없이 죽어 나간 우리말을 어찌 여기서 모두 헤아릴 것인가! 셈말만을 보기로 들어 보면, '온'은 '백(百)'에게, '즈믄'은 '천(千)'에게, '골'은 '만(萬)'에게, '잘'은 '억(億)'에게 짓밟혀 죽어 나갔다.

'온'에 미치지 못하는 '아흔아홉'까지는 아직 살아서 숨이 붙어 있다지만, '스물, 서른, 마흔, 쉰, 예순, 일흔, 여든, 아흔'으로 올라갈수록 한자말인 '이, 삼, 사, 오, 육, 칠, 팔, 구'에 짓밟혀 목숨이 간당간당하다. 그래서 우리는 지금 우리말을 짓밟아 죽이고 그 자리를 빼앗아 차지한 한자말 세상에서 살아가는 것이고, 국어사전에 실린 낱말의 열에 일곱이 한자말이라는 소리까지 나올 지경이다. 세종 임금이 '한글'을 만들어 우리말을 붙들지 않고 줄곧 한문으로 글말살이를 했다면, 우리도 만주 벌판에 사는 사람들처럼 중국으로 싸잡혀 들어가고 말았을 것이다.

중국으로 문명을 넘겨주던 세월

한자를 끌어들이지 않았던 시절, 우리 겨레는 앞선 문화를 일으키며 살았다. 비록 글자가 온전하지 못하여 경험을 쌓고 가르치는 일이 엉성했을지라도, 입말로 위아래 막힘없이 마음을 주고받으면서 하나로 어우러져 살기 좋은 세상을 일구어 이웃한 중국과 일본을 도우며 살았다. 이런 사실이 우리나라 고고학의 발전에 발맞추어 알려진 터라, 지난 이삼 년 사이에 밝혀졌다.

　이제까지 밝혀진 사실만 보아도, 우리 겨레는 구석기 시대에 대동강 언저리(검은모루, 60만 년 전)와 한탄강 언저리(전곡리, 26만~27만 년 전)와 금강 언저리(석장리, 4만~5만 년 전)에서 앞선 문화를 일구며 살았다. 무엇보다도 구석기 시대 말엽인 일만 삼천 년 전에 세상에서 맨 처음으로 벼농사를 지었다는 사실이 충북 청원군 소로리에서 드러났다. 그것은 이제까지 세상에서 맨 먼저 벼농사를 지었다고 알려진 중국 양자강 언저리의 그것보다 삼천 년이나 앞서는 것이다. 또 청원군 두루봉 동굴에서는 죽은 사람에게 꽃을 바치며 장례를 치른 신앙생활의 자취까지 드러나, 구석기 시대에 이미 높은 문화를 누리며 살았음을 알 수 있다.

그로부터 신석기 시대를 거치면서도 우리 겨레는 줄기차게 새로운 문명을 앞장서 일구었다. 강원도 양양의 오산리, 제주도 고산리, 함경북도 선봉군 서포항, 남해안 삼천포 조도 같은 유적에서 나온 유물의 탄소 연대 측정 결과는, 중국의 황하 신석기 유적 가운데 가장 이른 하남성의 배리강(裵李崗) 문화나 하북성의 자산(磁山) 문화보다 앞서는 것들이다. 거기서도 강원도 양양의 오산리와 제주도 고산리 유적은, 기원전 육천 년 즈음의 것으로 알려진 중국의 배리강 문화나 자산 문화보다 적어도 이천 년을 앞서는 것으로 밝혀졌다. 그리고 요즘 중국에서 동북공정으로 있는 힘을 다해 중국 문명의 뿌리로 싸안으려는 요하 문명은 우리 신석기 시대 말엽의 중심 문명으로서, 중국의 황하 문명이나 양자강 문명보다 훨씬 이르고 더욱 빛났다. 기원전 칠천 년 즈음의 소하서(小河西) 문화를 비롯해 기원전 육천 년 즈음의 흥륭와(興隆窪) 문화를 거쳐 기원전 사천오백 년 즈음의 홍산(紅山) 문화에 이르는 기나긴 요하강 언저리의 요하 문명은, 석기 시대와 청동기 시대 사이에 '옥기(玉器) 시대'라는 문명 단계를 마련해야 할 만큼 남다르고 놀라운 문명이었음이 밝혀졌다.

　신석기 시대를 이어받고 불을 다스리면서 일으킨 청동기 시대의 삶은 더욱 빛나고 자랑스럽다. 불타고 썩는 것들은 모두 사라지고 오직 돌과 쇠붙이만 남았지만, 그것만으로도 우리 겨레의 청동기 시대 삶이 얼마나 자랑스러운 것인지 알 수 있다. 청동기 시대 유물 가운데 무엇보다도 첫손 꼽을 것은 고인돌이다. 땅덩이 위에 널리 흩어져 있는 큰돌 유적에서 절반가량이 우리 겨레의 터전에 두루 널려 있어서, 여기가 청동기 문명의 본거지였음을 알 수 있다. 고인돌 무게는 몇 톤에서 몇백 톤에 이르는데, 이런 돌을 덮어 무덤을 만들던 주인이라면 한꺼번에 오륙천 명의 젊은이를 부릴 수 있는 힘을 지닌 사람이라야 한다. 이런 고인돌이 무려 사만 개를 헤아리니 그런 세력가들이 얼마 동안이나 이 땅에서 힘을 뽐내며 살았던 것이겠는가?

고인돌과 떼놓을 수 없는 유물이 칼과 방울과 거울 같은 청동기들이다. 고조선에서 가장 이른 하가점하층(夏家店下層) 문화의 청동기는 중국 황하 언저리에서 가장 이른 이리두(二里頭) 문화의 청동기보다 적어도 삼백 년이나 앞서는 것으로 밝혀졌다. 게다가 우리 청동기는 아연을 써서 합금 기술이 빼어났기 때문에, 이름 높은 '비파꼴청동칼'을 비롯하여 방울이든 거울이든 중국의 청동기와 견줄 수가 없을 만큼 뛰어났다. 우리가 높은 청동기 문화를 중국으로 건네주었다는 사실은 중국 사람들이 불과 농사의 신으로 우러르는 염제(炎帝) 신농씨(神農氏)가 우리 겨레라는 사실로도 알 만하다.

청동기가 앞섰으니 철기도 중국을 앞지른 것은 두말할 나위 없다. 우리 고조선의 철기 문화는 중국의 철기 문화보다 사백 년이나 앞서는 기원전 12세기부터 비롯한다는 사실이 평양시 강동군 송석리 무덤에서 나온 철기 유물로 밝혀졌다. 쇠가 구리보다 흔하고 가공이 쉬워서, 철기는 무기와 농기구 발전에 혁명을 가져왔다. 고조선은 신기술로 만든 철기의 활, 화살, 화살촉, 갑 따위를 중국에 수출했으며, 일본에도 건네주었다. 그리고 이들 철기 문명과 함께 새로운 가공 기술도 발전하여, 짐승(범, 표범, 곰, 말 따위)의 가죽으로 만든 옷과 이들 짐승의 털로 만든 모직물을 중국에 수출하기도 했다.

무엇보다도 우리 겨레가 세워서 중원을 오백 년 동안 다스렸던 상(은)나라에서는 오늘날 '갑골 문자'라 이르는 글자를 만들어 쓰면서 황하 언저리를 유프라테스, 나일, 인더스와 더불어 세계 4대 문명 발상지로 꼽히게 했다. 게다가 최근에는 갑골 문자보다 일천 년 이상 이른 때에 짐승 뼈에 새겨 쓴 '각골 문자'가 우리 겨레의 터전이었던 중국 산동성 창락현 언저리에서 적잖이 나타났다. 그런데 우리 겨레가 우리의 말을 적으려 만들었던 각골 문자와 갑골 문자가 어떻게 한문으로 탈바꿈하여 고구려로 들어와 백제와 신라를 거치며 우리 겨레의 올가미가 되었을까?

상(은)나라의 갑골 문자는 주나라와 춘추·전국 시대를 지나고 진나라와 한나라에 이르는 일천 년 동안에 금문(金文), 전문(篆文)을 거쳐 한족의 말을 적는 한문으로 탈바꿈하여 예서(隸書), 해서(楷書)로 자리를 잡았다. 그런 흐름 안에서 전문이 한창이던 진나라 시황제 때 갑골 문자는 우리 겨레와 함께 커다란 고비를 만났다. 유사 이래 중국 한족이 처음으로 중원을 통일하게 만든 진시황은, 그때까지 대륙을 거의 지배하다시피 한 우리 겨레(동이족)의 힘을 뿌리째 뽑아 버리고자 안간힘을 다했다. 그것이 다름 아닌 '분서갱유'다. 진시황은 나무판과 대쪽에 갑골 문자로 적은 우리 겨레의 말을 모두 모아 불 지르고(분서), 불에 타지 않는 거북 껍질과 짐승 뼈에 적힌 모든 갑골 문자를 모아 그것을 읽고 쓰는 선비까지 함께 땅을 파고 묻어 버렸다(갱유). 그리고 그때 이미 한족의 말을 적는 글자로 기울어져 한창 쓰이던 전서(篆書)를 힘써 새롭게 고쳐서 한족의 말을 더욱 온전히 적는 글자로 바꾸는 일에 힘썼다. 그래서 진시황 이전의 전서를 '대전(大篆)', 진시황이 새롭게 발전시킨 전서를 '소전(小篆)'이라 한다. 진시황이 땅에 파묻은 갑골 문자는 1890년대에 와서야 북경의 어느 한약방 주인에게 용골(龍骨)로서 다시 모습을 드러냈다.

진시황을 이어받은 한나라에 와서 소전은 더욱 한족의 말에 알맞게 가다듬어져서 예서가 되고 해서가 되었는데, 한나라 무제(武帝) 때 우리 겨레의 역사와 문화는 또 다른 고비를 맞았다. 천하를 온통 한족의 것으로 만들고자 했던 무제는 서역과 흉노까지 굴복시킨 다음 힘을 가다듬어 우리 겨레를 요하 동녘으로 밀어내어 고조선이 무너지는 빌미를 만들었다. 그런데 이런 무제를 따라다니며 꿈을 키운 사마천이 우리 겨레가 중국으로 들어가 이루어 낸 지난날의 문명을 모두 한족의 것으로 싸잡아 넣어서 《사기》라는 역사책을 썼다. 이로 말미암아 요하 서녘의 고조선 땅은 말할 나위도 없고, 우리 겨레가 황하 중류까지 들어가 중국 문명을 깨우고 일으킨 모든 일들이 송두리째 중국 한족의 삶으로 넘어가게 되었다. 이것이 바로 한족이 이루어 낸 여러 '동북공정'의 첫 삽이었던 셈이다. 이로부터 그것을 본받아 써 놓은 저들의 갖가지 한문책을 고구려, 백제, 신라의 지배층이 그대로 끌어와 배우면서 우리 겨레의 삶은 굴러떨어지는 길로만 내달릴 수밖에 없었다.

중세 보편주의라는 말

우리 겨레가 한문을 끌어다 쓰면서 우리를 잃어버리고 중국을 우러르며 굴러떨어진 역사를 '중세 보편주의'에 어우러진 문명의 전환이었다고 말하는 사람들이 있다. 우리가 중국의 한문 문화에 싸잡혀 들어간 것이 중세 동아시아 보편주의에 어우러진 발전이었다는 것이다. 그리고 한문은 그런 중세 보편주의를 이루어 내게 해 준 고마운 도구였다고 한다. 이런 소리는 이른바 중화주의자들이 셈판을 두들겨 꿍꿍이속을 감추고 만들어 낸 소리인데, 우리나라 지식인들까지 맞장구를 치고 나섰다.

'중세 보편주의'란 서유럽 역사에서 끌어온 말이다. 이 말은 르네상스 이전에 모든 유럽 사람이 라틴말을 쓰면서 하느님을 삶의 중심에 놓고 살던 시절(중세), 가톨릭(보편) 교회의 가르침(주의)을 뜻하는 말이다. 라틴말이 유럽에 두루 쓰인 것과 한문이 동아시아에 두루 쓰인 것이 닮았다고 섣불리 '중세 보편주의'를 끌어다 붙였겠지만 그건 터무니없는 소리다. 우선 동아시아에는 '중세'란 것이 없었다. 기원전에 만들어진 정치·사회 체제가 19세기 말까지 거의 그대로 되풀이되었을 뿐 아니라 한문의 위세가 19세기 말까지 꺾이지 않았기 때문이다. 게다가 라틴말은 소리가 있는 입말이면서 글말이었지만, 한문은 글말뿐이었기 때문에 보편의 알맹이를 담을 수가 없었다. 그리고 무엇보다도 서양의 중세 보편주의에서 알맹이인 '철학과 사상과 신앙의 보편성'이 동아시아에는 없었다. 있었던 것은 여러 겨레가 저마다의 빛깔을 모두 죽여서 한문이라는 그릇에 꾸겨 담아 중국의 아류로 들어가는 그것뿐이었다. 저마다 자유롭게 저들의 말로 삶을 가꾸고 꽃피우며 살아갈 권리를 빼앗기고, 오직 중국의 한문으로 저들의 삶을 담아야 했으므로 수많은 겨레와 사람이 인권을 짓밟히는 그것뿐이었다. 그래서 서유럽이 겪었던 근대화와 자국어 문명은 맛조차 보지 못한 채로 오늘까지 살아와서 마침내 예순에 가까운 겨레들이 제 말을 버리고 중국말로 중국 사람이 되어 살아야 하도록 만들었고, 중국이라는 나라가 땅덩이 위에서 가장 많은 사람을 싸잡을 수 있도록 만들었을 뿐이다.

이런 동아시아에서 우리만은 한글 덕분에 중국의 소수 민족으로 싸잡혀 들어가지 않을 수가 있었다. 그래서 우리는 우리의 빛깔을 가꾸고 길러서 인류 문명의 꽃밭에 남다른 꽃으로 자랑스럽게 뽐낼 길을 잃지 않았다. 이천 년이라는 긴 세월에 걸쳐 한문의 올가미에 걸려 드넓은 대륙을 잃어버리고 갈수록 중국의 아류로 떨어져 살았으나, 이제부터는 우리만의 빛깔로 삶을 떨치며 인류의 꽃밭에서 자랑스럽게 살아갈 수 있다. 그러려면 무엇보다도 지난 이천 년에 걸쳐 짓밟힌 우리말을 다시 일으켜 세워야 한다. 삶의 꽃은 말에서 피어나는 것이기 때문이다.

말에서 삶의 꽃이 피어난 문명

삶의 꽃이 말에서 피어난다는 사실은 지난 삼천 년 동안 끊임없이 탈바꿈하며 새로워진 서유럽 문명의 역사가 증명한다. 사람들은 서유럽 문명의 뿌리를 '헬레니즘'과 '헤브라이즘'이라 말한다. 이 두 뿌리는 모두 유프라테스·티그리스의 쐐기글자 문명과 나일의 그림글자 문명을 아우르며 자랐으나, 저마다 아주 다른 빛깔의 삶으로 꽃을 피웠다. 헬레니즘은 이승을 꿰뚫어보면서 꽃피운 헬라말(그리스말)의 문명이고, 헤브라이즘은 저승을 꿈꾸면서 꽃피운 히브리말의 문명이다. 저승에 매달린 헤브라이즘은 이승에 매달린 헬레니즘의 현세 문명과 겨루기 어려웠으므로, 겉으로 드러난 서유럽 문명의 뿌리는 헬레니즘으로 보인다. 그런 헬레니즘은 소리글자를 앞장서 가다듬어 기원전 8세기부터는 헬라말을 글말로 적으며 서유럽 문명의 뿌리로 자리 잡았고, 기원전 4세기까지 더욱 쉬운 소리글자에 헬라말을 담아 놀라운 삶의 꽃으로 지중해 문명을 이끌었다.

그런 서유럽 문명의 중심이 기원 어름에 헬라말에서 라틴말로 옮겨 갔다. 그러면서 소리글자도 '로마자'라는 이름을 얻을 만큼 더욱 쉽게 가다듬어져 라틴말을 글말로 담아내면서 라틴 문명을 일으킨 것이다. 게다가 헤브라이즘이 십자가에 못 박혀 죽은 예수를 업고 여기로 건너와서 헬레니즘과 손잡고 서유럽 문명의 참된 뿌리로 자리를 잡았다. 이렇게 일어난 문명이 앞에서 말한 중세 보편주의를 이루고 르네상스를 거쳐 근대 각국 문명에 중심을 건네줄 때까지 지중해를 주름잡은 라틴 문명이다.

그러나 일천 년을 넘게 서양 문명의 횃불이었던 라틴 문명도 기원 어름 베르길리우스의 〈아이네이스〉라는 서사시가 나오기 이전에는 그리스 문명 앞에 한갓 쓰레기로 업신여김을 받았다. 헬라말로 적힌 그리스 문명을 이백 년 넘도록 라틴말로 부지런히 뒤치며 갈고닦은 다음 기원 어름에 와서 베르길리우스의 서사시가 나타나자 쓰레기가 금싸라기로 떠오른 것이다. 그런 다음에 비로소 라틴말로 일구어 내는 라틴 문명이 활짝 피어오를 수 있었다.

서유럽 문명의 중심은 라틴말에서 다시 각국 말로 옮겨 갔다. 14세기에 이탈리아말이 라틴말을 밀어내는 것을 비롯하여, 16세기부터 스페인말, 프랑스말, 영국말이 라틴말을 잇달아 밀어내면서 서유럽 문명은 중세를 벗어나 이른바 르네상스로 넘어섰다. 그리고 15세기에서 16세기에는 이탈리아말이, 16세기에서 17세기에는 스페인말이, 17세기에서 18세기에는 프랑스말이, 18세기에서 19세기에는 영국말이 앞서거니 뒤서거니 서유럽 문명의 중심 노릇을 하면서 근대 사회를 거쳐 현대로 넘어왔다. 여기에 19세기에야 눈을 뜨고 깨어난 독일말이 뒤늦게 합류하여 20세기로 넘어오면서 서유럽 문명은 땅덩이를 온통 뒤덮었다.

그리고 20세기에 서유럽 문명의 중심은 미국으로 옮겨 가서, 오늘날은 미국말이 지구 가족의 문명을 이끌어 가는 듯한 모습을 보이고 있다.

그런데 라틴말이 서유럽 문명의 중심으로 떨치며 꽃피우던 일천 년의 중세에, 이들 각국 말은 모두 농사짓고 장사하고 고기잡이하는 사람들의 하찮은 입말에 지나지 않았다. 그러나 저마다 힘껏 갈고닦아서 남다른 빛깔을 뽐내며 서유럽 문명의 중심으로 자랑스럽게 꽃피었던 것이다.

인류 문명을 앞장서 이끄는 날을!

이 땅 위에는 수많은 문명이 솟아올랐다가 사라지곤 했다. 그런 자취가 더러는 '불가사의'라는 이름으로 사람들의 놀라움을 사기도 하지만, 알고 보면 그것들은 솟아올랐다가 자취만 남기고 사라졌거나, 굴러떨어져서 보잘것없이 되었거나, 멈춰 서서 늙어진 채로 견디고 있을 뿐이다. 그러나 삼천 년이 넘는 긴 세월에 걸쳐 끊임없이 중심을 옮기며 새롭게 탈바꿈하면서 오늘까지 늙지 않고 살아 있는 것이 서유럽 문명이다. 그것은 서유럽 문명만이 소리글자를 만들어, 보잘것없는 백성까지 글말살이로 문명을 일으키는 힘이 될 수 있었기 때문이다.

우리 겨레는 세상에서 가장 쉽고 온전한 소리글자인 '한글'을 15세기부터 만들어 가졌다. 그리고 아무도 가르쳐 주지 않았을 뿐만 아니라 오히려 배우지 못하도록 갖가지 그물을 쳐서 막았지만, 18세기부터는 한글을 읽고 쓰는 백성이 온 나라에 두루 퍼졌다. 그렇게 눈뜬 백성의 힘으로 왕조는 탈바꿈을 하지 않을 수 없었고, 야욕에 불탄 침략자 일본을 몰아내어 광복을 이루었다. 그리고 미국과 소련이라는 두 진영의 싸움으로 겨레가 둘로 갈라졌으나, 민주주의로 일어선 남녘은 세계에서 열 손가락 안에 드는 나라로 우뚝 섰다. 이처럼 백성들이 누구나 쉽사리 글말살이에 뛰어들면서 세계 문명을 이끌 만한 힘으로 일어선 것이다.

그러나 문제는 우리네 토박이말의 신세다. 우리네 토박이말이 지난 이천 년 동안 중국 한자말에 짓밟히고, 지난 일백 년 동안 일본 한자말과 미국말에 할퀴어서 상처투성이가 되어 버렸기 때문이다. 우리 겨레의 느낌과 생각과 뜻을 만들어 내고 담아내는 토박이말을 살리지 않으면 아무리 배부르고 등 따습게 살아도 우리 겨레의 삶은 빛깔이 바랜 허수아비에 지나지 않는다. 중국 한자말, 일본 한자말, 미국말 투성이를 한글로 아무리 적어 놓아도 그것으로는 우리네 느낌과 생각과 뜻을 만들어 내지도 담아내지도 못하기 때문이다. 우리 겨레의 삶에서 스스로 움이 돋고 싹이 나고 가지가 자라난 토박이말이라야 우리만의 빛깔을 뿜내는 느낌과 생각과 뜻과 얼을 만들어 내고 담아낼 수가 있다. 그리고 그런 우리 토박이말을 살리면 우리 겨레는 아득한 지난날 이 땅덩이의 횃불로 자랑스러웠던 것처럼 다시 자랑스럽게 일어설 수가 있다. 그래서 아름답고 그윽한 우리말로 남들이 따를 수 없는 우리의 삶을 꽃피워 세상 모든 겨레를 도우면서 값지고 복된 삶을 살아갈 수가 있다. 인류 문명의 역사가 그것을 가르쳐 주고 있다.

御ᅌᅥᆼ製졩訓훈民민正졍音ᅙᅳᆷ

御ᅌᅥᆼ製졩ᄂᆞᆫ 님금 지ᅀᅳ샨 그리라
訓훈은 ᄀᆞᄅᆞ칠씨오 民민ᄋᆞᆫ 百셩이오 音ᅙᅳᆷ은 소리니
訓훈民민正졍音ᅙᅳᆷ은 百셩 ᄀᆞᄅᆞ치시논 正졍ᄒᆞᆫ 소리라

國귁之징語ᅌᅥᆼ音ᅙᅳᆷ이
國귁ᄋᆞᆫ 나라히라 之징는 입겨지라 語ᅌᅥᆼ는 말ᄊᆞ미라

나랏말ᄊᆞ미

異ᅌᅵᆼ乎ᅘᅩᆼ中듕國귁ᄒᆞ야
異ᅌᅵᆼ는 다ᄅᆞᆯ씨라 乎ᅘᅩᆼ는 아모그에 ᄒᆞ논 겨체 ᄡᅳ는 字ᄍᆞᆼㅣ라
中듕國귁ᄋᆞᆫ 皇帝 겨신 나라히니

나랏말ᄊᆞ미 中듕國귁에 달아

둘

우리 토박이말의
속뜻

말을 '생각의 집'이라 한다. 그러나 말은 '생각'만의 집일 수가 없다. '느낌'의 집이기도 하고, '뜻'의 집이기도 하고, '얼'의 집이기도 하다. 말은 사람의 느낌과 생각과 뜻과 얼을 살게 하는 집이니까, 말은 곧 마음이 살아가는 집이다. 사람은 누구나 같은 말을 쓰는 사람들끼리 느낌과 생각과 뜻을 주고받고 나누며 삶을 일구어 문화를 쌓는 동아리로서 살아간다. 이런 말은 곧 겨레의 집이기도 한 셈이다.

이들 집은 '낱말'이라는 벽돌로 지어진다. 낱말 하나에 저마다 사람의 느낌이 스며 있고, 얼이 갈무리되어 있다. 이런 낱말을 하나씩 짜 맞추어 사람은 제 느낌의 집을 짓고, 제 생각의 집을 짓고, 제 뜻의 집을 짓고, 제 얼의 집을 짓는다. 그리고 사람의 동아리인 겨레도 모든 사람이 어우러져 낱말이라는 벽돌을 하나씩 짜 맞추어 삶이라는 문화의 탑을 쌓아 올린다. 그러므로 낱말이 하나하나 얼마나 남다른가, 얼마나 단단한가, 얼마나 아름다운가에 따라 그것으로 지은 집의 값어치와 빛깔이 달라진다.

가 | 끝

"무슨 팔자인지 밀려오는 일이 끝도 가도 없네!" 이런 푸념을 듣는다. '끝'은 무엇이며, '가'는 무엇인가?

'끝'과 '가'는 본디 넘나들 수 없도록 속뜻이 다른 낱말이었으나 요즘은 걷잡지 못할 만큼 넘나든다. 아니 서로 넘나든다기보다 '끝'이 '가'를 밀어내고 있다. "그 광주리를 저쪽 마루 가로 갖다 두어." 하던 것을, 요즘은 "그 광주리를 저쪽 마루 끝으로 갖다 두어." 하기 일쑤다.

'가'는 바닥이나 자리나 바탕같이 얼마간의 넓이가 있는 자리(공간)에서 가운데로부터 가장 멀리 떨어진 데를 뜻한다. 여기서 '얼마간의 넓이'는 아주 드넓은 벌판으로부터 좁다란 손칼이나 숟가락 같은 것까지 그야말로 가늠 없이 가지가지다. '가장 멀리 떨어진 데'는 '얼마간의 넓이를 지닌 자리에서 변두리'라는 뜻이다. 그러나 '가'는 반드시 적으나마 너비를 지니고 있는 자리라야 하기에 '가장자리'라는 말과 거의 같은 뜻이다.

'끝'은 시간을 흐르는 채로 두고서 맨 마지막, 시간의 흐름을 도막으로 잘라서 맨 마지막, 흐르는 시간에 따라 벌어지는 일이나 움직임에서 맨 마지막, '막대기 끝'처럼 길이가 있는 무엇의 맨 마지막을 뜻한다. 나아가 공간까지도 어느 쪽으로든 마지막을 뜻하지만, 공간의 '끝'은 '가'와 달리 너비를 지닌 자리가 없어 '끄트머리(끝의 머리)'라는 말과 거의 같은 뜻으로 쓴다.

그러니까 '가'는 공간에만 쓰는 것이고, '끝'은 시간에 써야 본바탕이지만 공간에까지 넓혀 쓴다. 그만큼 '끝'의 뜻넓이가 '가'보다 본디 넓어서 조심스레 가려 써 버릇하지 않으니까 힘센 '끝'이 힘 여린 '가'를 밀어내는 것이다. 하지만 "그 광주리를 저 마루 끝으로 갖다 두어." 하는 말을 제대로 따르면, 광주리는 반드시 마루 밑으로 떨어져 버릴 수밖에 없는 것이다. '끝'에는 광주리를 받을 만한 자리가 없기 때문이다.

그리고 "무슨 팔자인지 밀려오는 일이 끝도 가도 없네!" 하는 말에서 '끝도 가도 없다'는 것은, 시간으로나 공간으로나 마지막이 나타나지 않는다는 말이다. 그만큼 벗어날 길이 없다는 뜻을 담고 있다.

값 | 삯

'값'은 남이 가진 무엇을 내 것으로 만들 적에 내가 내놓는 값어치를 뜻한다. 그것은 곧 내가 가진 무엇을 남에게 건네주고 대신 받는 값어치를 뜻하기도 한다. 이때 건네주는 쪽은 값어치를 '내놓아야' 하지만, 값어치를 건네받는 쪽은 값을 '치러야' 한다. 값어치를 내놓고 값을 받는 노릇을 '판다' 하고, 값을 치르고 값어치를 갖는 노릇을 '산다' 한다.

팔고 사는 노릇이 잦아지면서 때와 곳을 마련해 놓고 많은 사람이 모여 종일토록 서로 팔고 샀다. 그때를 '장날'이라 하고, 그곳을 '장터'라 한다. 본디는 파는 쪽에서 내놓는 것도 '무엇'이었고, 사는 쪽에서 값으로 치르는 것도 '무엇'이었다. 그런데 사람의 슬기가 깨어나면서 '돈'이라는 것을 만들어, 사는 쪽에서는 돈으로 값을 치르는 세상이 열렸다. 그러자 돈을 받고 무엇을 파는 노릇을 일로 삼는 사람도 생겼는데, 그런 일을 '장사'라 하고, 장사를 일로 삼은 사람을 '장수'라 부른다.

장사에는 언제나 '값'으로 골치를 앓는다. 값을 올리고 싶은 장수와 값을 낮추고 싶은 손님 사이에 밀고 당기는 '흥정'이 불꽃을 튀기지만, 언제나 가닥이 쉽게 잡히지 않기 때문이다. 흥정을 하면서 장수는 값을 끌어 올리려 하고 손님은 값을 깎아 내리려 한다. 이렇게 장수와 손님이 벌이는 실랑이를 '에누리'라 한다. 에누리를 하기 위해 벌이는 흥정은, 파는 쪽에서 받겠다는 값을 내놓거나 손님 쪽에서 사겠다는 값을 내놓아야 시작할 수 있는데, 파는 쪽에서든 사는 쪽에서든 흥정을 해 볼 수 있도록 내놓는 값을 '금'이라 한다. 그러니까 '금'은 흥정을 벌일 수 있도록 던져 두는 빌미다. 그처럼 금을 던져 두는 노릇을 '금을 띄운다' 하고, 이렇게 띄워 놓은 금을 '뜬금'이라 한다. 뜬금이 있어야 에누리로 흥정을 거쳐서 값을 매듭짓고 거래를 이루게 되는 것이다.

에누리와 흥정으로 벌이는 실랑이는 본디 성가신 노릇이겠지만, 사고팔 무엇이 값진 것일수록 더욱 그렇다. 이래서 생겨난 것이 '거간'이다. 거간은 파는 사람과 사는 사람 사이에 끼어들어 금을 띄워 주고 흥정의 가닥을 잡아 주는 노릇을 말한다. 그래서 흥정을 이루어 내면 산 쪽과 판 쪽에서 얼마씩의 몫을 떼어 거간 노릇을 한 사람에게 주는데 이를 '구전'이라 하고, 거간으로 얻은 구전으로 먹고사는 사람을 '거간꾼'이라 한다. 요즘 세상에는 거간이니 흥정이니 하는 노릇이 많이 사라졌다. 왜냐하면 사려는 사람 앞에 내놓는 물건은 모두 값을 달아 놓고 흥정 없이 사고 팔도록 나라가 법으로 다스리기 때문이다. 공장에서 만든 물건도 만든 사람이 아예 값을 매겨서 에누리를 못 하도록 해 놓고, 자연의 도움으로 얻어 내는 농·축·수산물에도 조합 따위의 조직에서 값을 매겨 흥정을 못 하도록 막는다. 그러나 속내를 조금 들여다보면 아직도 에누리와 흥정은 그런 틈새를 비집고 살아 있어서, "에누리 없는 장사가 어디 있느냐." 하는 말도 종종 듣게 된다. 이뿐 아니라 나라에서 '공인중개사'라는 이름의 거간꾼을 만들어서 집이나 논밭같이 값진 물건은 이들을 거치지 않고는 팔지도 사지도 못하도록 해 놓았다. 이는 나라가 장사에 끼어들어 '세금'이라는 이름의 구전을 뜯어내려 하는 노릇이다.

'삯'은 무엇을 얼마간 빌려 쓰는 데 내놓는 값어치다. 무엇을 내 것으로 만들려고 내놓는 '값'과는 아주 다른 낱말이다. '찻값'이나 '뱃값'은 차나 배를 사서 내 것으로 만드는 데 내는 돈이고, '찻삯'이나 '뱃삯'은 차나 배를 얼마간 빌려 타는 데 내는 돈이다. 택시, 시내버스, 지하철, 시외버스, 고속버스, 기차, 여객선, 비행기 같은 것을 타고 다니면서 내는 돈은 모두 '삯'이다. 이것들을 손수 몰고 다닌다 해도 빌려서 몰고 다니면, 내는 돈은 '값'이 아니라 '삯'이다.

'삯' 가운데서도 손꼽힐 것은 '품삯'이다. '품'은 사람의 힘과 슬기의 값어치를 뜻하므로, '품삯'은 사람의 힘과 슬기를 빌려 쓰고 내는 값어치를 말한다. 품을 빌려 주고 삯을 받는 사람을 '삯꾼'이라 하는데, 삯꾼에게 시키는 일이 바느질이면 그것을 '삯바느질'이라 하고, 삯바느질을 하고 삯꾼이 받아 가는 돈을 '바느질삯'이라 한다. 이처럼 품을 빌려 주고 삯을 받기도 했지만, 본디는 품을 빌려 주고 다시 품을 되돌려 받는 '품앗이'가 제격이었다. 그리고 가끔은 아무것도 가진 것이 없는 사람들이 아예 품을 팔아서 먹고살기도 했는데, 그들을 '품팔이'라 했다. 그나마 잇달아 팔지 못하고 하루하루 일을 찾아야 하는 품팔이는 '날품팔이'라 했는데, 품을 빌려 주는 것이 아니라 파는 것이라면 그것으로 받는 보상은 '삯'이 아니라 '값'이다.

　요즘 우리 사회에서 큰 문제 가운데 하나가 바로 '품값'(모두들 우리말 '품값'이라 하지 않고, 일본말 '임금(賃金)' 또는 '노임(勞賃)'이라 한다.)이다. 이른바 '산업 사회'라는 세상이 모든 사람을 품팔이로 만들었기 때문이다. 품을 빌려 주는 노릇은 사라지고 모든 사람이 품을 팔아서 살아가야 하니까, 이제 품앗이와 품삯은 사라지고 품값이 세상 위로 떠오른 것이다. 품을 사고파는 세상이 되었으니 품 금을 내놓고 흥정을 벌이지 않을 수 없는데, 파는 사람은 힘이 없고 사는 사람은 힘이 넉넉하여 흥정은 공평하기 어렵다. 이래서 품꾼들이 일어나 '노동조합'을 만들어 품을 사는 쪽과 맞서니 다툼이 벌어지기 일쑤다. 이들의 다툼은 해마다 봄만 되면 싸움으로 치달아 나라가 온통 시끄럽고, 정부에서 거간을 맡아나서도 흥정은 번번이 이루어지지 않는다. 품으로 만들어 내는 값어치를 저울에 달아 보면 품의 값은 곧장 나타나련만, 흥정은 늘 이루어지지 않고 싸움은 여간해서 그치지 않는다.

개울 ┃ 시내

물은 햇빛, 공기와 함께 모든 목숨에게서 뺄 수 없는 조건이다. 그러므로 사람은 언제나 물을 찾아 삶의 터전을 잡았다. 그러면서 그런 물에다 갖가지 이름을 붙였는데, 여기서는 먹거나 쓰려고 모아 두는 물이 아니라 흘러서 제 나름으로 돌고 돌아 갈 길을 가는 물에 붙인 이름을 살펴보자.

물은 바다에 모여서 땅덩이를 지키며 온갖 목숨을 키워 뭍으로 보내 준다. 이런 물은 김이 되어 하늘로 올라갔다가 비가 되어 땅 위로 내려와서는 다시 돌고 돌아서 바다로 모인다. 그렇게 쉬지 않고 모습을 바꾸고 자리를 옮기며 갖가지 목숨을 살리느라 돌고 돌아 움직이는 사이, 날씨가 추워지면 움직이지도 못하는 얼음이 되기도 한다. 그처럼 김에서 물로, 물에서 얼음으로 탈바꿈하며 돌고 도는 길에다 우리는 여러 이름을 붙여 나누어 놓았다.

김이 되어 하늘로 올라갔던 물이 방울이 되어 땅 위로 내려오는 것을 '비'라 한다. 그리고 가파른 뫼에 내린 비가 골짜기로 모여 내려오면 그것을 '도랑'이라 한다. 도랑은 골짜기에 자리 잡은 사람의 집 곁으로 흐르기 십상이기에, 사람들은 힘을 기울여 도랑을 손질하고 가다듬는다. 그래서 그것이 물 스스로 만든 길임을 잊거나 모를 지경이 되기도 한다. 도랑이 흘러서 저들끼리 여럿 모여 부쩍 자라면 그것을 '개울'이라 부른다. 개울은 제법 물줄기 모습을 갖추고 있기 때문에 마을 사람들이 거기에서 걸레 같은 자잘한 빨래를 하기도 한다. 개울이 부지런히 흘러 여럿이 함께 모이면 "개천에서 용 났다!" 하는 '개천'이 된다. 그러나 개울은 한 걸음에 바로 개천이 되는 것이 아니라, 실처럼 가는 '실개천'이 되었다가 거기서 몸을 키워서야 되는 것이다. 개천은 빨래터뿐만 아니라 여름철에는 아이들이 멱 감는 놀이터도 되어 주면서 늠름하게 흘러 '내'가 된다. 〈용비어천가〉에서 "샘이 깊은 물은 가뭄에도 그치지 않으므로 '내'가 되어 바다에 이르느니⋯⋯." 하는 바로 그 '내'다. 그러나 내 또한 개천이 한 걸음으로 바로 건너갈 수는 없기 때문에, 실같이 가는 '시내'가 되었다가 거기서 몸을 더 키워야 되는 것이다.

시내와 내에 이르면 이제 사람들이 사는 마을에서 멀리 떨어져 들판으로 나와, 비가 잘 내리지 않는 겨울철이라도 물이 마르지 않을 만큼 커진다. 그리고 다시 더 흘러서 다른 고을과 고장을 거쳐서 모여든 여러 벗과 오랜만에 다시 만나면 '가람'을 이룬다. 가람은 크고 작은 배들도 떠다니며 사람과 문물을 실어 나르기도 하면서 마침내 '바다'로 들어간다.

이렇게 비에서 바다에 이르기까지 물이 흘러가는 길에 붙이는 이름을 살펴보았다. 도랑에서 개울, 개울에서 실개천, 실개천

에서 개천, 개천에서 시내, 시내에서 내, 내에서 가람, 가람에서
바다에 이르는 이들 이름이 요즘에는 사라져 가는 듯하여 안타
깝다. 그것들이 아마도 한자말 '강(江)'에게 잡아먹히는 것이 아
닌가 싶다. 가람은 잡아먹힌 지 벌써 오래되었고, 내와 시내, 개
천과 실개천까지도 거의 강이 잡아먹고 있다는 느낌을 받는다.
그래서 도랑과 개울만이 간신히 살아 있는 것이라면 참으로 기
막힌 일이 아닐 수 없다.

겨루다 | 다투다

세상 목숨이란 푸나무(풀과 나무)건 벌레건 짐승이건 모두 그런 것이지만, 사람은 혼자 살지 않고 여럿이 함께 어우러져 산다. 핏줄에 얽혀서 어우러지고, 삶터에 얽혀서 어우러지고, 일터에 얽혀서 어우러져 사는 것이 사람이다. 이렇게 많은 사람이 함께 어우러져 살자니까 서로 아끼고 돌보고 돕기도 하지만, 한편으로는 서로 겨루고 다투고 싸우기가 십상이다. 세월이 흐르면서 사람이 많아지니까, 겨루고 다투고 싸우는 노릇이 갈수록 뜨거워진다. 게다가 우리나라는 지난 일백 년에 걸쳐, 침략해 온 일제와 싸우고, 남과 북이 갈라져 싸우고, 독재 정권과 싸우며 가시밭길을 헤쳐 와서 그런지 삶이 온통 겨룸과 다툼과 싸움으로 채워졌다는 느낌을 받는다.

그래서 우리 삶이 온통 싸움의 난장판이 아닌가 싶을 때도 있는데, 겨룸과 다툼과 싸움을 제대로 가려 놓고 보면 그래도 세상이 한결 아늑하게 느껴진다. 정작 싸움은 그렇게 많지 않고 다툼과 겨룸이 많기 때문이다. 그렇다면 겨룸은 무엇이고, 다툼은 무엇이며, 싸움은 무엇인가?

겨루다 서로 버티어 승부를 다투다.

다투다 ① 의견이나 이해의 대립으로 서로 따지며 싸우다.

② 승부나 우열을 겨루다.

싸우다 말, 힘, 무기 따위를 가지고 서로 이기려고 다투다.

《표준국어대사전》에서는 '겨루다'를 '다투다', '다투다'를 '싸우다'와 '겨루다', '싸우다'를 '다투다'라고 풀이해 놓았다. 모두 그게 그거라는 것이다. 참으로 어처구니없다. 어떻게 서로 다른 세 낱말을 같은 뜻으로 뒤엉키게 만들어 버릴 수 있단 말인가? 어지러운 세상이 낱말의 참뜻을 뒤흔들지라도 국어사전이 그것을 바로잡아 주어야 마땅하다. 그래야 헷갈리는 사람들이 올바른 길을 찾아갈 수 있기 때문이다.

'겨루다'는 치우치지 않는 가늠과 잣대를 미리 세워 놓고 힘과 슬기를 다하여 서로 이기려고 맞서는 노릇이다. 맞서는 두 쪽이 혼자씩일 수도 있고 여럿씩일 수도 있지만, 가늠과 잣대는 두 쪽을 저울같이 공평하게 지켜 준다. 미리 세워 놓은 가늠과 잣대는 한 쪽으로 기울지 않도록 반반한 처지를 만들어 주고, 오직 힘과 슬기에 따라서만 이기고 지는 판가름이 나도록 지켜 준다. 모든 놀이와 놀음은 눈에 보이지 않는 가늠과 잣대를 바탕으로 삼아 벌이는 겨루기라 할 수 있다. 온갖 운동 경기 또한 겨루기를 가장 두드러지게 내세우는 놀이로서, 심판이라는 이름의 가늠과 잣대가 눈을 부릅뜨고 지켜보며 바로잡아 주는 겨루기다. 이런 겨루기는 푸나무나 짐승이나 그 밖에 다른 어떤 목숨에서도 찾아볼 수 없고, 오직 사람에게만 있는 보배로운 노릇이다. 사람은 이런 겨루기로 나날의 여느 삶에서 맛볼 수 없는 공평함의 값어치를 배우며, 꿈꾸는 세상을 살아 보고, 사람다운 삶을 맛볼 수 있다.

'싸우다'와 '다투다'는 한 쪽으로 치우치지 않도록 지켜 주는 가늠과 잣대 없이 서로 이기려고 맞서는 노릇이다. 어떤 수를 써서라도 이기려고만 하면서 갉고 맞서는 노릇이다. 여기서도 맞서는 두 쪽이 혼자씩일 수도 있고 여럿씩일 수도 있지만, 두 쪽을 공평하게 지켜 주는 가늠과 잣대가 없으니 혼자건 여럿이건 따질 것도 없다. 그러면서도 '다투다'는 목숨을 걸지도 않고 몸을 다치려고도 하지 않아서 거의 삿대질이나 말로만 맞서는 것이다. 그래서 '말다툼'이 가장 흔히 이루어지는 다툼의 한 보기다. 어찌 보면 목숨을 걸지도 않고 몸을 다치지도 않으려는 가늠과 잣대가 서로의 마음 안에 자리 잡고 있는 것인지도 모른다. 그러나 '싸우다'는 몸을 다치는 것은 물론이고 끝내는 목숨마저 떼어 놓을 마음으로 맞서는 것이다. 이겨야 한다는 오직 한 가지 과녁만 있을 뿐 그 밖에 어떤 가늠과 잣대도 없는 것이 싸움이다. 그래서 싸움은 어느 쪽이 목숨을 잃거나, 무릎을 꿇고 빌거나, 또는 두 쪽이 모두 힘이 다해서 싸울 수가 없거나, 아니면 누군가가 나서서 뜯어말려야 그친다. 그리고 맞서는 두 쪽이 여럿씩일 적에도 '다투다'는 아무리 많아야 몇 명을 넘지 않지만, '싸우다'는 많으면 몇만 또는 몇백만 명씩 무리를 지어 맞서기도 한다. 이른바 '세계 대전' 같은 것이 그런 싸움이다.

괴다 | 사랑하다

'사랑하다'보다 더 좋은 말은 없다. 사랑한다는 말을 자주 들으면 사람이나 짐승이나 벌레나 푸나무까지도 힘이 솟아나고 삶이 바로잡힌다는 사실을 여러 과학자가 밝혀냈다. 그리고 사랑하는 것이 그만큼 목숨의 바탕이기에, 참으로 사랑하면 죽어도 죽음을 뛰어넘어 길이 살아남을 수 있다는 사실 또한 여러 사람이 삶으로 보여 주었다. 세상 모든 사람의 말꽃(문학)이나 삶꽃(예술)이 예나 이제나 사랑에서 맴돌고, 뛰어난 스승들의 가르침이 하나같이 서로 사랑하라고 부채질하는 까닭이 거기에 있다.

'사랑하다'와 비슷한 토박이말에 '괴다'와 '귀여워하다'와 '좋아하다'가 있다. 이들을 비슷한 말이라 했지만, 저마다 저만의 빛깔을 지니고 있어서 아슬아슬하게 서로 다르다. 우선 이 네 낱말은 '괴다'와 '귀여워하다'가 한 갈래로 묶이고, '사랑하다'와 '좋아하다'가 다른 한 갈래로 묶여서 크게 두 갈래로 나뉜다. 앞 갈래는 높낮이가 서로 다른 사람 사이에서 쓰는 것이고, 뒤 갈래는 높낮이가 서로 비슷한 사람 사이에서 쓰는 것이다. '괴다'와 '귀여워하다'는 아이와 어른 사이, 제자와 스승 사이, 아들딸

과 어버이 사이처럼 손윗사람과 손아랫사람 사이에서 쓰고, '사
랑하다'와 '좋아하다'는 아내와 남편 사이, 벗과 벗 사이, 아가씨
와 사나이 사이처럼 높낮이가 없이 가지런한 사이에서 쓴다.

높낮이가 서로 다른 처지에서 쓰는 것이지만, '괴다'는 높낮이
를 뛰어넘어 서로 주거니 받거니 하는 마음이고, '귀여워하다'는
높은 자리에서 아래로 내려 주기만 하는 마음이라 둘이 적잖이
다르다. 그리고 높낮이 없는 자리에서 주거니 받거니 하는 것이
지만, '좋아하다'는 마음의 가장자리인 느낌과 생각에 머무르는
것이고, '사랑하다'는 느낌과 생각을 지나 뜻과 얼까지 들어가고
마침내 몸까지 싸잡는 것이라 둘의 깊이가 아주 다르다.

'귀여워하다'는 높은 자리에서 낮은 자리로 내려 주기만 하는
것이므로, 주는 이나 받는 이나 아무 거리낌도 어려움도 없다.
그러나 '괴다'와 '좋아하다'와 '사랑하다'는 모두 서로 주거니 받
거니 하는 것이므로, 맞장구치며 주고받지 못하면 마음을 다칠
수도 있다. 무엇보다도 몸과 마음과 얼까지 주고받아야 하는 '사
랑하다'에서는, 맞장구치며 주고받지 못하면 목숨까지 팽개치는
일이 벌어지기도 한다.

'괴다'는 지난날 임금과 신하, 어버이와 아들딸, 스승과 제자,
심지어는 서낭과 사람 사이에서 서로의 마음을 온전히 주거니
받거니 하는 것으로 두루 썼으나, 요즘에는 '사랑하다'에 모두
빼앗기고 쫓겨나 자취를 감추는 듯하다. '괴다'가 살아 있어야
사랑을 주고받는 노릇이 세로와 가로, 씨줄과 날줄로 열려서 온
전할 수 있는 것이 아닌가 싶으면 몹시 안타깝다.

굴레 | 멍에

자유는 사람이 가장 간절히 바라는 바람이다. 그러나 사람은 몸과 마음에 얽힌 굴레와 멍에 때문에 자유를 누리기가 몹시 어렵다. 가끔 굴레를 벗고 멍에를 풀었을 적에 잠깐씩 맛이나 보며 살아가는 수가 있지만, 온전한 자유에 길이 머물 수는 없다. 그러나 사람의 몸과 마음에 얽힌다는 굴레나 멍에는 빗대어 말하는 것일 뿐이고, 참된 굴레나 멍에는 소나 말 같은 집짐승을 얽어매는 연모다.

'굴레'는 소나 말의 머리에 씌워 목에다 매어 놓는 얼개다. 소가 자라면 코뚜레를 꿰어서 고삐를 코뚜레에 맨다. 그리고 고삐를 굴레 밑으로 넣어서 목 뒤로 빼내어 뒤에서 사람이 잡고 부린다. 이때 굴레는 고삐를 단단히 붙들어 주어서, 소가 부리는 사람의 뜻에 따르지 을 수 없게 한다. 말은 귀 아래로 내려와 콧등까지 이른 굴레의 양 끝에 고삐를 매어서 굴레 밑으로 넣고 목 뒤로 빼내어 뒤에서 사람이 잡고 부린다. 굴레가 고삐를 맬 수 있게 하고 움직이지 않게 하여, 말이 부리는 사람의 뜻을 거스를 수 없도록 한다.

'멍에'는 소나 말에게 수레나 쟁기 같은 도구를 끌게 하려고 목덜미에 얹어 메우는 'ㅅ' 꼴의 막대다. 멍에 양 끝에 멍에 줄을 매어서 소나 말의 목에다 단단히 묶어 놓고, 수레나 쟁기 같은 도구 양쪽에 매인 줄을 다시 멍에 양쪽에다 매면 소나 말은 도구에 목덜미를 꿰여서 벗어날 길이 없어진다. 그래서 오직 사람이 부리는 대로 도구를 끌고 앞으로 나아갈 수밖에 없다.

소든 말이든 굴레는 씌우고 벗겨야 하고, 멍에는 지우고 풀어야 한다. 그런데 멍에는 일을 할 적에만 메었다가 일이 끝나면 풀어서 잠시나마 벗어날 수 있지만, 굴레는 한 번 쓰고 나면 죽을 때까지 자나 깨나 쓰고 있어야 하는 것이기에 멍에보다 더욱 괴로운 것이다.

사나이가 어른이 되면 코밑과 턱에서 돋아난 나룻(수염)이 귀밑머리까지 이어져 마소의 굴레와 비슷한 모습을 이룬다. 이것을 본디는 '구레나룻'이라고 하는데, 더러는 '굴레수염'이라고도 한다.

그치다 | 마치다

'그치다'나 '마치다' 모두 이어져 오던 무엇이 더는 이어지기를 그만두고 멈추었다는 뜻이다. 이어져 오던 것이므로 시간의 흐름에 얽혀 있고, 사람의 일이나 자연의 움직임에 두루 걸쳐 쓰이는 낱말이다. 그러나 이 두 낱말은 서로 넘나들 수 없는 저만의 남다른 뜻을 지니고 있다.

'그치다'와 '마치다'의 뜻이 서로 넘나들 수 없게 하는 잣대는, 미리 어떤 과녁이나 가늠을 세워 두었는가 아닌가이다. 미리 어떤 과녁이나 가늠을 세워 놓고 이어지던 무엇이 그 과녁을 맞혔거나 가늠에 차서 이어지지 않으면 '마치다'를 쓴다. 아무런 과녁이나 가늠도 없이 저절로 이어지던 무엇은 언제나 이어지기를 멈출 수 있고, 이럴 적에는 '그치다'를 쓴다.

자연의 움직임은 엄청난 일을 쉬지 않고 이루지만 과녁이니 가늠이니 하는 따위는 세우지 않으므로, 자연의 모든 움직임과 흐름에는 '그치다'만 있을 뿐 '마치다'는 없다. 비도 그치고, 바람도 그치고, 태풍도 그치고, 지진도 그친다. 과녁이나 가늠을 세워 놓고 이어지는 무엇은 사람에게만 있는 것이다. 그러나 사람의 일이라고 모두 과녁을 세우는 것은 아니다. 그래서 사람의 일이나 움직임에는 '그치다'도 있고 '마치다'도 있다. 울던 울음을 그치고, 웃던 웃음도 그치고, 하던 싸움도 그친다. 이런 것들은 모두 미리 세워 둔 과녁이나 가늠이 없었기 때문이다. 하지만 학교 수업은 마치고, 군대 복무도 마치고, 오늘 장사도 마치고, 한 해 농사도 마친다. 이런 일들은 모두 미리 세워 둔 과녁이나 가늠이 있었기 때문이다.

이어져 오던 무엇이 더는 이어지지 않고 멈추었다는 뜻으로 '끝나다'와 '끝내다'도 쓴다. 이들 낱말은 '마치다'를 쓸 자리에나 '그치다'를 쓸 자리에 두루 쓰인다. 미리 세워 둔 과녁이나 가늠이 있느냐 없느냐를 묻지 않고 두루 쓰인다는 말이다. 그러니까 과녁이나 가늠이 없는 울던 울음이나 하던 싸움도 끝나고, 과녁이나 가늠이 있는 학교 수업이나 한 해 농사도 끝나는 것이다. 다만, 저절로 이어지지 않고 멈추면 '끝나다'를 쓰고, 사람이 마음을 먹고 이어지지 않고 멈추도록 하면 '끝내다'를 쓴다. 이 두 낱말은 과녁이나 가늠이 아니라 사람의 생각이나 뜻이 있느냐 없느냐에 따라 가려서 쓰는 것이다.

금 | 줄

지난 세기 중반까지만 해도 국어 시험지에, "다음 밑금 그은 문장에서 맞춤법이 틀린 낱말을 찾아 고치시오."에서와 같이 '밑금'이라는 낱말이 자주 나왔다. 그런데 1960년대를 넘어서면서 '밑금'은 시나브로 꼬리를 감추고 '밑줄'이 슬금슬금 나타나더니 요즘은 모조리 '밑줄'뿐이다. "다음 밑줄 친 문장에서 맞춤법이 틀린 낱말을 찾아 고치시오."와 같이 되어 버린 것이다. 도대체 시험지에다 무슨 재주로 '줄'을 친단 말인가? 우리말을 가르치는 국어 교육이 잘못 쓰는 말을 바로잡으려 하지 않았고, 국어 사전들도 낱말 뜻을 올바로 가려 주는 일을 팽개치며 틀리게 쓰든 말든 쓰고 있으면 그대로 받아서 퍼뜨렸기 때문에 이런 지경에 이르렀다고 생각한다.

'금'은 시험지나 나무판같이 바탕이 반반한 바닥 또는 바위나 그릇같이 울퉁불퉁하지만 겉이 반반한 바닥에 만들어진 자국을 뜻한다. '자국'이라고 했지만, 점들로 이어져 가늘게 나타난 자국만을 '금'이라 한다. 사람이 일부러 만들면 '금을 긋다' 하고, 사람 아닌 다른 힘이 만들면 '금이 가다' 또는 '금이 나다' 한다.

사람이 만들 적에 쓰는 움직씨 '긋다'의 이름꼴이 곧 '금'이고, '그리다'와 '그림'과 '글'도 본디 뿌리는 '긋다'에서 벋어 난 낱말이다.

'줄'은 반반한 바닥(평면)에 자국으로 나 있는 '금'과는 달리, 손으로 잡을 수 있는 이른바 입체로 이루어진 기다란 물건이다. 줄은 흔히 공중에 걸려 있도록 치는 것이고, 반반한 바닥이라면 떨어뜨려 놓을 수밖에 없는 것이다. 줄은 기다랗기 때문에 갈무리해 둘 적에는 둥글게 간추려 포개 놓아야 하는데, 이렇게 포개어 간추리는 것을 '사리다'라고 한다. 줄은 쓰임새를 매김말로 하여 '빨랫줄, 전깃줄, 광댓줄' 따위로 부르고, 만든 감을 매김말로 하여 '새끼줄, 동아줄, 거미줄' 따위로 부르기도 한다.

'줄'은 생김새와 쓰임새에 따라 여러 가지 이름으로 갈라진다. 센 힘으로 잡아당겨도 끊어지지 않도록 굵고 튼튼하게 만든 줄은 '바'다. 흔히 '밧줄'이라고 '줄'과 겹쳐 쓰지만, 씨름꾼의 샅에 매는 '샅바'는 그냥 '바'로 쓰는 보기의 하나다. 실이나 삼이나 종이로 가늘게 꼬아서 조심스러운 물건을 묶을 적에 쓰는 줄은 '노'다. 배를 젓는 '노'와 부딪칠 수도 있어서 흔히 '노끈'이라고 하여 '끈'과 겹쳐 쓴다. 어떤 물건을 매거나 묶거나 꿰는 데 쓰려고 맞추어 만든 줄이 '끈'이다. 줄의 한 가지기는 하지만 너무 가늘어서 줄을 만드는 감으로나 쓰이고, 베를 짜는 '씨줄'과 '날줄'이라는 이름으로 흔히 쓰이는 줄은 '올'이다. 넙적하게 너비가 있어서 허리에 매거나 머리에 두르거나 아기를 업을 적에 몸으로 감아 맬 수 있는 줄은 '띠'다. '허리띠, 머리띠'처럼 앞에 다른

말을 붙여서 쓰지만, 아기를 업을 적에 쓰는 것은 그대로 '띠'라고 부른다.

이처럼 '줄'은 여러 가지 이름의 낱말 무리를 거느리고 있어서 힘이 세다. 그래서 '금'을 밀어내고 그 자리를 빼앗아 차지하는 일도 벌어지는 것이고, 한결 손쉽게 뜻넓이를 넓혀 나가기도 하는 것이다. 그렇게 뜻넓이를 넓혀 나가서 공중에 칠 수 있는 기다란 입체의 물건이 아니라 바닥에 죽 늘어서 있는 것도 '줄'이라 한다. 못줄을 잡아 심어 놓은 논의 벼들도 '줄'을 지어 서 있다 하고, 행군하는 군인들도 '줄'을 지어 걸어간다고 한다. 그뿐 아니라 평면의 종이 바닥을 가득 채워 놓은 글도 글자를 나란히 '줄'을 지어 인쇄한 것이라 한다. 그리고 이런 '줄'은 보다시피 '친다'라고 하지 않고 '짓다'라고 한다.

기쁘다 | 즐겁다

'기쁘다'와 '즐겁다'는 누구나 자주 쓰지만 뜻을 가리지 못하고 마구 헷갈리는 낱말이다.

기쁘다 마음에 즐거운 느낌이 나다.

즐겁다 마음에 거슬림이 없이 흐뭇하고 기쁘다.

《표준국어대사전》에서 '기쁘다'를 '즐겁다' 하고, '즐겁다'를 '기쁘다' 하니 사람들이 어찌 헷갈리지 않을 것인가! 어느 책에서는 '즐겁다'를 "느낌이 오래가는 것"이라 하고, '기쁘다'를 "느낌이 곧장 사라지는 것"이라고 했다. 여러 가지 쓰임새를 더듬어 뜻을 가리려 했으나, 이 역시 속살에는 닿지 못한 풀이다.

'기쁘다'와 '즐겁다'는 서로 비슷한 구석도 있고, 서로 다른 구석도 있다. 서로 비슷한 구석은 무엇인가? '기쁘다'와 '즐겁다'는 모두 느낌을 뜻하는 낱말이다. 기쁘다는 것도 느낌이고 즐겁다는 것도 느낌이다. 그냥 느낌일 뿐만 아니라 좋은 쪽의 느낌이라는 것에서 더욱 비슷하다. 마음이 좋고, 기분이 좋고, 몸까지도 좋다는 느낌으로서 '기쁘다'와 '즐겁다'는 한결같다. 그렇다면 서로 다른 구석은 무엇인가? '기쁘다'와 '즐겁다'는 느낌이 빚어지는 뿌리에서 다르다. 좋다는 느낌이 마음 깊은 데서 몸으로 밀고 나오면 기쁘고, 좋다는 느낌이 몸에서 마음으로 밀고 들어오면 즐겁다. 쉽게 말하면, 기쁘다는 느낌은 마음에서 오고 즐겁다는 느낌은 몸에서 온다. 더 쉽게 말하면, 기쁨은 마음의 것이고 즐거움은 몸의 것이다. 이만큼 서로 다른 낱말이다.

이를테면, 달고 향긋한 참외를 먹으면 즐겁다. 아름다운 가을 단풍을 보거나 좋은 영화를 보아도 즐겁다. 산골 개울물 소리를 듣거나 훌륭한 음악을 들어도 즐겁다. 술래잡기를 하고, 춤을 추고, 사물놀이를 하고, 노래를 부르고, 씨름을 하고, 공차기를 해도 즐겁다. 이런 즐거움들은 모두 입과 눈과 귀를 비롯하여 몸을 움직이는 데서 빚어지는 것이다. 한편, 전쟁터에 나갔던 아들딸이 탈 없이 집으로 돌아오면 어버이는 기쁘다. 병환으로 몸져누우셨던 어버이가 깨끗이 나아 일어나면 아들딸은 기쁘다. 입대하여 헤어진 애인에게서 날아온 편지 한 장은 아가씨를 기쁘게 한다. 레슬링 선수로 올림픽에 나간 남편이 금메달을 땄다는 소식은 아내를 기쁘게 한다. 이런 기쁨은 모두 마음 깊은 곳에서 빚어지는 것이다.

'기쁘다'와 '즐겁다'의 속내는 반대말로써 더 잘 드러난다. '기쁘다'의 반대말은 '슬프다'이고 '즐겁다'의 반대말은 '괴롭다'인데, 슬프다는 느낌은 마음에서 오고 괴롭다는 느낌은 몸에서 오는 줄을 훨씬 뚜렷이 알 수 있기 때문이다. 무거운 짐을 하루 종일 땡볕에서 쳐다 나르며 시달리는 일꾼의 몸은 몹시 괴롭다. 금쪽같이 키워 놓은 자식이 홀어머니를 아랑곳없이 노름에 빠져 헤어나지 못하면 어머니의 마음은 몹시 슬프다. 몸으로 겪는 일이 힘겹고 고달플 적에 괴롭기는 하지만 슬픈 것은 아니고, 마음으로 겪는 일이 쓰라리고 힘겨울 적에 슬프기는 하지만 괴로운 것은 아니라는 말이다.

그러나 몸과 마음이 둘이면서 또한 하나이듯이 몸에서 빚어지는 즐거움이나 괴로움의 느낌도 마음에서 빚어지는 기쁨이나 슬픔의 느낌과 더불어 둘이면서 또한 하나다. 그래서 몸에서 빚어지는 즐거움과 마음에서 빚어지는 기쁨은 쉽사리 서로 넘나들며 어우러지고, 마찬가지로 몸에서 빚어지는 괴로움과 마음에서 빚어지는 슬픔도 서로 쉽사리 넘나들며 어우러진다. 이때 기쁨과 즐거움이 어우러진 느낌을 드러내는 낱말은 없지만, 슬픔과 괴로움이 어우러진 느낌을 드러내는 낱말은 있어서 눈에 띈다. '서럽다'가 바로 그 낱말이다. 몸이 고달픈데 마음까지 슬프면 그것을 서럽다고 한다는 말이다.

이런 낱말의 속살을 제대로 가르치고 배우지 않으면, 섬세하게 서로 다른 뜻과 느낌을 올바로 가려서 쓰기가 쉽지 않다. 더구나 기쁘고 슬프거나 즐겁고 괴로운 것이 모두 느낌인데, 느낌이란 몸에서 마음으로 들어가는 가장자리에 자리 잡아서 가늠이 더욱 어렵다. 우리 토박이말의 속살은 바로 우리네 몸이며 마음이다. 그리고 그것은 더없이 그윽하고 신비로워서 알뜰하게 가르치고 조심스레 쓰지 않으면 망가지고 허물어지기 쉽다.

날래다 | 빠르다

그림씨 낱말은 본디 느낌을 드러내는 것이라 뜻을 두부모 자르듯이 가려내는 노릇이 어렵다. 게다가 그림씨 낱말은 뜻덩이로 이루어진 한자말이 잡아먹을 수가 없어서 푸짐하게 살아남아 있다. 그러나 우리는 지난 세기 백 년 동안 소용돌이치는 세상을 살아오면서 선조들이 물려준 토박이말을 제대로 건사하지 못했다. 그래서 뒤죽박죽 헷갈려 쓰는 바람에 힘센 낱말이 힘여린 낱말을 밀어내고 혼자 판을 치게 되니, 고요히 저만의 뜻과 느낌을 지니고 살아가던 낱말들이 터전을 빼앗기고 적잖이 밀려났다. '날래다'와 '이르다'도 6·25 전쟁 즈음부터 '빠르다'에 밀리면서 갈수록 설 자리를 잃어 가고 있다. 이대로 가면 머지않아 '날래다'와 '이르다'가 자취를 감출 듯하다. 우리네 정신의 삶터가 그만큼 비좁아지고 있다는 뜻이다.

'빠르다'는 무슨 일이나 어떤 움직임의 처음에서 끝까지 걸리는 시간의 길이가 짧다는 뜻이다. 일이나 움직임에 걸리는 시간의 길이가 길다는 뜻으로 쓰이는 '더디다'와 서로 거꾸로 짝을 이룬다. '날래다'는 사람이나 짐승의 동작에 걸리는 시간의 길이가 몹시 짧다는 뜻이다. 동작에 걸리는 시간의 길이가 아주 길

56

다는 뜻으로 쓰이는 '굼뜨다'와 서로 거꾸로 짝을 이룬다. '이르다'는 대중이나 잣대로 그어 놓은 때보다 앞선다는 뜻이다. 대중이나 잣대로 그어 놓은 때보다 뒤떨어진다는 뜻으로 쓰이는 '늦다'와 서로 거꾸로 짝을 이룬다.

'빠르다'와 '더디다'는 일이나 움직임의 처음에서 끝까지 걸리는 시간의 길이가 짧으냐 기냐에 따라 갈라지고, '날래다'와 '굼뜨다'는 사람이나 짐승의 동작에 걸리는 시간의 길이가 짧으냐 기냐에 따라 갈라진다. 그리고 '이르다'와 '늦다'는 잣대로 그어 놓은 때보다 앞서느냐 뒤서느냐에 따라 갈라지는 것이다. 이렇듯 저마다 서로 뚜렷이 다른 뜻을 지니고 있다. 그런데 6·25 전쟁을 지난 뒤로 '빠르다'가 동작에 걸리는 시간의 길이를 나타내는 '날래다'와 잣대로 그어 놓은 때보다 앞섰다는 '이르다'의 터전으로 슬슬 밀고 들어와 자리를 빼앗고 있다. 그리고 본디 짝이었던 '더디다'를 버리고 '느리다'를 새로운 짝으로 삼아서 '굼뜨다'까지 밀어내고 있다.

그러니까 '빠르다'는 '날래다'와 '이르다'를 밀어내고, '느리다'는 '더디다'와 '굼뜨다'를 밀어내고 있다는 말이다. 거기서 그치지 않고 요즘에는 이들 '빠르다'와 '느리다' 짝이 '이르다'와 '늦다'의 터전으로도 밀고 들어와서 머지않아 이들까지 밀어내지 않을는지 모르겠다. 우리가 돌보고 가꾸지 않는 사이에 우리 토박이말의 터전은 이처럼 망가지게 되었으며, 그만큼 우리네 마음속의 느낌과 생각과 뜻이 흐릿하고 무뎌지게 되었다.

놀이 | 놀음

'일하다'와 짝을 이루는 '놀다'는 일제의 침략을 만나서 갑자기 서러운 푸대접을 받았다. 저들은 우리네 피를 남김없이 빨아먹으려고 '부지런히 일하기(근로)'만을 값진 삶의 길이라 외치며 '노는 것'을 삶에서 몰아냈다. 일제를 몰아내고 분단과 전쟁과 산업화로 이어진 세월에서는 목숨 지키는 일조차 버거워서 '놀다'에 눈을 돌릴 겨를이 없었다. 그러나 '놀다'는 '일하다'를 돕고 북돋우고 들어올리는 노릇이고, '일하다'에 짓눌린 사람을 풀어 주고 살려 주고 끌어올려 주는 노릇이며, '일하다'로서는 닿을 수 없는 저 너머 다함없는 세상으로 사람의 마음을 데려다주는 노릇이다. 그러기에 우리네 삶에서 밀려난 '놀다'를 다시 불러들여 제대로 가꾸는 일에 슬기를 모아야 하는 것이다.

'놀다'는 네 가지 이름씨 낱말로 우리네 삶 안에 살아 있다. 움직씨 '놀다'에 가까운 것에서부터 '놀기', '놀이', '놀음', '노름'이 그것들이다. 그러니까 움직씨 '놀다'가 '놀기'라는 이름씨로 탈바꿈하여 벌어져 나오면, '놀이'를 거치고 '놀음'에 닿았다가 마침내 '노름'까지 가지를 치며 나아가는 것이다. '놀기'는 '놀다'를 이름씨로 바꾸어 놓았으나 제 몫은 여전히 '놀다'에서 크게 벗어나지 않는데, '놀이'에 이르면 일의 고달픔을 씻고 뛰어넘는 몫을 다하기에 모자람이 없도록 틀을 갖추며 가다듬어진다. 그리고 '놀음'에 닿으면 더욱 빛나고 아름답게 드높여지는데, 그것이 지나쳐서 '노름'에까지 나아가면 '일하다'처럼 몸도 고달프고 마음까지 망가뜨리는 노릇에 이르고 만다.

'놀이'는 도리도리 짝짜꿍같이 몸으로 혼자서 하는 것에서 소꿉놀이나 술래잡기같이 몸으로 여럿이 하는 것으로 나아가고, 팽이치기나 연날리기같이 노리개를 가지고 혼자서 하는 것에서 강강술래나 줄다리기같이 노리개를 가지고 여럿이 하는 것으로 나아가 마침내 온갖 것이 어우러지는 '대동 놀이'에 이른다. 몸으로 하는 짓과 춤과 노래에서 비롯하여 노리개를 가지고 하는 짓과 소리와 그림으로 나아가는 '놀이'는, 수많은 이른바 스포츠와 예술로 저마다의 틀을 갖추어 영원의 길을 열어 가는 것이다. 이들 '놀이'는 '일'과는 아주 달리 사람에게 기쁨과 즐거움을 안겨 준다. 그리고 '일'로서는 닿을 수 없는 정의와 자유와 평등이 그 안에 살아 있어서, 삶에서는 맛볼 수 없는 즐거움을 맛보게 한다. 이런 경험은 누구나 꿈꾸는 영원의 삶에 다다른 것과 같아서 아무도 뿌리칠 수 없는 노릇이다.

'놀음'은 '놀이'가 좀 더 가다듬어지고 갈라진 것이다. 맑고 밝고 깨끗하여 사람과 삶을 씻겨 주는 '놀이'가 그런 본디의 몫을 지니면서 더욱 갈고닦이면 '놀음'이 된다. '놀이'가 '놀음'으로 갈고닦이고 가다듬어지면 저절로 여러 가지로 갈래가 나누어지게 마련이다. 이를테면 '탈놀이'는 탈을 쓰고 노는 온갖 놀이를 싸잡아 쓰는 말이라 두루 쓰이지만, '탈놀음'에 이르면 '하회별신 굿탈놀음', '동래들놀음', '진주오광대탈놀음'같이 틀을 갖추어 가다듬어진 탈놀이의 하나를 이르게 되는 것이다. '놀이'가 먹고 입고 자고 하는 목숨의 뒷바라지 쪽으로 과녁을 옮기면서 '놀음'으로 가다듬어진다고 볼 수도 있다. 이른바 산업 사회로 넘어와서 갖가지 스포츠와 예술이 이런 길로 빠져서 돈으로 사고파는 상품이 되었고, 이것을 인류 문명사의 커다란 슬픔으로 바라보는 사람들이 적지 않다. 그런 '놀음'이 자칫하면 '놀이'의 참된 몫을 팽개칠 수도 있기 때문이다. 그러나 '놀음'은 '놀이'를 훨씬 빛나고 아름답고 값진 것으로 끌어올린 것임은 틀림없다.

'노름'은 '놀음'보다 더욱 가다듬어지면서 '놀다'에서 멀리 떠난 것이다. '놀음'이 먹고 입고 자는 일을 겨냥하여 돈 쪽으로 너무 기울어지면 '노름'에 떨어지는 것이다. 참된 기쁨과 즐거움을 맛보기보다 돈에 쏠려 '노름'으로 떨어지면 그것은 일보다 오히려 더욱 고달픈 노릇에 다다르고, 자칫하면 거기 빠져서 벗어나지 못하는 수도 있다. 예로부터 어른들이 아이들에게 '놀이'와 '놀음'에 지나치게 빠질까 걱정하던 것은 바로 '노름'을 두려워한 까닭이었다고 생각한다.

누구 | 아무

'누구'와 '아무'는 요즘 거의 가려 쓸 수 없는 낱말처럼 되었다. 국어사전들을 들추어 보아도 두 낱말이 서로 어떻게 다른지를 알기 어렵다.

누구 알지 못할 의문의 사람. 또는 이름을 꼭 집어서 말할 수 없는 어떤 사람을 가리키는 말.

아무 누구라고 지정하지 아니하고 막연히 가리키는 사람.

―《우리말큰사전》, 한글학회, 어문각, 1992

누구 ① 어느 사람인지 모를 때 의문의 뜻을 나타내는 말. ② 알기는 알아도 그 이름을 꼭 짚어 낼 필요가 없는 사람이나 확실히 알지 못하고 어렴풋이 아는 사람을 들떠워 놓고 가리키는 말.

아무 누구라고 꼭 찍어서 이르지 않고 들떠워 놓고 가리키는 말.

―《조선말대사전》, 사회과학원, 사회과학출판사, 1992

누구 ① 잘 모르는 사람을 가리키는 인칭 대명사. ② 특정한 사람이 아

닌 막연한 사람을 가리키는 인칭 대명사. ③ 가리키는 대상을 굳
이 밝혀서 말하지 않을 때 쓰는 인칭 대명사.

아무 어떤 사람을 특별히 정하지 않고 이르는 인칭 대명사.

-《표준국어대사전》, 국립국어연구원, 두산동아, 1999

두 낱말이 모두 사람을 가리키는(인칭) 대이름씨(대명사)라는 점, 가리키는 사람을 알지 못한다는 점, 어떤 사람을 꼭 찍어서 이르지 않는다는 점에서 같다. 그리고 토씨 '도'와 함께 써서 '그렇지 못하다'(부정)라는 풀이말에 흔히 어울리고, 토씨 '나' 또는 '라도'와 함께 써서 '그러하다'(긍정)라는 풀이말에 어울리는 데서도 두 낱말은 서로 다르지 않다.

그러나 '누구'와 '아무'는 서로 아주 다른 낱말이다. 말하는 사람의 마음속에 들어 있는 뜻에서 '누구'와 '아무'는 서로 아주 다르기 때문이다. '누구'는 말하는 사람의 마음속에 처음부터 한 사람을 찍어서 뜻하지만, '아무'는 말하는 사람의 마음속에 여러 사람인 동아리를 바탕으로 해 놓고 거기서 한 사람을 뜻한다. 말을 바꾸면 '누구'는 말하는 사람의 마음속에 이미 한 사람을 뽑아 놓고 쓰는 말이고, '아무'는 말하는 사람의 마음속에 여러 사람을 뭉뚱그려 놓은 채로 쓰는 말이다. 다음 보기에서 그런 가늠을 쉽게 할 수 있을 것이다.

㉮ <u>누구</u>에게 물어보면 이걸 알 수 있을까?
　<u>아무</u>에게 물어보면 이걸 알 수 있을까?

㉯ 안에 <u>아무</u>도 안 계 십니까?

안에 <u>누구</u>도 안 계 십니까?

㉮에서 '누구'는 반듯하게 쓰여서 시원하지만, '아무'는 어설프게 쓰여서 말이 되지 않는다. 말하는 사람이 마음속에 '이걸 알 수 있는 사람'을 하나로 뽑아 놓고 있었기 때문에 '누구'는 알맞지만 '아무'는 맞지 는 것이다. 거꾸로 ㉯에서 '아무'는 반듯하게 쓰여서 시원하지만, '누구'는 어설프게 쓰여서 껄끄럽다. 말하는 사람이 마음속에 '안에 계시는 사람'을 하나로 뽑지 않고 여럿으로 뭉뚱그려 놓고 있었기 때문이다. 군이 "안에 누구도 안 계십니까?" 하지 못할 것은 아니지만, 그때에는 말하는 사람이 마음속으로 어떤 사람 하나를 뽑아 놓고 말하는 것이다. 그렇지 않다면 말을 틀리게 한 것이다.

누다 | 싸다

〈스펀지〉라는 텔레비전 프로그램에서 재미나는 구경을 했다. 돼지 다섯 마리를 새로 만든 우리에 넣고 돼지가 똥오줌과 잠자리를 가릴지 못 가릴지를 알아보려고, 다섯 사람이 한 마리씩 맡아서 밤을 새우며 지켜보고 있었다. 그러던 가운데 한 놈이 구석에다 오줌을 누었다. 그러자 다른 놈들도 모두 똥이나 오줌을 그 구석에만 가서 잘 가려 누었다. 그런데 지켜보는 사람들은 돼지가 오줌이나 똥을 눌 때마다 한결같이 "쌌습니다! 쌌습니다!" 했다. 박문희 선생님이 유치원 아이들과 살면서 겪은 그대로였다.

'똥오줌을 눈다'와 '똥오줌을 싼다'를 가려 쓰지 않고 그냥 '싼다'로 써 버립니다. '똥오줌을 눈다'는 말이 없어지고 있습니다. 변기에 눈 건지 바지에 싼 건지를 가려 쓰지 않으니 가려듣지 못합니다. 이러니 생활이 이만저만 불편한 게 아닙니다. 우리는 어려서부터 분명히 '똥을 눈다, 똥을 싼다'는 말을 가려 써 왔습니다.

− 박문희,《우리말 우리얼》46호

'누다'와 '싸다'는 다스림으로 가려진다. '누다'는 똥이든 오줌이든 스스로 잘 다스려서 내보내는 것이고, '싸다'는 스스로 다스리지 못하고 그냥 내보내는 것이다. 그것은 사람에게나 짐승에게나 마찬가지다. 사람이나 짐승이나 어려서 철이 들지 않은 적에는 똥이든 오줌이든 스스로 다스리지 못하고 나오는 그대로 그냥 '싸고'만다. 그러나 자라서 철이 들고 나면 스스로 다스려 때와 곳을 가려서 '눈다'. 철이 든 다음에도 몸에 탈이 나면 사람이나 짐승이나 스스로 다스려 누지 못하는 수가 생기고, 그러면 싸는 수밖에 없다.

한편 짐승의 삶은 사람의 그것과 달라서, 저들은 나름대로 잘 다스려 누지만 사람의 눈에는 싸는 것으로 보일 수 있다. 짐승이 누고 싸는 것을 사람이 제대로 가늠하기가 어렵다는 말이다. 그러나 앞에서 말한 텔레비전 방송에서, 돼지들이 스스로 다스려 곳을 가려서 누었던 것은 틀림이 없다. 지켜본 사람들이 모두 '누다'와 '싸다'를 가려 쓰지 못했을 뿐이다.

는개 | 느리

'는개'는 국어사전에도 올라서 꽤 널리 알려진 낱말인데, 《표준국어대사전》에서는 "안개보다는 조금 굵고 이슬비보다는 가는 비"라고 풀이해 놓았다. 굳이 틀렸다고 할 것까지는 없지만 알맹이를 놓쳐서 모자라는 풀이다. '는개'는 '늘어진 안개'라는 어구가 줄어진 낱말임을 밝히지 못했기 때문이다. 안개 방울이 굵어지면 아래로 늘어져 거미줄 같은 줄이 되어 땅으로 내려앉으며 비가 되는데, 이런 것은 비라고 하기가 뭣해서 안개 쪽에다 붙여 '는개'라고 이름 지은 것이다.

'는개'처럼 비라고 하기가 어려워 비라고 하지 않은 것에 '먼지잼'도 있다. '먼지잼'은 '공중에 떠도는 먼지를 땅으로 데리고 내려와서 잠재우는 것'이라는 뜻의 풀이를 그대로 줄여 만든 이름이다. '먼지잼'은 빗방울이 '는개'처럼 아주 작기도 하지만, 공중의 먼지만을 겨우 재워 놓고 곧장 그쳐 버리는 비라는 뜻까지 담고 있다. 자연을 이처럼 깊이 꿰뚫어보고 감쪽같이 이름을 붙이며 살아온 겨레가 세상에 얼마나 될까?

'먼지잼'과 '는개' 다음으로 가장 가늘게 내리는 비가 '이슬비'

다. 비가 오는 것 같지도 않은데 풀이나 나무의 잎에 내린 비가 모여서 이슬처럼 물방울이 맺혀 떨어진다고 해서 붙은 이름이다. 그리고 비가 오는 줄을 알 만큼은 눈에 보이지만, 내리는 것이 빗방울이 아니라 가루처럼 부서진 것이 흩어져 내리는 비를 '가랑비'라 한다. 가루처럼 흩어져 내리는 가랑비에 무슨 옷이 젖으랴 싶어 우장 없이 바깥에서 어정거리면 저도 모르는 새에 흠뻑 젖기도 하는 것이다. 그래서 대수롭지 않다고 아무렇게나 마음 놓지 말라는 뜻으로 "가랑비에 옷 젖는 줄 모른다."라는 속담이 생긴 것이다. '가랑비'보다 굵으나 아직 빗방울 소리는 나지 않고 보슬보슬 내리는 '보슬비'와 부슬부슬 내리는 '부슬비'가 있다. '부슬비'를 지나면 이제 빗방울 소리가 들리는 여느 비가 되는데, 갈수록 거세지면 와르르 무너지듯이 짜드는 '와달비'도 있고, 빗줄기가 장대처럼 굵고 줄기찬 '장대비'도 있고, 물동이로 붓듯이 쏟아지는 '동이비'도 있다. 그런 가운데서도 비라고 부르지 않는 것으로 여름철의 '개부심'과 '소나기'가 있다. '개부심'은 본디 '명개부심'이지만 줄여서 그렇게 부른다. '명개'는 큰물이 져서 흙탕물이 냇가 자갈밭을 흙먼지로 뒤덮어 놓은 것이고, '개부심'은 세차게 내려서 그런 '명개'를 깨끗이 부셔 없애 주는 비다. '소나기'는 갑자기 흩어져 있던 구름이 시커멓게 모이면서 저쪽으로부터 병사들이 쳐들어오듯이 빗줄기가 떼를 지어 달려와서는 삽시간에 쏴 하며 지나가 버리는 비다.

'느리'는 국어사전에 오르지도 못한 눈의 이름으로, '우박'이라는 한자말에 눌려서 맥을 못 쓰는 '누리'와는 아주 다른 낱말이다. 농사짓고 고기 잡는 일을 내버려 눈비에서 마음이 떠난 요즘은 '느리'가 내려도 본체만체하기 일쑤고, 시골에서 살아가는 사람들조차도 쓰지 아 잊어버렸나 싶은 낱말이다. '느리'는 '늘어진 서리'라는 어구를 줄여서 만든 낱말이다. 모두 잠든 한밤중에 남몰래 오다가 그친 '도둑눈'이면서, 마치 서리가 늘어진 것처럼 자디잔 '싸락눈'이기도 하다. 날이 새고 햇볕이 나면 서리가 녹듯이 곧장 녹아 버리고 마는 수줍고 가녀린 눈이다. 제가 내리고 싶으면 밤이든 낮이든 가리지 않고 보란 듯이 가루처럼 내리는 '가랑눈'이나 함박꽃처럼 펑펑 쏟아지는 '함박눈' 같은 것과는 느낌이 사뭇 다르다.

다르다 | 틀리다

'다르다'와 '틀리다'도 사뭇 다른 낱말인데 요즘은 너나없이 헷갈려 쓴다. 이것은 국어사전의 탓이 아니다. 이것을 헷갈리도록 한 것은 내 것을 팽개치고 남의 것만 좇아서 살아온 우리네 삶이라 할 수 있다. 하지만 국어 교육의 탓도 들먹이지 않을 수가 없다. 국어 교육이 줄곧 우리말의 노른자위인 토박이말 유산을 제대로 가르치지는 않고 알맹이 없는 말글살이에만 지나치게 매달려 왔기 때문이다.

'다르다'는 드러나는 모습을 서로 견주어 풀이하는 그림씨 낱말이다. 그리고 '틀리다'는 해 놓은 일을 과녁에 맞추어 가늠하는 움직씨 낱말이다.

㉮ 한 가지에서도 아롱이 조롱이가 열린다더니, 같은 부모한테서 난 언니 아우가 어찌 저리 다를까?

㉯ 어제 내가 다시 해 놓은 계산에서도 틀린 데가 있었습니까?

㉮에서 '다르다'는 언니와 아우의 모습을 서로 견주면서 썼고,

㉯에서 '틀리다'는 해 놓은 계산을 사실이라는 과녁에 맞추면서 썼다.

물론 두 낱말이 자칫 헷갈릴 수도 있는 데는 까닭이 없지 않다. 둘 다 견주기를 하기 때문이다. '다르다'도 견주기를 해서 나타나고, '틀리다'도 견주기를 해서 가려낸다. 그러나 '다르다'는 흔들릴 수 있는 두 가지를 서로 견주어 나타나고, '틀리다'는 흔들릴 수 없는 과녁이나 잣대와 견주어 드러난다. 아무런 잣대도 없이 두 가지를 나란히 견주면 '다르다'와 '같다'로 갈라지고, 어떤 과녁이나 잣대를 세워 놓고 거기에 견주면 '틀리다'와 '맞다'로 가려진다. 이런 뜻가림을 내버리고 요즘은 서로 견주어 다른 것도 '틀리다' 하고, 과녁이나 잣대에 견주어 맞지 않는 것도 '틀리다' 한다. 그만큼 우리네 마음이 무뎌지고 삶도 거칠어졌다는 뜻이다.

돕다 | 거들다

'돕다'와 '거들다'도 요즘은 거의 뜻가림을 하지 않고 뒤죽박죽으로 쓴다. 국어사전을 들여다보면 그 까닭을 알 만하다.

돕다 남이 하는 일이 잘되도록 거들거나 힘을 보태다.
거들다 남이 하는 일을 함께 하면서 돕다.

—《표준국어대사전》

이러니 사람들이 '돕다'와 '거들다'를 헷갈려 쓸 수밖에 없다.

이 두 낱말은 서로 비슷한 뜻을 지녀서 얼마쯤 겹쳐지는 구석이 있게 마련이지만, 여러 가지 잣대에서 쓰임새와 뜻이 사뭇 다르다. 무엇보다도 '돕다'는 사람을 겨냥하여 쓰는 낱말이고, '거들다'는 일을 겨냥하여 쓰는 낱말이다. 앞을 못 보거나 말을 듣지 못하는 사람을 돕고, 배고픔과 헐벗음에 허덕이는 사람을 돕고, 힘겨운 일에 짓눌려 괴로워하는 사람을 돕는다. 한편 힘이 부쳐서 이겨 내지 못하는 일을 거들고, 너무 많고 벅차서 감당하지 못하는 일을 거들고, 정한 시간에 마무리를 못해서 허덕이는 일을 거든다. 이처럼 사람을 돕고 일을 거든다고 하면 쓰임새가 옳지만, 일을 돕고 사람을 거든다고 하면 쓰임새가 틀리는 것이다.

그리고 '돕다'는 몸과 마음으로 주는 것이지만, '거들다'는 몸으로만 주는 것이다. 그러니까 돕는 것은 지니고 가진 것을 모두 다해서 주는 것이지만, 거드는 것은 몸에서 나오는 힘으로만 주는 것이다. 따라서 거들 수 있는 일은 무엇이나 도울 수도 있다. 그러나 도울 수 있지만 거들 수는 없는 일이 적지 않다. 이를테면 사랑이 깨어져 슬픔에 빠진 사람을 도울 수는 있지만 거들 수는 없다. 몸에서 나오는 힘으로는 어찌해 볼 도리가 없으나, 마음에서 나오는 위로의 말로써 어루만져 줄 수는 있기 때문이다.

그리고 또 '돕다'는 주고받는 것이지만, '거들다'는 주기만 하는 것이다. '돕는 것'은 마음을 썼든 말았든 멀리 두고 보면 주는 이나 받는 이나 서로에게 도움이 되게 마련이다. 도움을 받으면 받은 쪽에서 되돌려 갚으려는 마음이 절로 생겨나 언젠가는 되돌려 갚아 주려고 하기 때문이다. 되돌려 갚을 적이면 "되로 주고 말로 받는다."라는 속담의 가르침처럼, 되돌아오는 갚음이 도와준 바를 뛰어넘어 세상을 아름다운 꽃밭으로 만든다. 하지만 '거드는 것'은 주는 쪽에서는 주기만 하고 받는 쪽에서는 받기만 하면 그만이다. 더러는 거드는 만큼의 고마움을 값으로 치르는 수는 있으나, 그것은 어디까지나 덤이기에 주고받는 도움과는 속살이 다르다.

게다가 또 '돕다'는 주는 쪽에서 열쇠를 쥐고 있지만, '거들다'는 받는 쪽에서 열쇠를 쥐고 있다. '돕는 것'은 받는 쪽에서 달라니까 주는 것이 아니라 주는 쪽에서 주려고 해서 주는 것이고, '거드는 것'은 주는 쪽에서 주려고 해서 주는 것이 아니라 받는 쪽에서 달라니까 주는 것이다. 길거리에 앉아서 오가는 사람에게 도움을 달라고 손을 내미는 사람이 있지만, 그럴 때라도 주느냐 마느냐 하는 것은 주는 쪽에서 결정하고 받는 쪽에서 결정하지는 못한다. 그래서 '돕다'는 언제나 어디서나 주고받을 수 있도록 열려 있는 것이지만, '거들다'는 지금 벌어진 일에만 갇혀서 주고 나면 그것으로 끝나는 것이라 할 수 있다.

땅 | 흙

　'땅'과 '흙'을 가려 쓰지 못하고 헷갈리는 사람은 없을 것이다. 그러나 그것들의 뜻을 가려서 이야기해 보라면 망설일 사람이 적지 않을 듯하다. 뜻은 잘 가려 쓸 수 있으면서 그것을 제대로 풀어 이야기하기 어려운 까닭은 무엇일까? 그 까닭은 가르칠 수 있을 만큼 아는 사람들이 이런 우리말을 버리고 남의 말을 뽐내며 즐겨 쓰느라 가르치지 않았기 때문이다. 안다는 사람들이 가르치지 않는데 모르는 사람들이 어떻게 배우겠는가? 공부하고 글을 읽어 안다는 사람들은 우리말 '땅'과 '흙'을 버리고 남의 말 '토지'니 '영토'니 '토양'이니 하는 것들을 빌려다 쓰면서 새로운 세상이라도 찾은 듯이 우쭐거렸다. 그러나 그것은 우리가 똑똑하고 환하게 알고 있던 세상(땅과 흙)을 내버리고, 알 듯 모를 듯 어름어름한 세상(토지와 영토와 토양)으로 끌려 들어간 것일 뿐이었음을 이제라도 깨달아야 한다.

　'땅'은 우리가 뿌리내려 살아가는 터전을 뜻한다. 우리는 땅을 닦고 터를 다듬어 집을 짓고 마을을 이루며, 땅을 헤집고 논밭을 일구어 먹거리를 얻어서 살아간다. 삶의 터전인 땅에서 온갖 목숨이 태어나고 자라고 꽃피고 열매 맺는다. 세상 온갖 목숨을 낳고 기르는 어머니가 바로 이 '땅'이라는 말이다. 우리는 이런 땅을 '하늘'의 짝으로 알고 믿으며 살아왔다. 땅과 하늘이 짝을 이루어 모든 목숨을 살리고 다스리는 것으로 믿고 살았다. 이것은 일본서 끌어들인 '육지'니 '토지'니 '영토'니 '토양'이니 하는 말들로는 흉내조차 낼 수 없는 그런 세상을 뜻하는 것이다. 그러므로《표준국어대사전》에서 '땅'을 "강이나 바다와 같이 물이 있는 곳을 제외한 지구의 겉면"이라고 풀이한 것은 좁은 뜻일 뿐이다.

그리고 땅은 '땅덩이'라는 낱말을 거느리고 있다. '땅덩이'는 지금 '지구'라는 한자말에 짓밟혀 쪽도 못 쓰지만, '스스로 빙글빙글 돌면서 여러 벗과 더불어 해를 가운데 두고 둥글게 달리고 있는 작은 별'을 뜻한다. 땅은 우리네 삶의 터전이지만, 땅덩이는 누리 안에 떠서 도는 먼지같이 작은 별이라는 말이다.

'흙'은 땅을 이루는 여러 가지 가운데서 알짜배기다. '흙'은 물과 모래와 자갈과 돌과 바위와 더불어 땅을 이루는 여러 가지 가운데 하나다. 그러나 땅에서 나고 자라고 살아가는 온갖 목숨이라는 것이 사실은 거의 흙에 힘입어 살아가기 때문에 흙을 땅의 알짜배기라 하는 것이다. 땅에서도 물을 머금은 흙이야말로 온갖 푸나무와 갖가지 벌레와 짐승과 사람의 목숨을 낳아서 기르는 진짜 어머니다. 그런데 알고 보면 흙은 애초부터 흙으로 있던 것이 아니라, 햇빛과 물과 바람이 바위와 돌과 자갈과 모래를 더욱 잘게 부수고 게다가 푸나무와 벌레와 짐승과 사람이 삶의 온갖 찌꺼기를 보태서 끊임없이 만들어 내는 것이다.

'땅'이나 '흙'과 비슷한 낱말에 '뭍'도 있다. 《표준국어대사전》에서는 '뭍'을 "지구 표면에서 바다를 뺀 나머지 부분"과 "섬이 아닌 본토"라는 두 가지 뜻으로 풀이하고 있다. 그러나 사실은 이 두 가지 풀이를 하나로 아울러야 '뭍'의 뜻으로 올바르다. 땅덩이를 덮고 있는 표면(땅낯바닥, 땅갗)에서 바다를 빼면 나머지는 '뭍'이 아니라 '뭍과 섬'이다. 그러므로 '뭍'은 거기서 다시 '섬'을 뺀 나머지라 해야 올바르다. 그러니까 바다가 아닌 땅갗에서도 '섬'이 아닌 곳만을 '뭍'이라 하는 것이다. 알다시피 '섬'은 바다에 빙 둘러싸인 곳이므로, '뭍'이란 바다에 빙 둘러싸이지 않은 곳이다. 그렇기 때문에 '뭍'은 바다와 맞서 짝이 되는 낱말이 아니라 '섬'과 맞서 짝이 되는 낱말이다.

뛰다 | 달리다

광복 뒤로 얼마 동안은, 초등학교 운동회 때에 "달려라! 달려라! 우리 백군 달려라!" 하는 응원 소리를 들을 수 있었다. 그러다가 6·25 전쟁을 지나고 언제부터인가 그것이 "뛰어라! 뛰어라! 우리 백군 뛰어라!" 하는 소리로 바뀌기 시작했다. 그리고 요즘은 온 나라 젊은이가 너나없이 '뛰다'와 '달리다'를 올바로 가려 쓰지 못하는 지경에 이르고, 아예 두 낱말의 뜻이 본디 어떻게 다른지도 모르게 되어 버린 듯하다.

그나마 다행스러운 일은 국어사전들이 이 두 낱말의 본디 뜻을 그런대로 밝혀 놓았다는 사실이다. 국어사전들은 '뛰다'를 "있던 자리로부터 몸을 높이 솟구쳐 오르다." "몸이 솟구쳐 오르다."라고 풀이해 놓았고, '달리다'를 "'닫다'의 사동사." "달음질쳐 빨리 가거나 오다." "빨리 가게 하다." "뛰어서 가다."라고 풀이해 놓았다. 두 낱말의 뜻이 헷갈릴 수 없을 만큼 다르다는 것을 짐작할 만하다. 그런데 '달리다'를 "뛰어서 가다."라고 풀이해서 '달리다'와 '뛰다'가 서로 헷갈릴 빌미를 남겨 두었다.

'뛰다'는 본디 제자리에서 몸을 솟구쳐 오르는 것이고, '달리다'는 본디 빠르게 앞으로 나가는 것이라고 하면 또렷하고 올바르다. 하지만 이런 본디 뜻을 올바로 가린다 해도 쓰임새에서는 조심스레 가늠할 일이 없지 않다. '뛰다'는 '뛰어오다'와 '뛰어가다' 또는 '뜀박질' 같은 쓰임새가 벌써 반세기 이전부터 나타나 있었기 때문이다. 이런 말들은 '뛰다'가 '달리다' 쪽으로 넘어오는 쓰임인 셈인데, 그만큼 '뛰다'의 힘이 6·25 전쟁을 거치면서 드세졌다는 뜻이다. 그러나 우리가 말과 세상을 올바로 가꾸어 가자면 '뛰어오다'와 '뛰어가다'는 본디대로 '달려오다'와 '달려가다'로 바로잡고, '뜀박질' 또한 본디대로 '달음박질'로 바로잡아 제자리로 돌려놓도록 가르쳐야 할 것이다.

마개 ㅣ 뚜껑

우리말에서는 풀이말을 으뜸으로 삼아 종요롭게 쓴다. 말의 뿌리와 뼈대 노릇을 하는 풀이말이 맨 뒤에 자리 잡고 앉아서 앞서 나온 여러 말을 다스리고 거느린다. 그러므로 맨 나중에 나오는 풀이말을 제대로 듣지 않으면, 앞에 나온 여러 말을 아무리 잘 들어도 헛다리를 짚는 수가 적지 않다. 인사말을 보더라도 서유럽 사람들은 "좋은 아침!", "좋은 저녁!"같이 이름씨로 그만이고, 이웃 일본 사람들은 "오늘 낮은?", "오늘 밤은?"과 같이 풀이말을 잘라 버리고 쓰지만, 우리말은 반드시 "안녕하십니까?", "반갑습니다."와 같이 풀이말로 해야 한다.

그래서 그런지 우리말 이름씨 낱말은 움직씨나 그림씨 같은 풀이말에서 탈바꿈해 나온 것이 많다. '마개'니 '덮개'니 '뚜껑'이니 하는 낱말도 모두 풀이말로 쓰이는 움직씨에서 탈바꿈한 이름씨다. '마개'는 '막다'라는 움직씨의 줄기 '막'에 '애'가 붙어 이름씨 낱말이 되었고, '덮개'는 '덮다'라는 움직씨의 줄기 '덮'에 '개'가 붙어 이름씨 낱말이 되었다. 이럴 적에 '애'와 '개'는 다 같이 '~에 쓰는 무엇'이라는 뜻의 이름꼴 씨끝이다. 그래서 '마개'

는 '막는 데에 쓰는 무엇'이고, '덮개'는 '덮는 데에 쓰는 무엇'이다. '놀다'에 '애'가 붙어 이루어진 '노래'는 '노는 데에 쓰는 무엇'이고, '베다'에 '개'가 붙어 이루어진 '베개'는 '베는 데에 쓰는 무엇'이며, '지개'(표준어를 '지게'로 잡았다.)와 '집개'(표준어를 '집게'로 잡았다.)는 '지다'와 '집다'에 '개'가 붙어서, '지는 데에 쓰는 무엇'과 '집는 데에 쓰는 무엇'인 것과 마찬가지다.

'마개'와 '덮개'와 '뚜껑'은 어떻게 다른가? 꼬집어 대답하기 어려울 듯하지만, '마개'와 '덮개'는 그 뿌리인 움직씨 '막다'와 '덮다'를 생각해 보면 대답은 한결 또렷하다. 지금은 '막다'의 뜻이 아주 넓어졌지만, 본디는 뚫어진 구멍으로 뭔가가 밀고 나오거나 밀고 들어오는 것을 구멍 안으로 메워서 들어오거나 나오지 못하도록 하는 노릇이다. '덮다'는 가만히 있는 무엇을 바깥으로 감싸서 막아 주는 노릇을 뜻한다. 그러니까 병이나 항아리처럼 아가리가 구멍인 것에다 안으로 끼워 막아 주는 것이 '마개'고, 항아리든 도가지든 바깥으로 감싸서 막아 주는 것이 '덮개'다. 그러므로 덮개는 병이나 항아리같이 아가리가 구멍인 것보다는 아가리가 큰 통이나 독 같은 것에 더욱 어우러지고, 밖에서 오는 벌레나 짐승, 빛이나 볕, 눈이나 비, 심지어 바람 따위를 막으려는 것에 두루 쓰인다. 그래서 마개는 막았다가 뽑아야 하고, 덮개는 덮었다가 벗겨야 한다.

'뚜껑'은 아가리를 바깥으로 감싸는 모습에서나 밖에서 오는 무엇이 안으로 들어가지 못하도록 지키려는 구실에서나 '덮개'와 매우 비슷하다. 뚜껑은 본디 덮개와 함께 하나의 같은 뿌리

에서 나왔기 때문이다. 뚜껑과 덮개가 함께 자라난 본디 뿌리
는 움직씨 '듪다'였다. 그것이 뒷날 '덮다'로 바뀌었다. '덮다'로
바뀌기 이전에 '듪다'의 줄기 '듪'에 이름꼴 씨끝 '엉'이 붙어 '뚜
벙'이 되었고, 뚜벙이 다시 '뚜껑'으로 바뀌었다. 그리고 '듪다'가
'덮다'로 바뀐 다음에 거기서 '덮개'가 나왔다. 그래서 뚜껑은 덮
개와 같은 핏줄을 나눈 아재비와 조카 사이인 셈이다. 그 쓰임
새에서도 뚜껑은 덮개처럼 아무 데나 두루 쓰이지 않고, 살림살
이에서 훨씬 긴요한 솥이나 그릇, 상자 같은 가구에만 주로 쓰
인다. 덮개는 덮었다가 벗겨야 하지만 뚜껑은 닫았다가 열어야
한다.

마당 | 뜰

지난 세기 동안에 우리네 집의 모습과 쓰임새가 크게 달라져 말들 또한 뜻과 쓰임새 모두 많이 달라졌다. 지난날 우리네 집은 울이나 담으로 둘러싸인 집터 위에 저마다 몫이 다른 쓰임새로 여러 자리가 나누어져 있었다. 방과 마루와 부엌을 중심으로 하는 집채를 비롯하여, 마당과 뜰과 남새밭 따위가 저마다 자리를 잡고 우리네 집터를 채운 것이다. 집의 노른자위는 물론 위채, 아래채, 사랑채로 나누어지는 삶의 보금자리인 집채다. 남새밭은 보금자리인 집채에서 가장 멀리 떨어져 구석진 곳에 자리 잡고 있지만, 철따라 반찬거리 남새를 길러 내는 먹거리의 터전이었다.

'마당'은 집에서 집채나 남새밭에 못지않게 중요로운 자리다. 남새밭이 없는 집은 있을 수 있어도 마당이 없는 집은 있을 수 없을 만큼 그렇게 중요롭다. 살림이 넉넉하고 집터가 넓으면 앞마당, 뒷마당, 바깥마당까지 갖춘 집들도 적지 않았다. 마당은 한마디로 집 안의 일터며 놀이터다. 밤이 오거나 날이 궂으면 식구들은 저마다 위채와 아래채와 사랑채에 들어가 쉬다가, 낮이 오고 날이 좋으면 모두들 마당으로 나와 저마다 맡은 일을 하면서 살아간다. 타작을 하고, 우케를 널고, 길쌈을 하고, 땔감을 가다듬어 말리는 삶의 일터가 마당이다. 두레꾼과 삯꾼과 품꾼들도 함께 어우러져 일하는 일터다. 한편 아이들에게 마당은 제기도 차고, 팽이도 치고, 숨바꼭질도 하고, 술래잡기도 하는 놀이터다. 여름철 밤이면 모깃불을 피워 놓고 어른 아이 할 것 없이 둘러앉아 이야기판도 벌이는 놀이터다. 명절이 닥치거나 혼례나 장례나 환갑 같은 큰일이 생기면 잔치판과 놀이판을 함께 벌이는 놀이터다.

'뜰'은 집에서 가장 뒷전으로 밀리는 자리다. 집채처럼 보금자리도 아니고, 마당처럼 일터나 놀이터도 아니고, 남새밭처럼 먹거리를 내놓지도 않아서, 삶에 쪼들리는 집에서는 더욱 뒷전으로 밀릴 수밖에 없는 자리다. 그러나 삶이 넉넉해지고 끼니 걱정에서 벗어나면 가장 먼저 간절해지는 것이 또한 뜰이다. 뜰은 삶을 아름답게 하고 기름지게 하는 쉼터이기 때문에, 살림살이가 넉넉해지는 걸음에 발맞추어 뜰은 갈수록 넓어진다. 울이나 담 아래 몇 포기 꽃이나 겨우 심어 놓은 이름뿐인 뜰에서 비롯하여, 앵두에서 살구, 석류, 감, 배와 같은 먹거리 과일 나무를 심은 뜰을 거쳐, 모란이나 천리향이나 매화같이 마음을 가꾸고 즐거움을 맛보려는 꽃나무를 심고, 마침내 연꽃이 피고 수양버들이 드리워지는 연못까지 갖추기도 하면서 끝없이 가꾸고 싶은 넉넉함의 자리가 바로 뜰이다.

말꽃 | 삶꽃

'말꽃'은 '문학'을 뜻하는 토박이말이다. 토박이말이지만 예로부터 써 오던 것이 아니라 요즘 새로 나타난 말이다. '문학(文學)'은 본디 '글의 학문'이라는 뜻으로 공자가 처음 썼다고 하는 중국말인데, 우리는 지금 그러한 뜻으로 '문학'이란 낱말을 쓰는 것이 아니다. 우리가 지금 쓰는 '문학'은 놀이(희곡), 노래(시), 이야기(소설) 같은 것을 싸잡아 서양 사람들이 '리터러처(literature)'라고 하는 그것이다. 이것을 일본 사람들이 '문학'이라 뒤쳐 쓰니까 우리가 그대로 가져와서 쓰고 있다.

그러나 놀이, 노래, 이야기는 이른바 '말의 예술'이므로, 중국 말이었든 일본말이었든 글의 학문을 뜻하는 '문학'이라는 말로는 그것들을 마땅하게 담아내지 못한다. 게다가 말의 예술인 놀이, 노래, 이야기는 입말, 글말, 전자말을 두루 싸잡아야 하는데, 글말만을 뜻하는 '문학'이라 부르면 입말과 전자말로 즐기는 예술은 싸잡을 수가 없다. 그렇게 중국 한자말 '문학'과 우리가 싸잡아 담으려는 뜻과는 조금도 어울리지 않는데, 언제까지 우리가 '문학'이라는 남의 말을 빌려다 써야 하는가?

이런 물음을 가슴에 품고 마땅한 낱말을 오랫동안 찾다가 마침내 얻은 것이 '말꽃'이다. '말꽃'은 입말, 글말, 전자말을 모두 싸잡은 '말의 예술'이라는 뜻을 잘 드러낸다. '말꽃'은 새로 태어나 아직은 낯설지만, 이미 '이야기꽃'이나 '웃음꽃' 같은 정다운 말들이 벌써부터 쓰이고 있어서 외롭지 않다. 그리고 '말꽃'은 말에서 피어난 아름다운 꽃 또는 말로써 피워 낸 아름다운 꽃이라는 뜻으로, '말의 예술'이라는 본디 뜻을 고스란히 담아내기에 안성맞춤인 낱말이다.

　'삶꽃'은 이른바 '예술'이라는 낱말을 버리고 바꾸어 쓸 만한 토박이말로 새로 만들어 본 것이다. '문학'을 버리고 '말꽃'으로 바꾸어 쓰니까 '예술'이 저절로 목에서 걸렸다. '예술(藝術)'은 한자말인데, 두 한자를 아무리 뜯어보아도 우리가 뜻으로 담아서 주고받는 바를 찾을 수가 없기 때문이다. 그래서 그것을 만들고 즐기며 살아가는 사람들조차 그게 무슨 뜻을 지닌 낱말인지 알지 못하고 그저 버릇처럼 쓰고 있다. '예술'이라는 낱말에 담아서 주고받는 뜻은 '온갖 사람이 갖가지 삶에서 겪고 맛보고 느끼는 바를 갖가지 길로 아름답게 드러내는 노릇'이라 할 것이다. 춤(무용)은 몸으로, 말꽃(문학)은 말로, 소리(음악)는 목소리나 악기로, 그림(미술)은 물감으로 삶에서 겪고 맛보고 느낀 것을 아름답게 드러낸다. 이런 뜻을 간추려 싸잡으면 '삶으로 피워 낸 꽃'이라 할 수밖에 없고, 그것이 '삶의 꽃' 곧 '삶꽃'으로 자연스럽게 떠오르는 것이었다.

　'말꽃'이든 '삶꽃'이든 낱말이란 한두 사람이 마땅하다고 만들

어 내면 곧장 살아나 두루 쓰이는 것이 아니다. 낱말의 죽살이
는 오직 부려 쓰는 사람들의 마음에 달렸다. 많은 사람이 쓸 만
하다는 마음을 갖고 즐겨 쓰면 살아남는 것이고, 많은 사람이
쓸모없다는 마음으로 쓰지 않으면 쓸쓸히 죽고 만다. 알고 보면
이렇게 하여 수많은 낱말이 새로 태어나기도 하고 죽어 사라지
기도 한다. '말꽃'과 '삶꽃'이 많은 사람의 사랑을 받아 살아남을
수 있으면, 그만큼 우리말의 터전은 우리만의 빛깔을 뽐내며 탐
스러워질 것이다.

맑다 | 밝다

'맑다'와 '밝다'는 둘 다 여섯 음소로 이루어진 낱말인데, 그 가운데 한 음소(ㅁ/ㅂ)가 서로 달라서 뜻도 아주 달라져 버렸다. 이처럼 낱말이란 소리에서 한 음소만 달라도 뜻이 아주 달라져 버린다. 이것이 곧 말의 신비로움이다. 우리말에는 이런 낱말이 적지 않으니, 닿소리 음소가 달라지는 '바람'과 '사람', '마늘'과 '바늘'과 '하늘' 따위와 홀소리 음소가 달라지는 '바람'과 '보람', '고름'과 '구름'과 '기름' 같은 낱말이 그런 보기다. 그뿐 아니라 눈으로 읽는 글말에서는 같아 보이지만 소리로 듣는 입말에서는 다르게 들리는 낱말도 적지 않다. '눈(眼)'과 '눈(雪)', '밤(夜)'과 '밤(栗)', '재(灰)'와 '재(城)', '배(腹)'와 '배(船)'와 '배(梨)' 같은 낱말이 그런 보기다. 그만큼 말이라는 것이 여리고 섬세한 그릇이라는 뜻이다.

'맑다'는 '흐리다'와 서로 짝을 이루어 맞서고, '밝다'는 '어둡다'와 서로 짝을 이루어 맞선다. 그러면서 '맑다'와 '흐리다'는 하늘이 만든 '사물'과 사람이 만든 '사실'에만 쓰는 그림씨 낱말이고, '밝다'와 '어둡다'는 하늘이 만들었거나 사람이 만들었거나 따질 것 없이 '빛살'에 말미암아 쓰는 그림씨 낱말이다.

이를테면 샘물이 맑거나 흐리고, 하늘이 맑거나 흐리고, 단풍 빛깔이 맑거나 흐리고, 공기가 맑거나 흐리거나 하는 것은 모두 하늘이 만든 '사물'을 두고 쓰는 보기다. 그리고 마음이 맑거나 흐리고, 목소리가 맑거나 흐리고, 생각이 맑거나 흐리고, 살림살이가 맑거나 흐리다고 하는 것은 모두 사람이 만든 '사실'을 두고 쓰는 보기다. 한편 새벽이 되면 동녘이 밝아 오고 저녁이 되면 산그늘이 내리면서 세상이 어두워진다고 하는 것은 '하늘이 만든 해의 빛살'에 말미암아 쓰는 보기며, 보름에 가까워지면 밤이 휘영청 밝아지고 그쪽에 가까워지면 밤이 깜깜하게 어두워진다고 하는 것도 '하늘이 만든 달의 빛살'에 따라 쓰는 보기다. 그리고 등불이 밝거나 어둡고, 횃불이 밝거나 어둡고, 옷감의 빛깔이 밝거나 어둡고, 그림의 물감이 밝거나 어두운 것은 '사람이 만든 빛살'에 따라 쓰는 보기다.

거기서부터 '밝다'와 '어둡다'는 사람살이에까지 쓰임새가 널리 퍼져 나와서 눈이 밝거나 어둡고, 귀가 밝거나 어둡고, 사리가 밝거나 어둡고, 예의가 밝거나 어둡고, 물정에 밝거나 어둡다는 데까지 이르게 되었다.

못 | 늪

2008년 경남에서 '제10차 람사르협약 당사국총회'가 열렸다. 그처럼 뜻깊은 회의를 경남에서 열도록 끌어온 힘은 창녕의 '우포늪'이었다. 덕분에 우포늪은 텔레비전을 타고 하루아침에 온 세상으로 널리 알려졌다. 이른바 '개발과 발전'이라는 정치인들의 조급한 정책에 짓밟혀, 나라 곳곳에 널려 있던 늪들이 사라져 간 반세기 동안을 아슬아슬 견디며 살아남아서 누리는 영광이었다.

제10차 람사르총회 가운데서 온 세상 사람들에게 보여 준 생태 관광지로 첫손 꼽힌 데가 바로 창녕의 '우포늪'이었고, 멀지 않은 곳에 있는 창원의 '주남저수지'도 거기에 못지않은 곳이었다. 그런데 이 두 관광지의 이름이 하나는 우리 토박이말 '우포늪'으로 람사르 정신에 잘 어우러지지만, 다른 하나는 '주남저수지'라는 한자말이어서 아쉽고 고개가 갸우뚱해진다. '주남저수지'는 아무래도 일제 때에 바꾸어 쓴 이름일 터이고 본디는 틀림없이 '주남못'이었을 것이다.

'못'은 쓸모 있을 적에 쓰려고 사람이 땅을 파고 둑을 쌓아서 물을 가두어 두는 곳이다. 못에 가두어 두는 물은 거의 벼농사에 쓰자는 것이라 논보다 높은 산골짜기를 막아서 만들어 놓은 곳이 많다. 못은 거의 벼농사에 쓰자고 물을 가두어 두지만, 바닥의 흙이 좋으면 연을 길러서 꽃도 보고 뿌리를 캐서 돈을 벌자고 만들기도 한다. 이렇게 연을 키우려고 만든 못을 '연못'이라 부른다. 그리고 연못은 집 안에 뜰을 꾸미느라 만들기도 하는데, 이런 뜰 안의 연못에 키우는 연은 꽃을 보자는 것일 뿐 뿌리를 팔아서 돈을 벌자는 것은 아니다.

'늪'은 '못'처럼 물을 가두어 놓은 곳이 아니라 물이 저절로 가두어져 있는 곳이다. 그러니까 늪은 어떤 과녁을 겨냥하여 사람이 만든 것이 아니라 땅이 낮아서 저절로 물이 고인 곳이다. 가람이나 내가 흘러가다가 굽이를 틀어 버리고 큰 물줄기에서 동떨어져 늪이 되기도 하고, 아무 일도 없이 땅이 아래로 꺼져 내려서 물이 고여 늪이 되기도 한다. 이런 늪은 못과 달라서 물을 빼어 흘려보낼 수가 없다. 늪이 가장 낮은 자리에 자리 잡고 있으므로 물을 퍼서 올리지 않으면 저절로 흘러가도록 해 볼 길이 없기 때문이다. 그래서 사람이 일부러 묻어 버리지 않는다면 물과 함께 푸나무와 벌레와 짐승 같은 온갖 목숨들이 자연 그대로 언제까지나 살아갈 수 있는 것이다. 이런 까닭으로 잃어버린 자연의 본디 모습을 찾아 지키고 가꾸려는 '람사르협약 당사국총회'가 오래된 늪을 찾아 열리는 것이다.

뫼 | 갓

말은 사람이 세상을 바라보는 눈이며, 세상을 받아들이는 손이다. 사람은 말이라는 눈으로 세상을 바라보고, 말이라는 손으로 세상을 받아들인다. 그래서 말이 흐릿하면 세상도 흐릿하게 보이고, 말이 또렷하면 세상도 또렷하게 보인다. 천수관음보살처럼 손이 즈믄이면 세상도 즈믄을 받아들이지만, 사람처럼 손이 둘뿐이면 세상도 둘만 받아들일 수밖에 없다. 많은 사람이 이런 이치를 들어 중국말이나 일본말이나 서양말을 얼마든지 끌어다 써야 한다고 말한다. 그들은 지난날 중국 한자말을 끌어다 쓰고 오늘날 일본 한자말과 서양말을 끌어다 쓰면서 우리가 세상을 더 잘 바라보고 세상을 더 많이 받아들인다고 생각하는 듯하다. 무엇보다도 우리 토박이말로는 눈과 손이 모자라서 지난날 중국 한자말로 눈과 손을 늘렸다고 여긴다. 그 덕분에 이름씨 낱말이 얼마나 넉넉하게 되었는지는 국어사전을 펼쳐 보면 알 수 있다고 입버릇처럼 말한다. 그러나 그런 소리는 참말도 아니고 옳은말도 아니다.

'산'은 마치 토박이말처럼 쓰이지만, 중국에서 들어온 한자말이다. 그런데 이것을 끌어다 쓰기 전에는 우리에게 '산'을 뜻하는 이름씨 낱말이 없었을까? 이것이 들어와서 비로소 '산'을 뜻하는 낱말이 생겨나 우리가 산을 처음 바라보고 세상을 더 많이 받아들이게 되었을까? 사실은 거꾸로다. '산' 하나가 들어와서 이미 있던 토박이 이름씨 낱말 셋을 잡아먹었다. '뫼'와 '갓'과 '재'가 모두 '산'에 잡아먹혀 사라져 버린 우리 토박이말들이다. '산'이 들어와 설치기 이전에는 '뫼'와 '갓'과 '재'가 비슷하면서도 서로 다른 뜻을 담고 쓰였으나, 오늘 우리는 이 세 낱말에 나누어 쓰던 뜻을 온통 '산' 하나에 담아 쓰고 있다.

'갓'은 집을 짓거나 연장을 만들거나 보를 막을 적에 쓰려고 일부러 나무를 가꾸는 뫼를 뜻한다. '갓'은 나무를 써야 할 때가 아니면 아무도 손을 대지 못하도록, 오가면서 늘 지키면서 가꾼다. '갓'이 멀리 떨어져 있으면 일부러 '갓지기'를 세워 그에게 맡겨서 지키게 한다. '갓'은 소리로나 글자로나 머리에 쓰는 '갓'과 헷갈리니까 '묏갓'이라 하다가 요즘 국어사전에는 아예 '멧갓'으로 올려놓았다.

'재'는 마을 뒤를 둘러 감싸고 있는 뫼를 뜻한다. 마을 뒤를 둘러 감싸고 있기에 날마다 오르내리며 밭도 만들고 과수원도 만들어 삶터로 삼는다. 잿마루로 길을 내어 넘나들며 재 너머 마을과도 어우러져 살아간다. 난리라도 나면 마을 사람들은 모두 잿마루로 올라가서 먼 곳까지 내려다보며 마을을 지키고 살길을 찾는다. 그래서 한자 '城(성)'의 우리말 풀이가 바로 '재'다.

'뫼'는 '갓'과 '재'를 싸잡기도 하지만, 그보다는 마을에서 멀리 떨어진 높고 커다란 것을 뜻한다.

한자말 '산'이 들어와서 보탠 것은 없고, 우리가 스스로 만들어 세상을 알아보고 받아들이던 눈과 손 셋을 없애 버렸을 뿐임을 환히 알겠다. 그러나 이 세 낱말을 짓밟아 없애기에 앞서 한자말 '산'은 소리가 비슷한 우리 토박이말 '순'을 먼저 짓밟아 죽였다. '순'은 '젊고 씩씩한 남자'라는 뜻으로 오래도록 쓰던 말이었으나, 임진왜란 뒤로는 글자에 적혀 나타나지 않은 것으로 알려져 있다. 물론 그것이 일찍이 살아 있었다는 자취는 오늘까지도 남아 있으니 '사나이(사내)'가 바로 그런 자취다. '사나이'는 '산'과 '아이'로 갈라지는 낱말이니 본디는 〔순+아히〕, 곧 '아직 어린 남자'라는 뜻의 낱말이었던 것이다.

세상 어떤 겨레도 남의 말을 받아들이지 않고 저들 토박이말로만 살지는 못한다. 사람은 갇혀 사는 존재가 아니라 돌아다니면서 다른 사람들과 서로 말과 삶을 주고받으며 살아가기 때문이다. 그러나 남의 말을 함부로 받아들이면 더불어 살아가는 동아리 사람들 사이에서 주고받음에 헷갈림과 헝클어짐이 생길 뿐 아니라 토박이말을 짓밟아 죽이기도 한다. 남의 말은 깊이 헤아려서 토박이말의 모자람을 보태고 살찌우도록 조심스레 받아들여야 한다. 이것이 슬기로운 겨레의 말살이 모습이다.

무섭다 | 두렵다

토박이말은 우리 겨레가 이 땅에 살아오면서 스스로 만들어 낸 마음의 집이다. 우리 몸에는 우리 겨레의 유전 정보가 들어 있듯이, 토박이말에는 마음 정보가 들어 있다. 몸에 들어 있는 유전 정보는 쉽사리 망가지지 않으나, 말에 들어 있는 마음 정보는 흔들리는 세상에 맡겨 두면 단박에 망가진다.

지난 백 년 동안 우리는 무섭게 흔들리는 세상을 살아오면서 토박이말을 지키고 가꾸고 가르치지 못했다. 흔들리는 세상을 타고 일본말이 밀려와 짓밟고 미국말이 들어와 휘저어 뒤죽박죽이 되었다. 수백 수천 년을 살아오며 갈고닦아 마련한 겨레의 마음 정보를 온통 망가뜨린 셈이다. 그래서 오늘 우리네 마음, 우리네 느낌과 생각과 뜻과 얼은 토박이말과 함께 뒤죽박죽이 되어 버린 것이다.

토박이말 '무섭다'와 '두렵다'의 쓰임새도 그런 보기의 하나다. 이들은 말할 나위도 없이 모습도 속살도 서로 다른 낱말이다. 그런데 우리 가운데 어느 누가 이들이 어떻게 다른지를 알고 가려서 쓸 수 있는가?

무섭다 어떤 대상에 대하여 <u>두려운</u> 느낌이 있고 마음이 불안하다.

두렵다 어떤 대상을 <u>무서워하여</u> 마음이 불안하다.

《표준국어대사전》에서는 '무섭다'를 두려운 것이라 하고, '두렵다'를 무서운 것이라 풀이해 놓았다. 국어사전이 이런 꼴이니 어디서 뜻가림을 제대로 배워 올바르게 쓸 수가 있겠는가?

'무섭다'나 '두렵다'나 모두 마음에서 일어나는 느낌을 드러내는 낱말이다. 무섭다는 느낌과 두렵다는 느낌은 모두 내가 이길 수도 없고 벗어날 수도 없는 처지에서 일어난다. 내가 얼마든지 벗어날 수 있거나 이길 수가 있으면 무섭지도 않고 두렵지도 않다. 이런 면에서 '무섭다'와 '두렵다'는 비슷한 바탕에서 빚어지는 느낌이라 하겠다. 그러나 느낌을 일으키는 힘의 말미가 서로 다르다. '무섭다'는 느낌을 일으키는 힘의 말미가 무엇이며 어떠한지를 알고 있을 적에 빚어지는 느낌이다. 그리고 '두렵다'는 느낌을 일으키는 힘의 말미가 무엇이며 어떠한지를 모르고 있을 적에 빚어지는 느낌이다.

내가 저지른 잘못 때문에 아버지에게 호된 꾸중을 들으면 무섭지만 두렵지는 않고, 무슨 까닭인지 모르지만 화가 난 아버지가 나를 불러 세우면 두렵지만 무섭지는 않다. 깜깜한 밤중인데 마당에 무슨 기척이 있어 방문을 열고 나서려고 하면 두렵고, 마당에서 두리번거리다가 마루 밑에서 눈에 불을 켜고 쳐다보는 고양이를 보면 무섭다. 호랑이는 언제 어디서 보아도 늘 무섭고, 하느님은 언제 어디서 마음에 떠올려도 늘 두렵다.

메다 | 지다

우리가 어릴 적에는 책가방을 어깨에 메고 학교에 다녔으나, 요즘은 유치원생에서 대학생까지 모두 책가방을 등에다 짊어지고 다닌다. 그러면서도 책가방을 지고 다닌다는 사람은 아무도 없고, 모두들 메고 다닌다고 한다. 그만큼 우리가 말뜻을 올바로 가려 쓰지 못하고 살아가는 것이다.

메느냐 지느냐 하는 것은 책가방이냐 아니냐에 달린 것이 아니라, 어깨에만 맡기느냐 등에다 맡기고 어깨는 거들기만 하느냐에 달린 것이다.

'메다'는 어깨에다 무엇을 걸치거나 올려놓는 노릇이다. 이때 '무엇'이란 장대나 통나무, 보따리나 보퉁이를 비롯하여 어깨에 얹혀 있을 만하면 가릴 것이 없다. 그러나 반드시 한쪽 어깨에만 맡겨야 메는 것이라 한다. 굳이 두 쪽 어깨에 맡겨도 메는 것일 수가 있지만, 그럴 적에는 한쪽 어깨에 하나씩 따로 맡겨야 메었다고 할 수 있다. 무엇이나 하나를 두 쪽 어깨에다 걸치면 그 무엇은 어쩔 수 없이 등허리 쪽에다 맡기는 수밖에 없고, 그렇게 하면 메는 것이 아니라 지는 것이다.

여기서 말하는 '지다'는 본디 '짊어지다'에서 '짊어'를 떼어 버리고 쓰는 낱말인데, 무엇을 두 가닥으로 짊어서(뭉뚱그려 단단히 묶어서) 두 쪽 어깨에 걸치고 등에다 얹어 놓는 노릇을 뜻한다. 지는 노릇이 지난날 삶에서는 너무나 종요로워 '지게'까지 만들어 무거운 것이라도 쉽게 질 수 있도록 했다.

그런데 어깨의 도움을 받지 않고 온전히 등에만 맡겨서 지면 그것은 지는 것이 아니라 업는 것이다. '업다'는 온전히 등에만 맡겨서 지는 것이지만, 본디 깍지 낀 두 손의 도움을 받지 않을 수가 없는 노릇이다. 오로지 등에만 맡기고 지기는 어렵기 때문이다. 깍지 낀 두 손의 도움을 받더라도 오래 업고 있으려면 견디기 어려우므로 띠 같은 것으로 몸통에다 묶는 것을 마다할 수가 없다. 그래서 아이를 업으면 지난날에는 거의 띠로 묶었는데, 요즘에는 그것마저 멜빵 있는 요람을 만들어 등에다 짊어지는 사람이 많아졌다.

밑 | 아래

'위'의 반대말은 '아래'이기도 하고 '밑'이기도 하다. 그것은 '위'라는 낱말이 반대말 둘을 거느릴 만큼 속살이 넓고 두터운 한편, '밑'과 '아래'의 속뜻이 그만큼 가깝다는 말이다. 이처럼 두 낱말의 속뜻이 서로 가까운 탓에 요즘에는 '밑'과 '아래'의 뜻을 헷갈려 쓰지 않는 사람이 거의 없을 지경에 이르렀고, 심지어 국어사전에서도 헷갈린 풀이를 해 놓았다.

밑　나이, 정도, 지위, 직위 따위가 적거나 낮음. 예) 과장은 부장보다 밑이다. 동생은 나보다 두 살 밑이다.

아래　신분, 연령, 지위, 정도 따위에서 어떠한 것보다 낮은 쪽. 예) 그는 나보다 두 살 아래이다. 위로는 회장에서, 아래로는 평사원까지……

－《표준국어대사전》

'밑'과 '아래'가 뜻으로나 쓰임새로나 조금도 다를 바가 없다는 소리다. 하기야 '밑'은 '〜 따위가 적거나 낮음'이라 풀이하고,

'아래'는 '~ 따위에서 어떠한 것보다 낮은 쪽'이라 풀이했으니 아주 같지는 않다고 할는지 모르겠다. 그러나 '낮음'과 '낮은 쪽'은 무엇이 어떻게 다르단 말인가? 게다가 달아 놓은 쓰임새 보기를 견주어 보아도 다른 구석을 전혀 찾을 수가 없다. '동생은 나보다 두 살 밑이다.'와 '그는 나보다 두 살 아래이다.'에서 '밑'과 '아래'를 어떻게 다르다 하겠는가? '과장은 부장보다 밑이다.'와 '위로는 회장에서, 아래로는 평사원까지…….'에서도 '밑'과 '아래'를 다르다 할 구석은 없다.

그렇다면 '밑'과 '아래'는 본디부터 속살이 너무 가까워 뜻이 서로 겹쳐지는 낱말이었을까? 그렇지 않다. '밑'과 '아래'는 본디 서로 아주 다른 낱말이다. '밑'은 본디 '바탕·뿌리·터전'을 뜻하는 낱말이다. '위'와 짝을 이루지 않고 홀로 저만의 뜻으로 살았다. 그래서 무엇이든지 땅 위에 자리를 잡으면 땅바닥에 닿는 데는 밑이 되어서, 바탕과 터전과 뿌리라는 뜻을 드러낸다. '밑구멍, 밑바닥, 밑절미(근본), 밑천(본전), 밑겨집(본처), 밑남진(본남편)' 같은 낱말들이 예로부터 그런 뜻으로 쓰였다.

경기도 군포에는 수리산 아래 '산본'이라는 데가 있다. 요즘은 아파트뿐인 거기에 옛날에는 '산밑'이라는 마을이 있었다고 한다. 그러나 그보다 더 위로 올라가면 반드시 '뫼밑'이었을 터이다. 본디 우리 토박이말로 '뫼밑'이던 것을 한자 '산'이 '뫼'를 밀어내어 '산밑'으로 바뀌고, 일제가 침략한 뒤로 끝내 '본'이 '밑'까지 밀어내어 '산본'이 되어 버린 것이다. 어쨌거나 일제 침략 시절까지도 '밑'의 뜻이 '뿌리(본)'임을 알고 있었던 셈이다.

그런데 세상 모든 것의 바탕과 뿌리와 터전인 '밑'은 언제나 낮은 곳에 자리 잡는 것이고, 그런 '밑'에서 세상 모든 것이 생기고 자라나 위로 솟아오르는 까닭에, '위'와도 어쩔 수 없이 뜻의 인연을 맺는 수밖에 없다. 그래서 '섬돌 밑과 위, 책상 밑과 위, 지붕 밑과 위, 나무 밑과 위'가 있는 것이고, 보다시피 '밑'과 '위'는 섬돌, 책상, 지붕, 나무 따위와 같이 바닥에 닿아서 자리를 차지하는 무엇에다 쓰는 것이다. 이때 '밑'은 그 무엇이 땅에 닿는 데를 뜻하고, '위'는 그 무엇이 하늘에 닿는 데를 뜻한다.

'아래'는 본디부터 '위'와 서로 짝을 이루어 쓰는 말이다. 뜻 또한 '위'와 '아래'는 서로 맞서는 것이니, 마음에 어떤 가늠자를 마련해 두고 그 가늠을 잣대로 삼아 높은 쪽을 '위'라 하고 낮은 쪽을 '아래'라 한다. 가늠이라 했지만 마음에다 그어 놓은 가늠인지라 늘 느슨하게 마련이다. 손윗사람과 손아랫사람은 '나'를 가늠으로 하여 가르는 것이고, 윗도리와 아랫도리는 '허리 어름'을 가늠으로 쳐서 가르는 것이고, 윗마을과 아랫마을은 '우리가 사는 마을'을 가늠으로 삼아서 가르는 것이다.

그러니까 '밑과 위'는 부피가 있는 무엇이 땅이나 하늘에 닿는 자리를 꼬집어 뜻하지만, '아래와 위'는 어떤 가늠을 잣대로 하여 높은 쪽과 낮은 쪽을 느슨하게 뜻한다. '물위와 물밑'에서 '물위'는 물이 하늘에 닿은 데를 뜻하고, '물밑'은 물이 땅에 닿은 데를 뜻하는데, '물위와 물아래'에서 '물위'는 물이 흘러오는 위쪽을 뜻하고, '물아래'는 물이 흘러가는 아래 쪽을 뜻한다.

그러므로 《표준국어대사전》에서 '밑'을 "나이, 정도, 지위, 직위 따위가 적거나 낮음."이라 풀이한 것은 잘못이다. 그리고 '나이, 정도, 지위, 직위 따위'는 바닥에 닿아서 자리를 잡는 무엇이 아니라 위아래를 가르는 어떤 가늠이기 때문에, 쓰임새의 보기로 내놓은 '과장은 부장보다 밑이다.'와 '동생은 나보다 두 살 밑이다.' 따위는 마땅히 '과장은 부장보다 아래다.'와 '동생은 나보다 두 살 아래다.'라고 해야 올바르고 마땅하다.

온 누리 만물이 다 그렇듯이 낱말의 뜻이란 굳어진 채로 가만히 있는 것이 아니라 쉬지 않고 바뀌는 것이다. 사람이 바뀌고, 사람의 마음이 바뀌고, 사람의 삶이 바뀌는 것에 한 치도 어긋나지 않고 낱말의 뜻도 따라서 바뀌게 마련이다. 그러나 온 누리 만물처럼 낱말의 뜻이 바뀌는 데도 거스를 수 없는 자연의 길이 있다. 그리고 그런 자연의 길은 자유로운 입말의 쓰임새에서는 여간해서 어긋나지 않는다. 그러나 인위적인 글말이 입말을 내리누르며 횡포를 부리는 곳에서는 틀어지는 수도 없지 않다. 이제까지 국어사전들이, 쉽게 붙들 수 없는 백성의 입말은 꼼꼼하게 살펴 싣지 않고 쉽게 눈에 띄는 식자들의 글말만 긁어모아 자연의 길을 뒤틀어 놓은 것이 적잖다. '밑'의 뜻풀이도 그런 뒤틀림의 하나다.

그리고 입말이든 글말이든 쓰는 사람들이 더러 잘못으로 빗나갈 수도 있게 마련이다. 그런 잘못을 바로잡아 말을 올바로 지키고 가꾸는 일이야말로 국어사전과 국어 교육이 맡은 몫이다. '뫼밑' 마을이 '산밑' 마을로 잘못 빗나가고 끝내는 '산본'으로 뒤틀려도 누구 하나 바로잡아 주지 못했다. '밑'과 '아래'가 서로의 뜻을 제대로 지키지 못하고 얽혀 헷갈려도 바로잡지 않으면, 우리는 조상이 물려주신 값진 유산을 가꾸기는커녕 지키지도 못하고 어름어름 살아가는 바보가 되는 것이다. 게다가 머지않아 두 낱말 가운데 하나는 쓸모가 없어져 시들다가 죽을 것이고, 그만큼 우리네 말글살이는 여위고 가난해지는 것이다.

끝으로 다음과 같은 '밑'의 쓰임새는 입말에서 자주 듣는 것이고 잘못 쓴 것이 아니므로 눈여겨 둘 만하다.

⑦ 아무개는 계모 밑에서 자랐으나 얼굴에 어두운 구김새가 없다.

㉯ 어려운 조건 밑에서도 굽히지 않고 뜻한 바를 이루어 냈다.

㉲ 아무개는 일찍이 어버이를 여의고 할머니 밑에서 자랐다.

㉳ 뛰어난 학자는 거의 훌륭한 스승 밑에서 배운 사람들이다.

⑦와 ㉯는 '계모'와 '조건'이 마치 땅바닥에 닿아서 내리누르는 무엇인 것처럼 뜻겹침(비유)하여 쓴 것이고, ㉲와 ㉳는 '할머니'와 '스승'이 '할머니의 사랑'과 '스승의 가르침'을 뜻겹침하여, 그런 사랑과 가르침에 흠뻑 젖어 있었음을 뜻하여 쓴 것이다. 그러므로 이것들을 '아래'로 바꾸어 쓰면 말이 되지 않는다. 어떤 낱말이든 뜻넓이를 펼치면서 뜻겹침을 하여 쓰는 것은 사람의 마음을 살찌우는 지름길일지언정 틀린 것은 아니다.

배알 | 속알

'배알'과 '속알'은 오랜 업신여김과 따돌림 속에서 쥐 죽은 듯이 숨어 지내는 낱말들이다. 그런 가운데서 '배알'은 그나마 국어사전에 올라서 목숨을 영영 잃지는 았다 하겠으나, '속알'은 아주 목숨이 끊어졌는지 국어사전에조차 얼씬도 못하고 않있다. 국어사전들에서 풀이하고 있는 '속알'의 뜻을 살펴보면 다음과 같다. (아래에서 1)은 《우리말큰사전》, 2)는 《조선말대사전》, 3)은 《표준국어대사전》의 풀이다.)

1) 알맹이.(평북)
2) 단단한 껍데기가 있는 열매의 속알맹이 부분.
3) '알맹이'의 방언.(평북)

이런 풀이는 여기서 이야기하려는 '속알'의 뜻과 사뭇 다른 엉뚱한 풀이들이다.

국어사전에 올라 목숨을 이어 가고 있는 '배알'의 풀이를 보면 다음과 같다.

1) ① 동물의 창자. ② '사람의 창자'의 낮은말. ③ '부아'의 낮은말.

  ④ '속마음'의 낮은말. ⑤ '배짱'의 낮은말.

2) '밸'을 속되게 이르는 말.

3) ① '창자'를 비속하게 이르는 말. ② '속마음'을 낮잡아 이르는 말.

  ③ '배짱'을 낮잡아 이르는 말.

'짐승의 창자'라는 것 말고는 모조리 '낮은말'이니 '속되게 이르는 말'이니 '비속하게 이르는 말'이니 '낮잡아 이르는 말'이니 해 놓았다. '배알'은 제 뜻을 지니지도 못하고 겨우 다른 말을 낮추어 쓰는 말일 뿐이라는 것이다. '배알'을 얼마나 업신여기고 있는지 잘 알려 주는 풀이들이다.

'배알'은 보다시피 '배'와 '알'이 어우러진 말이다. 그러니까 배 속에 들어 있는 알, 곧 밥통과 염통과 애와 쓸개와 지라와 이자와 창자를 모두 싸잡아 일컫는 말이다. 무엇을 낮잡거나 속되게 이르는 말이 아니라 그저 제 뜻을 불쌍하도록 고스란히 지니고 있는 말일 뿐이다. 그런데 이런 낱말이 글에는 올라설 꿈도 못 꾸고 간신히 입으로만 떠돌며 살다가, '내장'이니 '복장'이니 '오장육부'니 하는 한자말에 자리를 빼앗기고 쫓겨난 것이다. 그러고는 '밸'로 줄어진 채 "밸이 꼬여서 못 견디겠다." 또는 "밸이 뒤틀려 못 참겠다." 하며 아니꼬움을 참고 견디는 하소연에다 겨우 자취만 남겨 놓았을 뿐이다.

'속알'은 '속'과 '알'이 어우러진 낱말이다. 여기서 '속'이란 '사람의 속' 곧 '마음'이라는 말이다. 그러니까 '속알'은 '마음의 알'

이라는 뜻이다. 그런데 마음은 '느낌'을 겉으로 삼고 '생각'과 '뜻'을 속으로 삼고 있으므로, '마음의 알'이란 곧 '생각과 뜻'을 말한다. 그래서 '속알'이란 '마음의 알'이란 말이고, 그것은 곧 '생각과 뜻'이라 하겠다.

그런데 이런 뜻의 '속알'이라는 낱말은 글말에 올라서 자취를 남기지도 못한 채 아주 사라지고 말았다. 다만 일찍이 소리 나는 대로 '소갈'이라 적혀서, 그것도 낮잡는 뜻을 나타낸다는 '머리'를 뒷가지(접미사) 삼아 달고 글말에 모습을 드러냈다.

천왕동이는 원래 소갈머리가 없는 녀석이니까 로밤이란 놈의 허풍에 놀아났다 치구…….

– 홍명희,《임꺽정》

덕분에 '소갈머리'는 국어사전에도 올라서 살아남을 수 있었고, 우리는 '소갈'이 곧 '속알'이며 '생각과 뜻'을 이르는 낱말임을 미루어 알아볼 수 있게 되었다.

부랴부랴 | 부랴사랴

겨울 입에서는 이른 추위가 닥쳐서 부랴부랴 김장들을 재촉하고…….

– 한수산, 《부초》

부랴사랴 외부대신 집으로 달려가는 교자가 있었다.

– 유주현, 《대한제국》

'부랴부랴'와 '부랴사랴'는 생김새가 아주 닮았다. 그래서 사람들은 거의 같은 뜻으로 쓴다. 《표준국어대사전》에서도 두 낱말의 뜻풀이를 아주 같은 것으로 해 놓았다.

부랴부랴 매우 급하게 서두르는 모양.
부랴사랴 매우 부산하고 급하게 서두르는 모양.

보다시피 그림씨 '부산하고'를 더 넣고 빼고 했을 뿐이니, 사람들은 그것이 어떻게 다른지 알 도리가 없다. 외국인이라면 이런 뜻풀이 정도로 알고 그냥 써도 탓할 수 없겠지만, 우리 겨레라면 이 두 낱말을 같은 것쯤으로 알고 써서는 안 된다. 선조들이 값진 삶으로 가꾸어 물려주신 이 두 낱말은 저마다 지닌 뜻 넓이가 다르기 때문이다.

'부랴부랴'는 느낌씨 낱말 '불이야!'가 겹쳐서 이루어진 어찌씨 낱말이다. "불이야! 불이야!" 하던 것이 줄어서 "불야! 불야!" 하게 되었는데, 오늘날 맞춤법이 소리 나는 대로 적기로 해서 '부랴부랴'가 되었다. 이렇게 바뀐 것이 별것 아닌 듯하지만, 따지고 보면 두 낱말이던 것이 한 낱말로 보태진 데다 느낌씨 낱말이 어찌씨 낱말로 바뀌었으므로 적잖이 탈바꿈을 한 셈이다. 본디 느낌씨 '불이야! 불이야!'는 난데없이 불이 난 사실을 알고 깜짝 놀라서 부르짖는 소리다. 이것이 '불야! 불야!'로 바뀐 것은 불난 사실이 너무도 다급해서 목으로 넘어오는 소리가 짧아진 까닭이다. 이런 사태가 현실로 나타나게 되면, 사람들은 불을 끄려고 시각을 다투어 이리 뛰고 저리 뛰며 아수라장을 이룬다. 어찌씨 '부랴부랴'는 바로 그런 아수라장에서 이리 뛰고 저리 뛰는 사람들의 움직임을 드러내는 낱말이다. 국어사전에서 "매우 급하게 서두르는 모양"이라고 풀이하는 것이 바로 그런 움직임을 이야기하는 것이다.

'부랴사랴'는 낱말의 짜임새로 볼 적에 '부랴부랴'와 다를 것이 없고, 다만 뒤 '부랴'가 '사랴'로 글자 하나만 바뀐 듯하다. 그러나 사실은 그게 아니다. '부랴부랴'와 마찬가지로 '부랴사랴'도 "불이야! 살이야!" 하던 것이 줄어서 "불야! 살야!" 하게 되었는데, 오늘날 맞춤법이 소리 나는 대로 적기로 해서 '부랴사랴'가 되기는 했다. 그러나 '부랴사랴'의 '부랴'는 '부랴부랴'의 '부랴'와 같지 않음을 짝으로 따라오는 '사랴'로써 알 수 있다. '사랴'는 '살야!' 곧 '살이야!'인데, 이때 '살'은 다름 아닌 '화살'이다. 그러니까 '살이야!'는 "화살이야!" 하는 소리, 곧 날아오는 화살을 보고 놀라서 부르짖는 소리다. 그렇다면 '살'과 짝이 되어 날아올 수 있는 '불'이란 무엇인가? 그것은 바로 오늘날 우리가 '총알'이니 '탄알'이니 하는 그것이다. "불 맞은 멧돼지처럼", "일제히 불을 뿜었다" 하는 말은 오늘날에도 쓴다. '부랴사랴'는 총알과 화살이 날아오는 싸움터에서 목숨을 걸고 부르짖는 소리에서 비롯하여, "매우 부산하고 급하게 서두르는 모양"을 뜻하는 어찌씨 낱말로 굳어진 것이라 하겠다.

부리나케 | 불현듯이

우리 겨레가 불을 쓰며 살아온 세월이 오래라 그런지 우리말에 는 불에서 말미암은 낱말이 여럿이다. '부리나케'와 '불현듯이'도 그런 낱말들 가운데 하나다.

'부리나케'는 〔불+이+나+게〕가 본디 모습이다. 그러니까 '불 이 나게'가 하나의 낱말로 붙어 버린 것인데, 오늘날 맞춤법이 본디 모습을 밝혀서 적지 않고 소리 나는 대로 적기로 해서 '부 리나케'가 되었다. '나게'가 '나케'로 바뀐 것은 느낌을 거세게 하 려는 데서 비롯한 것으로 보이기도 하고, '나게'가 '낳게'와 헷갈 려서 비롯한 것으로 보이기도 한다.

'불이 나게' 곧 '불이 나도록'이라는 말이 어째서 《표준국어대 사전》에서 풀이한 것처럼 "서둘러서 아주 급하게"라는 뜻을 드 러내는가? 이 물음은 라이터는 물론이고 성냥도 생겨나기 훨씬 이전으로 올라가서 '불을 나게 하던 일'을 떠올려야 풀린다. 성 냥이나 당황조차 생겨나기 이전에는 불을 나게 하려면 흔히 '부 싯돌'을 썼고, 부싯돌보다 더욱 이전으로 올라가면 '마른 나무 막대기'를 썼다. 부싯돌이든 나무 막대기든 그것들을 서로 부딪치고 비벼서 불이 나도록 하는 것인데, 서로 부딪쳐 비비는 속도가 빠르면 빠를수록 불이 잘 난다. 이처럼 부싯돌이나 나무 막대기를 있는 힘을 다해 '빠르게' 부딪치고 비벼야 불이 나는데서 '부리나케'를 "서둘러서 아주 급하게"와 같이 풀이한 것이다. 그러나 '아주 빠르게', '매우 빨리', 또는 '몹시 서둘러'라고 풀이하면 더욱 쉽고 올바르다.

'불현듯이'는 글자 그대로 〔불 + 현 + 듯이〕로 나누어지는 어찌씨 낱말이다. 세 낱말의 어구가 붙어서 하나의 낱말이 된 것이다. 여기서 '현'은 움직씨 '혀다'의 줄기 '혀'에 매김꼴 씨끝 'ㄴ'이 붙은 것인데, '혀다'를 요즘은 쓰지 않아서 조금은 낯설지만, '혀다'가 '켜다'로 바뀌었다면 쉽게 머리를 끄덕일 것이다. 그러니까 '불현듯이'는 요즘 말로 '불 켠 듯이'인 셈이다. 그래서 《표준국어대사전》에서는 "불을 켜서 불이 일어나는 것과 같다는 뜻으로, 갑자기 어떠한 생각이 걷잡을 수 없이 일어나는 모양"이라고 풀이하고 있다. 그러나 이것은 적잖이 잘못 짚은 풀이다. 불을 켜는 것은 등이나 초에 불을 붙이는 것이므로, '불이 걷잡을 수 없이 일어나는 것'이 아니다. 불을 켜면 어둠이 물러가고 '갑자기 환해지는 것'에 뜻의 눈이 있다. 캄캄한 곳에서 불을 켜면 갑자기 어둠이 사라지고 환히 밝아지는 것에 말미암아, '불현듯이'는 '갑자기'와 같은 뜻을 드러내는 것이다.

부리다 | 시키다

'부리다'에는 아주 다른 두 가지 뜻이 있다. 하나는 '재주, 꾀, 멋, 어리광, 말썽, 심술, 기승 등을 부리다.'에서와 같이 '속에 감추어져 있던 것을 겉으로 드러내 떨치다.'라는 뜻이다. 이런 '부리다'는 "딴청을 피우다." 할 적의 '피우다'와 아주 비슷해서 '재주를 피우다.'나 '어리광을 피우다.'처럼 그 자리에 곧장 바꾸어 써도 나쁘지 않다. 이와 아주 다른 뜻의 '부리다'는 '시키다'와 비슷하다. 이때 '부리다'는 '시키다'와 마찬가지로 '무엇을 하도록 하다.'라는 뜻이다. 뜻으로만 보아서는 '부리다'와 '시키다'가 서로 다를 바가 없는 낱말이라 해도 좋다.

그러나 '부리다'와 '시키다'는 쓰임새가 아주 다르다. 이 두 낱말이 함께 지닌 뜻을 '무엇을 하도록 하다.'라고 했지만, '시키다'는 '무엇을'에 걸어서 쓰는 낱말이고, '부리다'는 '하도록'에 걸어서 쓰는 낱말이다. '시키다'는 '무엇'이라는 〔일〕에 걸어서 쓰고, '부리다'는 '일하도록' 하는 〔힘〕에 걸어서 쓴다는 말이다. 말을 줄이면, '일'을 시키고 일하는 '힘'을 부린다는 뜻이다.

이를테면 돌쇠에게 '심부름'을 시키고, 심부름하는 '돌쇠'를 부린다. 소에게 '밭갈이'를 시키고, 밭갈이하는 '소'를 부린다. 청소기에게 '마루 청소'를 시키고, 마루를 청소하는 '청소기'를 부린다. 사람에게든 짐승에게든 기계에게든 '일'을 시키고 일하는 '힘'을 부리는 것이다. 실제로 우리는 더러 "아무개에게 시켰다." 이렇게 말하지만, 그것은 '아무개에게 ~을 시켰다.' 하는 말이다. 즉, '일'인 '~을'을 줄여서 하는 말이라는 뜻이다.

뽑다 | 캐다

'뽑다'는 박힌 것을 잡아당겨서 빼내는 노릇이다. '박힌 것'이란 온갖 풀이나 나무나 갖가지 남새, 곡식의 뿌리라든지 짐승이나 사람의 이빨같이 자연히 박힌 것을 비롯해서, 못이나 말뚝같이 사람이 박은 것까지 싸잡아 뜻한다. 게다가 뜻넓이가 더욱 번져 나가면서 몸에서 피를 뽑듯이 땅속에서 기름도 뽑고 물도 뽑는다. 게다가 거미 꽁무니에서 줄을 뽑고, 사람의 목에서 노래 한 가락을 뽑고, 사람의 마음에서 나쁜 버릇을 뽑듯이 속에 있는 것을 나오게 한다는 뜻으로도 쓴다. 그뿐 아니라 반장이나 대표를 뽑듯이 골라잡는다는 뜻, 장사에서 밑천을 뽑듯이 거두어들인다는 뜻으로까지 넓혀서 쓴다. '뽑다'를 본디 제 뜻, 곧 푸나무와 남새와 곡식같이 땅에서 싹이 나고 자라는 것을 빼낸다는 뜻으로 쓸 적에는 비슷한 낱말이 여럿 있다. '캐다', '솎다', '찌다', '매다'가 그런 낱말들이다.

'캐다'는 쓸모가 있으나 흔하게 널려 있지 않아 찾고 가려서 빼내는 것인데, 맨손이 아니라 칼이나 호미를 비롯한 갖가지 연모의 도움을 받아서 빼내는 노릇을 뜻한다. 봄철이면 뫼나 들에서 아낙들이 나물을 캐고, 사내들도 철 따라 깊고 높은 뫼를 뒤지면서 약초를 캐고 산삼을 캔다. '캐다'는 이런 푸나무뿐만 아니라 쓸모가 있으나 땅속에 묻혀서 드러나지 않는 것들을 찾아서 빼내는 것을 뜻하기도 한다. 금을 캐고, 은을 캐고, 구리를 캐는 노릇은 아득한 예로부터 하던 것이지만, 사람의 슬기가 밝아지면서 땅속에서 석탄을 비롯한 온갖 것을 캐내서 삶의 모습을 산업 사회니 기술 사회니 하는 것으로 바꾸어 놓았다.

'솎다'는 남새나 곡식이나 과일같이 사람이 씨앗을 뿌리고 심어 일부러 키우는 것에서 잘못 자란 것을 빼내는 것이다. 잘난 것을 끝까지 더욱 잘 키우려고 못난 것을 가려서 빼내 버리는 노릇인 것이다.

어떤 남새나 곡식은 모판에 씨앗을 뿌려 모를 키우다가 알맞게 자라면 본바탕으로 옮겨 심어서 가꾸어야 한다. 이때 모판에서 본바탕으로 옮겨 심으려면 먼저 모판에서 모를 뽑아야 하는데, 이렇게 모를 뽑는 노릇을 '찌다'라 한다. 이는 모가 더욱 잘 자라도록 넓고 기름진 곳으로 옮겨 심으려는 노릇이므로, 어린 모가 다치지 않도록 조심하며 정성을 다해서 뽑아야 한다.

'매다'는 남새나 과일이나 곡식을 키우는 논밭에 함께 자라나서 남새나 곡식이나 과일을 못살게 구는 풀, 곧 김을 빼내는 노릇이다. '매다'는 다시는 자라나지 않았으면 좋겠다는 마음으로 가장 함부로 빼고 뽑는 노릇이라 하겠다. '찌다'가 행여 다칠세라 정성을 다하면서 빼내는 것이라면, '매다'는 살아날까 봐 걱정을 하면서 빼내는 것이다.

사투리 | 토박이말

'사투리'는 '대중말'('대중'은 "눈대중이 매섭다."나 "대중없이 왜 이랬다저랬다 해?"에서처럼 '가늠'을 뜻하는 토박이말이다. '대중말'과 같은 뜻으로 '표준말'을 쓰지만, 그것은 일본에서 온 들온말이다.)에 맞선다. 대중말은 대한민국이라는 나라에서 온 국민이 막힘없이 주고받도록 규정에 맞추어 마련해 놓은 말이고, 그런 규정에서 밀려난 우리말은 모두 사투리다. 사투리에는 어느 고장에서만 쓰는 사투리도 있고, 어떤 사람이나 모둠에서만 쓰는 사투리도 있다.

'토박이말'은 '들온말(외래어)'에 맞선다. 들온말은 가까운 중국과 일본과 몽골을 비롯하여 멀리 서양 여러 겨레에게서 들어왔다. 이렇게 남의 말에서 들어온 것을 뺀 나머지는 모두 토박이말이다. 토박이말은 우리에게서 저절로 싹트고 자라난 우리말의 알짜요 노른자위다.

토박이말에도 대중말과 사투리가 싸잡혀 있고, 사투리에도 토박이말과 들온말이 싸잡혀 있다. 그런데 '사투리'와 '토박이말'이라는 낱말은 우리네 배웠다는 사람들에게서 버림받았다. 그들은 굳이 '사투리'를 버리고 '방언·지역어'라는 한자말을 쓰고,

'토박이말'을 버리고 '고유어·순수 국어'라는 한자말을 쓴다. 정신을 차리고 따져보면 '사투리'나 '토박이말'은 올바른 낱말이지만, '방언·지역어'나 '고유어·순수 국어'는 비뚤어진 낱말이다. '방언·지역어'라고 해서는 어떤 사람이나 모둠에서 쓰는 사투리를 싸잡을 수가 없고, '고유어·순수 국어'라 하면 들온말을 따돌리고 업신여기는 느낌을 주기 때문이다. '사투리'나 '토박이말'은 우리 겨레의 삶에서 나고 자라 살갑게 우리 품에 안겨들지만, '방언·지역어'나 '고유어·순수 국어'는 남의 삶에서 나고 자라 엉성궂어서 우리 품을 밀어낸다. 이래저래 '사투리'나 '토박이말'은 떳떳하고 자랑스러운 낱말이고, '방언·지역어'나 '고유어·순수 국어'는 창피하고 부끄러운 낱말이다. 이런 사실을 학자들이 깨달았으면 좋겠다.

삶다 | 찌다

사람은 불을 찾고 만들어 다스리면서 삶의 길을 가장 크게 뛰어 올랐다. 겨울의 추위를 물리치고 밤의 어두움을 몰아내면서 삶은 날로 새로워질 수 있었기 때문이다. 날것으로 먹을 수밖에 없던 먹거리를 굽거나 삶아서 먹을 수 있게 되었다는 사실도 삶의 길을 뛰어오르는 지렛대의 하나였다. 굽는 것은 먹거리 감을 불에다 바로 익히는 노릇이고, 삶는 것은 먹거리 감을 물에 넣어서 익히는 노릇이다.

'삶다'는 물에 먹거리 감을 넣고 푹 익히는 것이다. 감자나 고구마, 토란이나 우엉같이 단단한 뿌리 남새라면 삶아서 먹는 것이 제격이다. 그러나 단단하지 않은 것이라도 날것으로는 먹기 어려운 것들, 이를테면 박이나 호박 같은 남새는 말할 나위도 없고, 무엇보다도 짐승의 고기는 삶아야 제대로 맛을 즐기며 먹을 수가 있다.

삶는 것에 아주 가까운 것으로 '데치다'가 있다. 데치는 것은 물에 먹거리 감을 넣고 살짝만 익히는 것이다. 삶아 버리면 너무 흐물흐물해서 먹을 수가 없을 만큼 여리고 부드러운 먹거리 감, 이를테면 이른 봄에 나는 나물이나 여린잎 남새 같은 것들은 데쳐서 먹을 수밖에 없다. 그러니까 '삶다'와 '데치다'는 먹거리 감을 익히는 정도를 가늠하여 달라지는 것이다.

삶는 것에 가까우면서 데치는 것과는 아주 거꾸로 맞서는 것으로 '고다'가 있다. 고는 것은 물에 먹거리 감을 넣고 아주 푹 익히는 것인데, 먹거리 감이 그냥 흐물흐물해지기를 바랄 뿐 아니라 아예 물에 녹아 버리기를 바라며 익히는 것이다. 너무나 단단해서 삶아서는 먹기 어려운 것들을 고아서 먹는데, 무엇보다도 물고기나 짐승의 뼛골을 뽑아내려면 고지 않을 수가 없다. 물고기로는 가물치나 잉어, 짐승으로는 염소나 소의 뼈를 고아서 먹으면 뼈에 칼슘이 모자라기 쉬운 여인네들에게는 덮을 것이 없다고 한다.

'고다'와 비슷한 것으로 '달이다'가 있다. 달이는 것은 고는 것과 비슷하지만, 먹거리 감을 익히려는 것이 아니라 알맞게 물을 줄이려는 쪽에 겨냥이 있는 것이어서 그만큼 다르다. 익히려는 것이 아니므로 불을 너무 세게 하지 않고 김이 잘 오르도록 뭉긋하게 하는 것도 '고다'와는 다르다. 가장 흔히 달이는 것의 감은 한약인데, 약재에 들어 있는 약 성분을 남김없이 우려내는 것을 겨냥하지만 실제로는 물을 알맞은 분량에 맞추는 것에 더욱 과녁을 둔다. 그러니까 한약을 달일 적에는 반드시 붓는 물이 얼마인지를 먼저 가늠하고, 물의 양이 알맞게 될 때까지 지켜 앉아서 달여야 한다. 간장이나 젓장을 달일 적에는 성분을 우려내려는 것이 아니라 물기를 줄이는 것에다 온통 겨냥을 하는 것이라, 연신 맛을 보며 지켜 서서 줄어지는 물의 가늠에 날카롭게 마음을 써야 한다.

'삶다'와 헷갈리기 쉬운 것으로 '끓이다'를 꼽을 수 있다. '삶다'는 물을 넣지만 먹거리 감을 앞세워 하는 말이고, '끓이다'는 먹거리 감을 넣지만 물을 앞세워 하는 말이다. 그러니까 호박이나 감자를 삶는다는 말은 먹거리 감인 호박이나 감자를 겨냥하는 것이므로 물은 마음에 크게 두지 않는 것이고, 토란국이나 팥죽을 끓인다는 말은 물을 겨냥하는 것이므로 먹거리 감인 토란이나 팥은 마음에 별로 두지 않는 것이다. 말을 바꾸면 '삶다'는 먹거리 감이 삶겼느냐 아니냐에 마음을 쓰고, '끓이다'는 물이 끓었느냐 아니냐에 마음을 쓴다는 말이다. '끓이다'가 본디 '끓다'의 시킴꼴이고, '끓다'는 물이 뜨거워져서 김으로 바뀌며 소리를 내고 거품을 품어 올리는 것임을 생각하면 쉽게 알아들을 듯하다.

'끓이다'에 '달이다'를 보태면 '졸이다'에 가까워진다. '졸이다'는 끓이면서 달이는 것이라고 볼 수 있다는 뜻이다. 그보다도 먼저 끓여 놓고 이어서 달이는 것이라고 보면 좀 더 올바를 듯하다. 끓이는 것과 달이는 것을 알고 있으니 졸이는 것을 따로 더 이야기할 까닭도 없겠다. 다만 '졸이다'도 본디 '졸다'의 시킴꼴이고, '졸다'는 물이 뜨거워져 김으로 바뀌어 피어오르면서 물기가 적어지는 것을 뜻한다는 사실을 헤아리면 졸이는 것이 무엇인지를 제대로 알 수 있을 것이다.

'졸이다'와 비슷한 것으로 '지지다'도 있다. '졸이다'는 처음에 물을 넉넉히 넣어서 끓인 다음에 달이는 것이지만, '지지다'는 애초에 물을 조금만 넣어서 서둘러 끓이고 달여서 졸이는 것이다. 지져서 만든 먹거리를 '지짐이'라 하고, 지짐이는 곧 '부침개'를 뜻하는 것이기도 하다면, 지지는 것이 무엇인지 알 수 있을 것이다. 그런 뜻에서 보면, 지지는 것은 굽는 것과도 멀지 않은 자리에 있는 말이다. 지지는 것은 물을 조금만 넣었으므로 끓이고 달이고 졸이는 노릇에 몹시 서둘러야 하기 때문에 "지지고 볶는다."라는 속담이 생겼다. 콩이든 깨든 먹거리 감을 볶을 적에도 몹시 서둘러야 하므로, "지지고 볶는다."라는 속담이 정신을 차릴 수 없을 만큼 바쁘고 시끄럽게 서두르는 모습을 드러내는 것이다.

마지막으로 '삶다'와 비슷해서 헷갈리기 쉬운 것으로 '찌다'를 들 수 있다. 그러나 알고 보면 '삶다'와 '찌다'는 아주 달라서 서로 헷갈릴 까닭이 없다. 삶는 것은 먹거리 감을 물에 넣어서 익히는 것이지만, 찌는 것은 먹거리 감을 물에 넣지 않고 끓는 물에서 피어오르는 김을 쏘여서 익히는 것이기 때문이다. 그러니까 찌려면 먹거리 감을 물 위에 따로 올려놓고 물을 끓여야 한다. 떡을 찔 적에는 떡으로 만들 가루를 시루에 넣어서 물 위에 얹고, 된장을 찔 적에는 된장 감을 질그릇에 넣어서 밥솥에 올려놓고, 가오리를 찔 적에는 씻은 가오리를 대발에 올려서 물 위에 얹고, 나물을 찔 적에는 씻은 나물을 채반에 올려서 물 위에 얹는다. 그러고는 물을 끓여 뜨거운 김이 먹거리를 익히도록 하는 것이다.

샘 | 우물

우리나라는 지구라는 이 땅덩이 위에서 물이 가장 좋은 곳이다. 물을 받아 담아 두는 흙과 돌과 바위가 목숨에 좋은 갖가지 원소를 품고서 물을 맑고 깨끗하게 만들어 주기 때문이다. 그래서 우리 겨레는 물을 먹고 쓰려고 마련한 자연의 그릇도 여러 가지를 썼다. 그런 그릇 가운데 가장 많이 쓴 것이 '샘'과 '우물'이다. 그러나 요즘은 집집마다 부엌까지 수돗물이 들어오고, 웬만한 도시 사람들은 그릇에 담아 파는 물을 사다가 먹어서 샘과 우물이 삶에서 밀려나 자취를 감추려 한다. 삶의 전통을 지키려면 말의 박물관이라도 서둘러 만들어야 할 판이다.

《표준국어대사전》에서는 '샘'을 "물이 땅에서 솟아 나오는 곳"이라 풀이하고, '우물'을 "물을 긷기 위하여 땅을 파서 지하수를 괴게 한 곳"이라 풀이해 놓았다. '우물'을 '물을 긷기 위하여 괴게 한 것'이라 하면, 먹으려고 긷는지 쓰려고 긷는지 가늠할 수가 없다. 게다가 '지하수'라는 낱말의 뜻을 "빗물이 땅속에 스며들어 흙과 돌과 바위 사이 빈틈을 채우고 있는 물"이라 한다면, "물을 긷기 위하여 땅을 파서 지하수를 괴게 한 곳"은 '우물'이 아니라 '둠벙'이다. 《표준국어대사전》에서는 '둠벙'을 "웅덩이의 충청도 사투리"라 했지만, 둠벙은 삼남 지역에서 입말로 두루 쓰던 낱말이고, 웅덩이와는 아주 다른 것이다.

'샘'은 물이 땅에서 절로 솟아나 모이는 곳이다. 샘물은 본디 허드레로 쓰지 않고 먹기만 했다. '우물'은 사람이 땅을 깊이 파서 찾아낸 샘에서 솟아난 물을 가두어 놓는 곳이다. 우물물은 본디 먹으려는 것이지만, 넉넉하기 때문에 허드레로 많이 쓰기도 했다. '둠벙'은 사람이 땅을 파서 물을 가두어 놓는 곳이지만 솟아나는 샘을 찾지는 못한 곳이다. 둠벙물은 본디 농사나 허드렛물로만 쓰려는 것이고 먹으려는 것은 아니기에 결코 먹지는 않았다. '웅덩이'는 사람에게 물을 쓰려는 뜻이 있건 없건 움푹 꺼진 땅에 절로 빗물이 고인 곳이다. 웅덩이에 고인 물은 허드레에 쓸 수도 있지만 본디 사람이 쓰려고 뜻한 것은 아니고, 따라서 사람이 먹을 수도 없다. 우리 겨레는 이처럼 낱말 뜻을 알뜰하게 가릴 수 있도록 여러 낱말을 만들어 쓰며 살아왔다.

소리 | 이야기

'소리'와 '이야기'는 본디 서로 얽히지 않고 저마다 또렷한 뜻을 지닌 낱말이다.

"번개 치면 우레 <u>소리</u> 들리게 마련 아닌가?"
"밤도 길고 심심한데 재미있는 <u>이야기</u>나 한 자리씩 하면 어때?"

이렇게 쓸 때에는 '소리'와 '이야기'가 서로 얽히거나 헷갈리지 않는다. 그러나 다음과 같은 데서는 '소리'나 '이야기'가 모두 '말'과 비슷한 뜻으로 쓰이면서 서로 넘나든다.

"누가 그런 <u>소리</u>를 합디까?"
"누가 그런 <u>이야기</u>를 합디까?"

그러나 서로 넘나드는 것이 바르고 마땅할까? '소리'와 '이야기'는 본디 뜻이 서로 다른 만큼, 넘나들 적에도 뜻의 속살은 서로 다르다. 그 다름이 뚜렷하지 않고 아슬아슬하지만, 아슬아슬

한 얽힘을 제대로 가려서 쓸 수 있어야 참으로 우리말을 아는 것이다. 국어사전들은 '말'과 비슷한 뜻의 '소리'와 '이야기'를 어떻게 뜻가림하고 있는지 살펴보자.

1) **소리** 말. 예) 무슨 소리인지 알아들을 수 없다.

   이야기 ① 지난 일이나 마음속에 있는 것을 남에게 일러 주는 말. 예) 내 이야기 들어 보소. ② 어떤 제목을 중심으로 한 이런 말 저런 말. 예) 이야기가 오고 가다.

2) **소리** 말이나 이야기. 예) 옳은 소리. 실없는 소리.

   이야기 ① 겪은 일이나 마음속에 있는 것을 남에게 일러 주는 말. 예) 내 이야기를 듣고 좋은 의견을 주시오. ② 말하는 것. 예) 다정하게 이야기를 하다.

3) **소리** 말. 예) 도대체 무슨 소리를 하는 거야?

   이야기 ① 어떤 사물이나 사실, 현상에 대하여 일정한 줄거리를 가지고 하는 말. 예) 혼사 이야기. 이런저런 이야기. ② 자신이 경험한 지난 일이나 마음속에 있는 생각을 남에게 일러 주는 말. 예) 이야기를 털어놓다. 내 이야기를 좀 들어 보시오.

세 국어사전이 모두 '소리'는 '말'과 같다 하고, '이야기'도 '말'이라 했다. 서로 넘나들 수밖에 없다는 풀이다.

'소리'와 '이야기'가 서로 넘나드는 까닭은 이들이 모두 '말'이란 낱말의 뜻 안에 싸잡혀 있을 때다. 그러니까 '말'이라 할 것을 어떤 적에는 '소리'라 하고, 어떤 적에는 '이야기'라 하는데, 우리가 제대로 알아야 할 것은 바로 그 '어떤 적'이다.

㉮ 무슨 소리들로 그렇게 시끄럽냐?
㉯ 무슨 이야기들로 그렇게 시끄럽냐?

바깥에 나갔던 어른이 집에 들어오다가 여럿이 큰 소리로 다투는 것을 보고 하는 말이라 하자. 여기서 어느 쪽이 잘 어울리는가? 아무래도 ㉮가 아닌가?

㉰ 무슨 소리들로 그렇게 웃음꽃이 피었나?
㉱ 무슨 이야기들로 그렇게 웃음꽃이 피었나?

이것도 바깥에 나갔던 어른이 집에 들어오다가 여럿이 모여 떠들며 웃고 있는 것을 보고 하는 말이라 하자. 여기서는 어느 쪽이 잘 어울리는가? 아무래도 ㉱가 아닌가?

그러니까 '소리'와 '이야기'가 서로 넘나들지만, 환경에 따라 잘 어울리기도 하고 덜 어울리기도 한다. '그렇게 시끄럽냐?'와 '그렇게 웃음꽃이 피었나?' 하는 환경에 따라서 어우러지는 뜨레가 달라지는 것이다. '시끄럽다'와 같이 좋지 않다는 뜻에는 '소리'가 잘 어울리고, '웃음꽃이 피었다'와 같이 좋다는 뜻에는 '이야기'가 잘 어울린다는 말이다. 이것이 바로 '소리'와 '이야기'

가 어울려 쓰이는 '어떨 적'이다.

'이야기'가 좋은 뜻에 잘 어우러지는 까닭은 그것이 가장 값진 말이기 때문이다. 본디 '이야기'란 줄거리가 있는 말이다. "저녁 먹읍시다." 하면 줄거리가 없어서 여느 말이다. 여느 말은 의사소통이라는 노릇을 다하는 말의 기본이다. 그러나 "배고프니까 저녁 먹읍시다." 하면 이야기로 기울어지는 말이고, "점심을 굶어서 배고프니까 어서 저녁 먹읍시다." 하면 이야기로 넘어가는 말이고, "이라크 파병을 놓고 김 실장과 다투느라 점심을 굶어서 배고프니까 어서 저녁 먹읍시다." 하면 짧은 월이지만 줄거리를 갖춘 이야기다. 줄거리를 제대로 갖추어 기쁨과 즐거움을 솟아나게 하는 이야기는 진짜 이야기고, 그것은 말꽃이 된다.

말이지만 말로서 대우를 받지 못하면 '소리'로 떨어진다. 아무리 떠들어도 전혀 먹혀들지 않고 팽개쳐지는 '헛소리', 생각도 없이 사정도 모르고 함부로 지껄이는 '벌소리', 본디는 옳고 마땅하였으나 때와 곳을 가리지 못하고 지나쳐서 쓸모가 없어진 '잔소리', 말의 뜻에 바람이 들어서 소리만 크게 떵떵거리는 '큰소리', 듣는 사람은 없이 하는 사람이 혼자 내뱉고 마는 '군소리', 듣는 사람의 마음은 헤아리지 못하고 덜된 제 짐작으로만 떠드는 '별소리'는 모두 말로서 대우를 받지 못하는 소리들이다. 소리로 떨어지기 아까운 '쓴소리'도 마침내는 듣는 사람의 귀에 거슬려 열에 아홉은 쓸모없이 버려지는 말이고, 듣는 사람의 귀에는 솔깃하고 입맛에는 달지만 듣는 이에게나 하는 이에게나 사람됨을 무너뜨리는 '단소리'도 쓸모없는 말이다.

속 | 안

'속'과 '안'은 본디 아주 다른 낱말이지만, 요즘은 모두가 헷갈려 뒤죽박죽 쓴다.

> **속** ① 거죽이나 껍질로 싸인 물체의 안쪽 부분. ② 일정하게 둘러싸인
> 것의 안쪽으로 들어간 부분.
> **안** 어떤 물체나 공간의 둘러싸인 가에서 가운데로 향한 쪽, 또는 그런
> 곳이나 부분.
>
> —《표준국어대사전》

국어사전의 풀이만으로는 누가 보아도 어떻게 다른지 가늠하기 어렵다.《표준국어대사전》에서는 이 밖에도 여러 풀이를 덧붙여 달아 놓았으나, 그것은 모두 위에서 풀이한 본디 뜻에서 번져 나간 것에 지나지 않는 것들이다. 본디 뜻을 또렷하게 밝혀 놓으면 번지고 퍼져 나간 뜻은 절로 줄가리가 서서 쉽게 알아들을 수가 있다. 그러나 본디 뜻을 흐릿하게 해 놓으니까 그런 여러 풀이가 사람을 더욱 헷갈리게 만드는 것이다.

우선 '속'은 '겉'과 짝을 이루어 쓰이는 낱말이고, '안'은 '밖'과 짝을 이루어 쓰이는 낱말이다. "저 사람 겉 다르고 속 다른 데가 있으니 너무 깊이 사귀지 말게." 하는 말은 '겉'과 '속'을 아주 잘 짝지어 쓴 보기다. 여기서 '겉'은 바깥으로 드러나서 눈에 보이고 귀에 들리는 행동과 말 따위를 뜻하고, '속'은 눈에 보이지도 않고 귀에 들리지도 않도록 감추어진 마음씨를 뜻한다. "안에서 새는 박이 밖에선들 새지 않을까!" 하는 속담은 '안'과 '밖'을 아주 잘 짝지어 쓴 보기다. 여기서 '안'은 집의 울타리 안으로, 마당이든 부엌이든 마루든 방이든 빈 자리를 두루 싸잡아 뜻한다. 그리고 '밖'은 집의 울타리 밖으로, 골목이든 마을이든 논밭이든 빈 자리를 두루 싸잡아 뜻한다.

'속'은 '겉'과 둘이 서로 하나가 되어 갈라놓을 수 없도록 붙어 있지만, '안'은 '밖'과 둘이 따로 갈라져 서로 나뉘어 있다. 《표준국어대사전》에서는 '속'의 쓰임새로, "사람 하나 겨우 들어갈까 말까 한 좁은 골목 속에 쓰러져 가는 판잣집이 비스듬히 기울어진 채 서 있었다." 하는 월을 내놓았는데, 이는 잘못 쓴 보기로 내놓아야 마땅하다. 골목은 '겉'과 '속'이 서로 붙어 있는 것이 아니라 '안'과 '밖'으로 서로 나뉘어 있는 것이기 때문이다. 그리고 '안'의 쓰임새로 내놓은 "지갑 안에서 돈을 꺼내다." 하는 월 또한 잘못 쓴 보기로 내세워야 마땅하다. 지갑은 '안'과 '밖'으로 따로 갈라져 서로 나뉘어 있는 것이 아니라, '속'과 '겉'으로 서로 붙어 있는 것이기 때문이다.

또한 '속'은 빈 자리가 없는 것이고, '안'은 빈 자리가 있는 것이다. "겉보기보다 속은 싱싱하고 맛도 좋습니다."라는 말은 사과 같은 과일을 깎아 먹으면서 흔히 하는 말인데, 과일 속은 빈 자리가 없다. "얼마든지 벗겨 봐, 양파 속이 어디 드러나나!" 하듯이 양파 속도 빈 자리가 없다. 그런데 "버선이라 속을 뒤집어 보일 수가 있나!" 할 적에, 버선은 속에 빈 자리가 있는 듯도 하지만 따지고 보면 버선, 지갑, 주머니, 호주머니 같은 것도 물건이 비집고 들어가서 자리를 만들어 차지할 수는 있지만, 여느 때에는 빈 자리로 있는 것이 아니다. 한편 "독 안에 든 쥐다."라든지 "방 안이 너무 어둡지 않아?" 할 적에, 안은 반드시 빈 자리가 있는 것이다. 짝을 이루는 반대말 '밖'이 빈 자리로 있는 것과 마찬가지다.

솟다 | 뜨다

박두진의 〈해〉는 "해야 솟아라. 해야 솟아라. 말갛게 씻은 얼굴 고운 해야 솟아라." 이렇게 시작한다. 이 노래가 쓰인 1946년은 빼앗겼던 나라를 되찾은 때인데도, '말갛게 씻은 얼굴 고운 해'는 아직 솟지 않았다고 느꼈던가 보다. 그러고 보면 그때로부터 반세기를 훌쩍 넘긴 오늘날에도 남과 북은 갈라져 원수처럼 지내자는 사람들이 많고, 정권에만 눈이 어두운 정치인들은 힘센 미국만 쳐다보며 셈판을 굴리는 판국이다. 그러니 우리 겨레에게 '말갛게 씻은 얼굴 고운 해'는 여전히 솟지 않았다 해야 옳겠다는 생각이 든다.

　해는 솟는 것이다. 그러나 요즘 사람들은 온통 '해가 뜬다'고만 한다. 그렇다면 '솟다'는 무엇이며, '뜨다'는 무엇인가? '솟다'는 제 힘으로 밑에서 위로 거침없이 밀고 올라오는 것이고, '뜨다'는 남의 힘에 얹혀서 아래에서 위로 밀려 올라오고 또 그 힘에 얹혀 높은 곳에 머무는 것이다. 그래서 '샘물'도 솟고, '불길'도 솟고, '해'도 솟는 것이지만, '배'는 뜨고, '연'은 뜨고, '달'은 뜨는 것이다.

샘물이 제 힘으로 밀고 올라오고 불길도 제 힘으로 밀고 올라오는 것은 알겠고, 배는 물의 힘에 얹혀서 밀려 올라오고 연도 바람과 사람의 힘에 얹혀서 밀려 올라오는 것임을 알겠다. 그런데 해가 솟는 것이면 달도 솟는 것이고, 달이 뜨는 것이면 해도 뜨는 것이 아닌가? 과학으로 보면 그런 말이 맞을지도 모른다. 그러나 우리 겨레는 해와 달을 그렇게 보고 살지 않았다. 해는 스스로 엄청난 힘을 지녀 모든 목숨을 살리고 죽이기까지 할 수 있지만, 달은 해를 쫓아다니며 힘을 빌려서 지내는 작은 짝으로만 보고 살았다. 그래서 해는 스스로 솟는 것이지만, 달은 해의 힘을 빌려서 뜨는 것으로 본 것이다.

그런데 우리는 '해돋이'라는 말을 널리 쓴다. 이것은 말할 나위도 없이 〔해 + 돋 + 이〕로 쪼갤 수 있는 것으로, '해가 돋는 것'이라는 뜻을 드러내는 말이다. 그래서 '해가 돋다.'라는 말이 옳다고 할 수 있다. 더구나 '해돋이'는 일찍이 15세기에도 썼던 보기가 남아 있기도 하다. 그러면 '돋다'와 '솟다'는 어떻게 다르며 같은가? '돋다'도 '솟다'와 마찬가지로 제 힘으로 밑에서 위로 밀고 올라오는 것이다. 그러나 '돋다'는 '솟다'처럼 거침없이 밀고 올라오는 것이 아니고 아주 천천히 시간을 들여서 밀고 올라오는 것이다. 그러니까 '해가 솟다.'로 하느냐 '해가 돋다.'로 하느냐는 어느 것이 맞고 어느 것이 틀리기보다, 해가 올라오는 것을 어떻게 느끼느냐에 따라 가려 쓸 수 있다고 보아야겠다.

시간을 들이면서 천천히 나타나는 것으로 잘 어울리는 것은 해보다도 '별'이다. 해가 지고 하늘이 어두워지면 별은 큰 것에서부터 시간을 들여 하나씩 천천히 돋아난다. 게다가 '돋다'는 해처럼 솟아올라 줄곧 자리를 옮기며 달려가는 것보다 제자리에서 가만히 움직이지 않는 것에 더욱 잘 어울리는 말이다. '움'이 돋는 것이나 '뾰루지'가 돋는 것이나 모두 그런 뜻으로 쓰는 것이다. 그래서 해는 솟고, 달은 뜨고, 별은 돋고, 이렇게 말하는 것이 하늘에 있는 세 빛에 가장 마땅하게 어울리는 말법이라 하겠다.

쉬다 | 놀다

'쉬다'와 '놀다'는 싹터 자라 온 세월이 아득하여 뿌리를 깊이 내렸을 뿐만 아니라 핏줄이 본디 값진 낱말이다. 핏줄이 값지다는 말은 사람과 삶의 깊은 바탕에서 태어났다는 뜻이고, 사람이 목숨을 누리는 뿌리에 '놀다'와 '쉬다'가 자리 잡고 있다는 뜻이다. 사람의 삶에서 그처럼 깊고 그윽한 자리를 차지한 터라 여간 짓밟히고 버림받아도 뿌리까지 죽어 사라질 수가 없는 낱말이다.

'쉬다'는 '움직이다'와 짝이 되어 되풀이하며 사람의 목숨을 채운다. 엄마 배 안에 있을 때는 '쉬다'와 '움직이다'를 잦게 되풀이하다가 태어나면 되풀이가 늘어진다. 늘어진다 해도 갓난아기는 하루에 여러 차례 되풀이를 거듭한다. 배고프면 깨어나 울면서 움직이다가 젖을 먹으면 자면서 쉬는 되풀이를 거듭하다가, 예닐곱 살을 넘어서면 하루에 한 차례 '쉬다'와 '움직이다'를 되풀이한다. 되풀이는 해가 뜨고 지는 것에 맞추어 밤이면 쉬다가 낮이면 움직인다. 이처럼 몸 붙여 사는 환경에 맞추어 되풀이하던 '쉬다'와 '움직이다'가 멈추면 사람의 목숨도 끝난다.

'쉬다'와 '움직이다'는 삶에서 맡은 몫도 서로 짝을 이룬다. 쉬는 것이 없으면 움직일 수가 없고, 움직이는 것이 없으면 쉴 수가 없다. 쉼이 제 몫을 잘하면 움직임도 제 몫을 잘할 수 있고, 움직임이 제 몫을 잘하면 쉼도 제 몫을 잘할 수 있다. 잘 움직이려면 먼저 잘 쉬어야 하고, 잘 쉬려면 먼저 잘 움직여야 한다. 이것이 잘 사는 열쇠며 길이다. 한때 우리는 "잘 살아 보세. 잘 살아 보세." 하는 방송을 들으며 새벽잠을 쫓느라 안간힘을 다한 적이 있었고, 근면과 근로를 삶의 덕목으로 받들어 쉬지 말고 일하라는 침략 교육에 시달린 적도 있었다. 이런 길은 목숨의 두 짝을 살려서 값진 삶을 온전히 가꾸는 것이 아니었다.

'놀다'는 '움직이다'의 반쪽이다. '움직이다'의 다른 반쪽은 '일하다'이다. 그러니까 '놀다'와 '일하다'가 짝이 되어 '움직이다'를 이룬다는 뜻이다. '놀다'는 목숨이 기쁨을 맛보도록 뒷받침하는 움직임이고, '일하다'는 목숨이 살아남도록 뒷받침하는 움직임이다. 이 두 가지 움직임이 짝을 이루어 하나는 목숨을 살리고, 하나는 목숨의 값어치를 드높인다.

그러나 '놀다'와 '일하다'는 '쉬다'와 '움직이다'처럼 처음부터 짝을 이룬 것이 아니다. 사람의 움직임은 본디 '놀다' 뿐이었다. 엄마 배 안에 있을 적에는 움직이는 것이 고스란히 노는 것이다. 이때 사람의 목숨은 '쉬다'와 '놀다'로만 이루어져서 '움직이다'는 그대로 '놀다'였다. 사람의 목숨이 '쉬다'와 '놀다'로만 이루어진 상태는 태어난 뒤로도 꽤 오랫동안 이어진다. 자연 환경과 사회 문화에 따라 다르지만, 대충은 예닐곱 살을 넘어서야 '움직이다'가 '놀다'와 '일하다'로 갈라져 나간다. 이때부터 '쉬다'

는 '놀다'와도 짝을 이루고 '일하다'와도 짝을 이루어, 놀다가도 쉬고 일하다가도 쉬는 것이다.

그러나 어릴 적의 '놀다'와 '일하다'는 또렷이 갈라지지 않아서 '놀다'인지 '일하다'인지 가늠하기 어렵다. 나이가 들면서 노는 것과 일하는 것은 다른 것이 되고, 서로 뒤섞일 수가 없는 것으로 되고 만다. 결혼을 하고, 집안을 이루고, 아들딸을 낳아 기르면 '움직이다'는 '일하다'로 거의 채워지고, 그런 사정은 아들딸이 짝을 만나 집안을 이루는 때까지 누그러들지 않는다. 아들딸이 모두 자라서 집안을 이루고 저마다의 삶을 찾아가면 그제야 '일하다'에서 벗어나지만, 그때는 이미 세상을 떠나야 할 때가 가까워진다. 이것이 '놀다'와 '일하다'가 목숨의 '움직이다'를 갈라 차지하는 사정이다. 그러나 이런 사정도 자연 환경과 문화 풍토에 따라 사람마다 사회마다 들쭉날쭉하게 마련이다.

그렇다 하더라도 '놀다'와 '일하다'가 짝을 이루어 움직임을 채우고, 그것들이 맡은 몫도 서로 짝을 이루는 것은 틀림없다. '놀다'가 제 몫을 잘하면 '일하다'도 제 몫을 잘할 수 있고, '일하다'가 제 몫을 잘하면 '놀다'도 제 몫을 잘할 수 있다. 이것들이 가지런히 짝을 이루지 못하고 한쪽으로 기울어지면 삶은 병들고 망가진다. 그런 까닭으로, 인류의 문명이 산업 사회로 들어서면서 '일하다' 쪽으로 기울어지고 기계 문명의 막바지에 다다른 오늘날에는 우리네 삶이 걷잡을 수 없이 병들고 망가지게 되었다. 많은 사람이 '놀다' 쪽을 살리려고 안간힘을 쓰는 까닭이 거기에 있는 것이다.

슬기 | 설미

우리 토박이말에는 이치를 밝히고 올바름을 가리는 일에 쓸 낱말이 모자라 그 자리를 거의 한자말로 메워 쓴다. 이런 형편은 우리말이 본디 그럴 수밖에 없어서 그런 것이 아니다. 머리를 써서 이치를 밝히고 올바름을 가리는 일을 맡았던 사람들이 우리말을 팽개치고 한문으로만 그런 일을 했기 때문이다. 마음이 있으면 말은 거기 맞추어 생겨나는 법인데, 그들은 우리말에 도무지 마음을 주지 않았다. 조선 왕조가 무너질 때까지 이천 년 동안 그런 분들은 줄곧 한문으로만 이치를 밝히고 올바름을 가리려 했기에 우리말은 그런 쪽에 움도 틔울 수가 없었다.

안타까운 노릇은 이처럼 애달픈 일을 아직도 우리가 바로잡지 못하고 있다는 것이다. 오늘날에도 이치를 밝히고 올바름을 가리려는 학자들이 여전히 우리말로 그런 일을 하려 들지 않는다. 그들은 일본말이든 중국말이든 서양말이든, 제가 아는 남의 말로 학문하는 것을 자랑으로 여긴다. 우리말은 거룩한 학문을 알뜰히 할 만한 그릇이 아니므로 선진국의 말을 끌어다 쓰는 것이야말로 학자의 특권이라 여기며 뽐낸다. 우리말이라야 우리 삶의 이치를 밝히고 우리 삶의 올바름을 가릴 수 있다는 사실은 전혀 아랑곳하지 않는다.

'슬기'와 '설미'는 그런 역사의 가시밭을 뚫고 끈질기게 살아남아서 이치를 밝히며 올바름을 가리는 몫을 해 주는 우리 토박이말이다. '슬기'는 임진왜란 뒤로 가끔 글말에 적힌 덕분에 무서운 한자말의 발길에 짓밟히면서도 살아남아 오늘 우리네 품까지 안겨 왔다. 아직도 '슬기'보다는 한자말 '지혜'를 즐겨 쓰는 사람이 많지만, 국어사전들이 "사물의 이치를 빨리 깨달으며 사물을 처리하는 방도를 옳게 잘 생각해 내는 재간이나 능력"이라고 뜻풀이를 달아서 올림말로 실어 놓았다. 이제는 뜻있는 사람들이 찾아 쓰기만 하면 갈수록 널리 쓰일 것이다.

'설미'는 15세기 끝 무렵에 엮은 《악학궤범》에 한 차례 글말로 적힌 바가 있으나, 여태 국어사전에는 오르지 못한 낱말이다. 다만 '눈'의 매김을 받으며 쓰이는 '눈썰미'로만 국어사전에 올라 있을 뿐이다. 그나마 그것이 '눈'과 '설미'가 붙은 낱말인 줄을 모르니까 둘을 가려서 속살까지는 풀이하지 못하고, "한두 번 보고 곧 그대로 해내는 재주"라는 껍데기 풀이만 달아 놓았다. 하지만 '설미'는 '이런저런 사정을 두루 살펴서 올바르고 그릇된 바를 제대로 가늠하여 올바름을 북돋우는 마음의 힘'이라는 뜻을 지닌 빼어난 우리 토박이말이다. 《악학궤범》에는 나쁜 귀것을 쫓는 서낭 처용의 모습을 추켜세우는 대목에, "설믜 모도와 유덕(有德)ᄒ신 가ᄉ매"라는 노랫말이 있다. 처용의 가슴은 '설미를 모아 가지고 있어서 넉넉하신 가슴'이라는 말이다.

'슬기'와 '설미'는 둘 다 마음에서 솟아나는 힘이라 비슷하지만, 솟는 샘의 자리가 얼마쯤 달라 구실도 그만큼 서로 다르다. '설미'는 몸과 더불어 마음의 가장자리인 느낌을 비롯하여 생각과 뜻을 아우른 자리에서 솟아나는 힘이다. 몸으로 바깥세상을 받아들여 빚어지는 느낌과 생각과 뜻을 두루 아우른 힘으로 올바르고 그릇된 바를 가늠하여, 그릇됨을 누르고 올바름을 북돋우는 힘이 설미다. 그러나 '슬기'는 오직 마음의 알맹이인 얼에서 솟아나는 힘이다. 몸이나 몸에서 비롯한 느낌과 생각과 뜻 같은 데서 솟아나는 설미와는 달리, 하늘에서 들어온 얼에서 솟는 힘이 슬기다. 이스라엘 겨레에서 자란 《구약성서》에는 다음과 같은 말이 있다. "모든 슬기는 하느님으로부터 오며 언제나 하느님과 함께 있다." 보다시피 이것은 슬기가 얼에서 솟는 힘이라는 것을 잘라 말하고 있는 셈이다.

엎어지다 | 자빠지다

언젠가 어느 교수가 내 연구실로 들어서며, "재수 없는 놈은 엎어져도 코가 깨진다더니……." 했다. 어처구니없는 일을 겪으며 받은 아픔을 털어놓겠다는 신호다. 혼자 속으로 '엎어지면 제아무리 재수 있는 놈이라도 코가 깨지기 십상이지.' 하면서도, 겉으로는 아무렇지 않은 듯이 이야기를 들어 주느라 애를 먹었다. 이분은 "재수 없는 놈은 자빠져도 코가 깨진다." 하는 속담에서 '자빠져도'를 '엎어져도'로 잘못 알고 쓴 것이다. 어찌 이분뿐이겠는가! 살펴 헤아리지는 않았지만, 요즘 젊은 사람 가운데 열에 예닐곱은 '엎어지다'와 '자빠지다'를 제대로 가려 쓰지 못하는 듯하다. 제대로 가려 쓰자고 국어사전을 뒤져 보아도 뜻가림을 올바로 해 놓은 사전이 없다. 우리말을 이처럼 돌보지도 가꾸지도 않은 채로 뒤죽박죽 쓰면서 살아가니까 세 끼 밥을 배불리 먹어도 세상은 갈수록 어수선하기만 한 것이 아닐까?

'엎어지다'는 서 있다가 앞으로 넘어지는 것이고, '자빠지다'는 서 있다가 뒤로 넘어지는 것이다. 코가 얼굴 가운데 튀어나와 있으므로 엎어지면 자칫 땅에 부딪쳐 깨지게 마련이다. 그러나 자빠지면 뒤통수가 땅에 부딪쳐 깨질지언정 얼굴은 하늘을 쳐다보기 때문에 코가 깨질 까닭은 아예 없다. 그렇다 해도 사람이 살다 보면 참으로 재수가 없어서 전혀 가망 없는 일이 일어나니, 자빠지다가 코를 깨는 수도 벌어질지 모르는 노릇이다. 그러니까 앞의 속담은 우리네 삶의 길에서 더러 겪는 그처럼 얄궂고 짓궂은 노릇을 이야기하는 것이다.

이들과 비슷한 낱말로 '쓰러지다'와 '넘어지다'가 있다. '쓰러지다'는 오른쪽이든 왼쪽이든 모로 넘어지는 것을 뜻한다. 그러니까 '엎어지다'와 '자빠지다'와 '쓰러지다'는 저마다 넘어지는 쪽을 달리하여 쓰는 것일 뿐이고, 땅에 붙어 하늘을 바라고 서 있던 무엇이 땅으로 갑자기 드러눕는 움직임에서는 조금도 다를 것이 없다. 그런데 어느 쪽이나 아랑곳하지 않고 앞으로든 뒤로든 모로든, 하늘로 서 있던 것이 땅으로 드러눕는 것을 온통으로 싸잡아 쓰는 낱말이 곧 '넘어지다'이다.

국어사전에 오르지는 못했으나 우리 고향에는 또 다르게 넘어지는 것이 있다. '구불(어)지다' 또는 '굼불(어)지다'가 그것이다. 이것은 가파른 비탈 같은 데서 넘어져 그대로 구르기까지 하는 것을 뜻한다. 곧 '넘어지다'와 '구르다'를 함께 보탠 뜻으로 쓰는 낱말이다. 이처럼 '넘어지다'와 함께 동아리를 이루고 있는 다섯 낱말은 모두 사람에게 쓰는 것이 제격이지만, 사람처럼 앞뒤를 가릴 수 있도록 서 있는 물건이면 아무것에나 두루 쓰인다.

이들 '넘어지다' 무리와는 뜻이 아주 다른 낱말이지만, 요즘 들어 적잖이 헷갈려 쓰는 것에 '무너지다'도 있다. '무너지다'가

'넘어지다'와 뒤섞이고 헷갈리는 빌미는, 땅에 붙어 하늘을 바라고 서 있는 것에게 일어나는 변고라는 점에서 다르지 않기 때문이다. 그러나 변고의 속내가 서로 아주 다르다. '엎어지다', '자빠지다', '쓰러지다', '넘어지다', '굴불어지다'는 모두 일으켜 세우면 거의 본디대로 돌아올 수가 있지만, '무너지다'는 물처럼 아래로 부서져 내리는 것을 뜻하므로 본디대로 일으켜 세울 도리가 없는 것이다. 그만큼 '무너지다'는 다른 다섯 낱말들과 뜻이 아주 남다른 낱말이고, 사람에게 쓰는 것이라기보다 사람이 공들여 만들어 세워 놓은 것에 쓰는 낱말이다. '무너지다'를 사람에게 가끔 쓰기는 하지만 그것은 빗대어 쓰는 것일 뿐이다.

올가미 | 올무

사람이 제가 살자고 다른 목숨을 빼앗는 짓이란 곰곰이 생각하면 참으로 끔찍하다. 연암 박지원의 〈범의 꾸짖음〉에는, "메뚜기에게서 먹이를 빼앗아 먹고, 누에에게서 옷을 빼앗아 입고, 벌을 막아서 꿀을 따며, 심한 놈은 개미 새끼로 젓을 담아서 조상에게 바치니 잔인무도하기가 너희보다 더한 것이 어디 또 있단 말이냐?" 하며 범이 북곽 선생을 꾸짖는 대목이 있다. 그리고 "어질지 못하기 짝이 없어라, 너희 사람의 먹이 얻는 짓이여! 덫이나 허방을 놓는 것만으로도 오히려 모자라 새 그물, 노루 그물, 큰 그물, 고기 그물, 수레 그물, 삼태 그물, 온갖 그물을 만들어 냈으니, 처음 그것을 만들어 낸 놈이야말로 세상에 가장 큰 재앙을 끼친 녀석일 것이다. 그 위에 또 가지각색의 창이며 칼 등속에다 화포란 것까지 만들어, 이것을 한번 터뜨리면 소리는 산을 무너뜨리고 천지에 불꽃을 쏟아 벼락 치는 것보다 더 무섭다." 하며 꾸짖기도 한다. 이백 년 남짓이 지난 오늘날에 박지원이 살고 있으면 무슨 말로 요즘의 끔찍한 짓거리를 꾸짖을지 모르겠다.

오늘날 사람들이 다른 목숨을 빼앗는 짓에 견주면 너무나 보잘것없어 웃음이 나지만, 지난날 우리 겨레가 그런 짓에 쓴 연모도 박지원이 말한 것처럼 적지 않았다. 그런 연모들 가운데 요즘 우리가 뜻가림을 하지 못하는 것으로 '올가미'와 '올무'가 있다. 국어사전에서 이들은 뭐라고 풀이했는지 보자.

1) **올가미** 새끼나 노 따위로 고를 내어 짐승을 잡는 데 쓰는 물건.
   올무 새나 짐승을 잡는 올가미.

2) **올가미** 끈이나 줄 같은 것으로 고를 내어서 홀쳐지게 만든 고리를 통틀어 이르는 말.
   올무 새나 짐승을 잡는 올가미.

3) **올가미** 새끼나 노 따위로 옭아서 고를 내어 짐승을 잡는 장치.
   올무 새나 짐승을 잡기 위하여 만든 올가미.

1)《우리말큰사전》과 3)《표준국어대사전》은 꼼꼼히 읽으면 헷갈리지 않고 뜻을 가릴 수 있을지 몰라도, 얼핏 보면 쉽게 가늠이 서지 않는다. 왜냐하면 두 사전이 모두 '올무'를 곧 '올가미'라고 해 놓았기 때문이다. 그런데 2)《조선말대사전》은 '올가미'와 '올무'의 뜻을 훨씬 또렷하게 가려 놓았다. 그러나 이만큼 또렷하게 풀이해 놓아도 알고 있는 사람이 아니면 쉽사리 알아듣기 어려울 것이다. '올가미'와 '올무'가 서로 어떻게 다른지를 드

러내려는 풀이가 아니기 때문이다.

어떻게 다른지를 말하자면 한마디로 '올무는 여러 가지 올가미 가운데 하나'라고 해야 한다. '올가미'는 여러 가지에 두루 쓰이는 이른바 보통명사이고, '올무'는 그것들 가운데 오직 한 가지만을 뜻하는 이른바 고유명사라는 말이다. '올가미'는 줄 같은 것으로 고를 내어 홀쳐지도록 옭아서 만든 고리인데, 그 고리 안에 무엇이든 넣고 줄을 당기면 옭혀서 빠져나가지 못한다. 이런 올가미는 쓰임새가 하도 많아서 이루 꼽기가 어려울 지경이다. 그런 올가미들 가운데서 '새나 짐승을 잡는 데 쓰려고 만들어 놓은 것'만을 따로 떼어서 이름을 '올무'라고 붙여 부른다.

말이 난 김에 박지원의 글에 나타난 '덫'과 '허방'과 '그물'도 살펴보자. '그물'은 박지원의 글에도 여섯 가지나 나와 있듯이, 일찍이 가장 여러 가지로 쓰인 사냥 수단이다. 땅 위에도 치고, 나무에도 치고, 처마에도 치고, 공중에도 칠 수 있어서 새나 짐승을 잡는 데서 그물의 쓰임새는 아주 넓다. 그리고 '덫'도 그에 못지않은 것이다. 가장 흔한 덫은 먹이를 건드리면 버팀목이 쓰러지면서 덮개가 내리 덮쳐 치여 죽도록 만들어 놓은 것이다. 그러나 더러는 버팀목이 쓰러지면서 울타리가 막혀 갇혀 버리도록 만든 것도 있는데, 이러면 새나 짐승을 산 채로 잡을 수가 있다. '허방'은 짐승이 다니는 길목에다 구덩이를 깊이 파고 위에다 잔가지를 얹은 다음 나뭇잎이나 풀로 가려 놓은 것이다. 이것은 짐승이 지나다가 디디면 빠져서 구덩이에 떨어져 갇히도록 하기 위해 만든 것이다.

올림 | 드림

요즘은 전화와 문자 메시지 같은 전자말에 밀려서 글말 편지가 나날이 자리를 빼앗기고 있다. 하지만 알뜰한 사실이나 간절한 마음이나 깊은 사연을 주고받으려면 아직도 글말 편지를 쓰지 않을 수가 없을 것이다. 글말 편지라 했으나, 종이에 쓰고 봉투에 넣어서 우체국 신세까지 져야 하는 진짜 글말 편지는 갈수록 밀려나고, 컴퓨터로 써서 누리그물(인터넷)에 올리면 곧장 받을 수 있는 전자말, 곧 전자글말 편지(e-mail)가 나날이 자리를 넓히고 있다.

글말 편지거나 전자말 편지거나 편지를 쓸 적에 흔히 쓰는 말이 '올림' 또는 '드림'인 듯하다. 전자말 편지는 봉투를 따로 쓰지 않으므로 '올림'이든 '드림'이든 편지글 끝에 한 번 쓰면 되지만, 글말 편지는 편지글과 봉투에 거듭 쓰게 마련이다. 그래서 많은 사람들이 편지글 끝에 '올림'이라 쓸까 '드림'이라 쓸까 망설이고, 편지글에 쓴 말을 봉투에다 그대로 써야 하나 달리 써야 하나 걱정하는 듯하다.

이런 망설임과 걱정에서 벗어나려면 먼저 편지에서 쓰는 '올림'과 '드림'이 무슨 뜻인지를 제대로 알아야 하겠다. 알기 쉽게 뜻부터 말하면 '올림'은 '위로 올리다' 하는 뜻이고, '드림'은 '주다'의 높임말인 '드리다'로 보이지만 본디 '안으로 들이다' 하는 뜻이다. 받는 사람이 나보다 높은 자리에 있다는 뜻으로 '위로 올리다' 하는 것이고, 내가 주는 것이 보잘것없다는 뜻으로 슬쩍 대문 '안으로 들이다' 하는 것이다. 그러니까 '올리다'는 받는 사람을 높이려는 뜻을 담고, '들이다'는 주는 스스로를 낮추려는 뜻을 담는다.

받는 사람을 높이려는 것과 스스로를 낮추려는 것은 뜻에서 다를 바가 없다. 그보다 깊이 헤아려야 할 것은 '올리다'나 '들이다'가 모두 물품을 두고 하는 말이라는 사실이다. 다시 말하면 '올림'이든 '드림'이든 편지글을 접어서 속에 넣은 봉투 겉에나 쓸 수 있는 말이라는 것이다. 봉투 겉에 쓰는 것은 봉투 속에 든 글을 하나의 물품으로 보고 그것을 올리거나 드리거나 한다는 뜻으로 쓰는 것이라 좋지만, 봉투 속에 든 글은 바로 말씀을 올리거나 드리는 것이므로 사정이 다르다. 말씀을 올리거나 드릴 적에 쓰는 우리말이라면 '사뢰다'와 '아뢰다'가 따로 있기 때문이다. 사뢰는 것은 속살과 속내를 풀어서 말씀을 드리는 것이고, 아뢰는 것은 모르고 있는 일을 알려 드리려고 말씀을 드리는 것이다.

그러니까 우리말을 제대로 가려 쓰려면 봉투 겉에는 '올림'과 '드림' 가운데 하나를 골라 쓰고, 편지글 끝에는 '사룀'과 '아룀' 가운데 하나를 골라 써야 한다. 편지글이 들어 있는 봉투를 보내면서 받는 사람을 나보다 높은 사람으로 여긴다면 '올림'을 쓰고, 높은 사람으로 여기지는 않아도 나를 낮추어 겸손한 마음을 보이고자 한다면 '드림'을 쓰는 것이 좋겠다. 편지글로 적은 말들이 일어난 일들의 속살과 속내를 풀어 드리는 것이라면 '사룀'이라 쓰고, 적은 말들이 모르고 있는 사실을 알려 드리려는 것이라면 '아룀'이라 쓰는 것이 좋겠다. 그래서 봉투가 없는 전자말 편지에는 '올림'이니 '드림' 같은 말이 어울리지 않고, '사룀'이나 '아룀'에서 가려 쓰는 쪽이 올바를 듯하다.

옮기다 | 뒤치다

남의 글을 우리글로 바꾸어 놓는 일을 요즘 흔히 '옮김'이라 한다. 조선 시대에는 '언해' 또는 '번역'이라 했다. 요즘에도 '번역' 또는 '역'이라 적는 사람이 있는데, 이것은 지난날 선조들이 쓰던 바를 본뜬 것이라기보다 일본 사람들이 그렇게 쓰니까 생각 없이 본뜨는 것이다. 언해든 번역이든 이것들은 모두 우리 토박이말이 아닌 들온말에 지나지 않고, '역'이란 일본이나 중국에서는 쓰겠지만 우리에게는 낱말도 아닌 한갓 한자에 지나지 않는 것이다. 그래서 누군가가 우리 토박이말을 쓰느라고 '옮김'이라 했을 터인데, 남의 말을 빌려다 쓰기보다 우리 토박이말을 살려 쓰려는 마음이 아름답고 거룩하다.

그러나 남의 글을 우리글로 바꾸어 놓는 일을 '옮김'이라고 한 것은 우리의 말본으로 보아 올바르지 않다. '옮기다'는 무엇을 있는 자리에서 다른 자리로 자리바꿈한다는 뜻이기 때문이다. 또한 그런 본디 뜻에서 비롯하여 '발걸음을 옮기다.' '직장을 옮기다.' '말을 옮기다.' '모종을 옮기다.' '눈길을 옮기다.' 같은 데로 뜻을 넓혀서 쓴다. 하지만 언제나 무엇을 '있는 그대로' 자리

148

바꿈한다는 본디 뜻을 바탕으로 삼은 채로 넓혀지는 것이다.

남의 글을 우리의 말이나 글로 바꾸는 노릇을 예로부터 '뒤치다'라고 했다. 글말로는 한문에 이골이 난 그대로 '언해'나 '번역'이라 썼지만, 입말로는 '뒤침'이라고 했다. '뒤치다'를 《표준국어대사전》에서는 "엎어진 것을 젖혀 놓거나 자빠진 것을 엎어 놓다."라고 풀이했으나, 그것은 본디의 바탕 뜻이다. 그런 뜻에서 '하나의 말을 또 다른 말로 바꾸어 놓는 것'으로 뜻이 번져 나갔으리라는 것은 세 살배기 아이라도 짐작할 수 있겠다.

나는 어릴 적에 서당 선생님이 "어디 한번 읽어 봐." 하시고, 또 "그럼 어디 뒤쳐 봐." 하시는 말씀을 자주 들었다. 읽어 보라는 것은 한문을 우리말 소리로 소리 내어 읽으라는 뜻이고, 뒤쳐 보라는 것은 그것을 우리말로 바꾸어 보라는 뜻이다. 그리고 '뒤쳐 보라'는 말씀은 가끔 '새겨 보라'는 말씀과도 함께 들었는데, '새기라'는 말씀은 글의 속살을 알아들을 만하게 풀어서 말하라는 뜻이었다. 요즘 흔히 쓰는 대로 하면 '새기라'는 말은 '풀이하라'는 말이었다. 그러나 '새기다'와 '풀이하다'는 꽤 다른 뜻을 드러내는 말이었다. 풀이하는 것이 글에 적힌 것에 따라 알기 쉽도록 이야기하는 것이라면, 새기는 것은 글에 담긴 속뜻을 나름대로 삭히고 녹여서 알기 쉽게 이야기하는 것이었다.

이제부터라도 '새기다'를 되살려서, '풀이하다'보다 훨씬 깊이 있게 되새김질을 해서 제 것으로 만든다는 뜻으로 썼으면 좋겠다. 그리고 다른 말로 된 책을 우리말로 바꾸었다는 뜻으로 '번역'이나 '옮김'을 쓰지 말고 '뒤침'을 되살려 썼으면 좋겠다.

옳은말 | 그른말

'옳은말'과 '그른말'은 국어사전에 오르지 못했다. 낱말로 보지 않는다는 뜻이다. 그러나 '참말'과 '거짓말'이 국어사전에 올라 있는 것처럼, '옳은말'과 '그른말'도 국어사전에 올라야 마땅하다. 우리 겨레가 이 두 낱말을 두루 쓰며 살아왔기 때문이다.

'옳은말'과 '그른말'은 서로 맞서, '옳은말'은 '그른말'이 아니고 '그른말'은 '옳은말'이 아니다. '옳은말'과 '그른말'이 가려지는 잣대는 무엇인가? 그것은 바로 '있어야 하는 것(이치, 당위)'이다. 있어야 하는 것과 맞으면 '옳은말'이고, 있어야 하는 것과 어긋나면 '그른말'이다. '있어야 하는 것'이란 실타래처럼 얽히고설켜 돌아가는 세상살이에 길을 밝혀 주는 잣대다.

사람들이 동아리를 이루어 살아가는 곳에서는 언제나 어디서나 얽히고설킨 실타래를 풀어내려고 말잔치가 벌어지고 삿대질까지도 서슴지 않는다. 그런 자리에는 어김없이 '옳은말'과 '그른말'이 사람들의 입에서 뒤섞여 쏟아지지만, 시간이 흐르면 '그른말'은 하나 둘 밀려나 꼬리를 감추고 마침내 가장 '옳은말'이 홀로 남아 말잔치를 끝낸다. 그리고 끝까지 남았던 '옳은말'은 드디어 삶의 터전으로 걸어 나가 실타래를 풀어내면서 세상을 더욱 올바르고 아름답게 바꾸는 열쇠 노릇을 한다.

　풀리지 않는 일을 앞에 두고 실마리를 찾자고 말잔치를 벌일 적에는 '옳은말'과 '그른말'이 사람까지도 가려서 값어치를 매긴다. 있어야 할 이치에 맞는 '옳은말'을 하는 사람은 슬기로운 사람으로, 있어야 할 이치에 맞지 않는 '그른말'을 하는 사람은 미련한 사람으로 가려내 놓는다. 그리고 거듭 '옳은말'로 삶의 길을 밝혀 주는 슬기로운 사람은 마침내 동아리에서 우두머리로 자리 잡고, 다른 사람들의 우러름을 받게 마련이다.

우리 | 저희

'우리'라는 낱말은 '나'를 싸잡아 여러 사람을 뜻하는 대이름씨 다. '여러 사람'에는 듣는 사람이 싸잡힐 수도 있고 빠질 수도 있 다. 이런 대이름씨는 다른 겨레들이 두루 쓰는 것과 크게 다를 것이 없다. 그리고 '우리'라는 대이름씨 낱말은 다른 대이름씨와 마찬가지로 매김씨로도 쓰인다. '우리 집, 우리 마을, 우리 나라, 우리 회사, 우리 학교, 우리 아기, 우리 어머니……' 이런 매김씨 또한 남다를 것이 별로 없는 쓰임새다.

그러나 외동도 서슴없이 '우리 아버지', '우리 어머니'라 하고, 마침내 '우리 아내', '우리 남편'에 이르면 이런 매김씨야말로 참 으로 남다르다. 그래서 안다는 사람들 가운데서도 그건 잘못 쓴 것이고 틀린 말이라는 사람까지 나왔다. 하지만 여기 쓰인 매김 씨 '우리'는 나를 싸잡아 여러 사람을 뜻하는 것도 아니고, 듣는 사람을 싸잡아 쓰는 것도 아니며, 다만 나와 대상을 싸잡아 쓰 는 것이다. 나와 대상을 싸잡으면 둘이니까 '우리'가 되는 것이 지만, 드러내는 뜻은 '둘'이 아니라 '서로 떨어질 수 없이 하나를 이루는 깊은 사이'라는 것이다. 이것은 이 땅에서 뿌리 깊게 얽

152

혀 살아온 우리 겨레의 자랑스러운 삶에서 빚어진 남다른 쓰임새다.

외동이 '우리 어머니'라 하는 것은 '나와 어머니'가 둘이면서 서로 떨어질 수 없이 하나를 이룬다고 생각하기 때문이고, 아내가 '우리 남편'이라 하는 것도 마찬가지로 '나와 남편'이 둘이면서 서로 떨어질 수 없이 하나라는 뜻이다. '우리 아버지' 하지 않고 '내 아버지' 한다든지, '우리 마누라' 하지 않고 '내 마누라' 하면 그것은 정말이지 우리네 자랑스러운 말씨가 아니다. '우리 아버지' 또는 '우리 마누라' 하면 나와 아버지 또는 나와 마누라가 둘이면서 떨어질 수 없이 서로 깊이 사랑하여 하나를 이루어 살아가는 '아버지' 또는 '마누라'가 되지만, '내 아버지' 또는 '내 마누라' 하면 그것은 곧장 아버지 또는 마누라를 내가 마음대로 이랬다저랬다 하며 내 손 안에 쥐고 살아가는 소유물로 만들어 버리고 말기 때문이다. 우리는 옛날이나 이제나 아버지와 어머니, 아내와 남편을 나에게 딸린 소유물로 여기지 않고, 나와 떨어질 수 없이 사랑으로 깊이 묶인 두 사람으로 여기며 사는 겨레다.

'우리'를 남에게 낮추어 쓰는 말이 '저희'다. 그러나 '우리'를 낮추어 '저희'로 쓰려면 마음을 적잖이 써야 한다. 나를 낮추면 저절로 나와 함께 싸잡힌 '우리' 모두가 낮추어지기 때문이다. 이를테면 '저희 회사'라고 하려면 우선 말하는 '나'가 회사에서 가장 손윗사람이라야 한다. 게다가 듣는 사람도 말하는 '나'보다 더 손윗사람인 자리에서만 쓸 수 있다. 그러니 '저희 회사' 같은 말을 쓸 사람은 사장이나 회장 같은 한둘에 지나지 않고, 쓸 자리 또한 그들보다 더 손윗사람 앞에서라야 하니 아주 좁다. 요즘 배웠다는 이들이 더러 '우리나라'를 '저희 나라'라고도 하는데 이건 참으로 어림없는 소리다. '우리나라'에 싸잡히는 사람을 모두 낮추어 말해도 괜찮을 손윗사람은 우리나라 안에 아무도 없다. 옛날 같으면 임금이 어버이가 돌아가신 다음에 쓸 수 있었을지 모르지만, 요즘 세상에서는 대통령이라도 결코 쓸 수 없는 말이다. '우리나라'에는 대통령보다 손윗사람이 얼마든지 있고, 대통령한테서 그런 소리를 들어도 좋을 손윗사람 또한 세상 천지에 하나도 없기 때문이다.

울 | 담

"울도 담도 없는 집에서 시집살이 삼 년 만에······" 이렇게 비롯하는 〈진주 난봉가〉는 지난 시절 우리 아낙네들의 서럽고도 애달픈 삶을 그려 낸 노래다. '울'과 '담' 모두 삶의 터전을 지켜 주고 막아 주는 노릇을 한다. 이것들이 있어야 비로소 사람은 그 안에서 마음 놓고 쉬고 놀고 일하며 살아갈 수가 있다. 울도 담도 없다는 것은 그만큼 믿고 기대고 숨을 데가 없이 내동댕이쳐진 신세라는 뜻이다.

'울'은 집이나 논밭을 지키느라고 둘러막아 놓은 가리개로, '바자'로 만드는 것과 '타리'로 만드는 것의 두 가지가 있었다. '바자'는 대, 갈대, 수수깡, 싸리 따위를 길이가 가지런하도록 가다듬어 새끼줄로 엮거나 결어서 만든다. 드문드문 박아 둔 '울대'라고 부르는 말뚝에다 바자를 붙들어 매어 놓으면 '울바자'가 된다. '타리'는 나무를 심어 기르거나 다 자란 나무를 베어다 세워서 만든다. 탱자나무, 잔솔나무, 동백나무 같은 나무를 심어서 기르면 저절로 자라서 '생울타리'가 되고, 알맞게 자란 나무를 베거나 가지를 쳐서 세우고 울대 사이를 새끼줄로 엮어서 묶으면 그냥 '울타리'가 된다.

'담'은 논밭 가를 막는 데는 쓰지 않고, 오직 집을 지키느라고 둘러막는 가리개를 이른다. 흙에다 짚 같은 검불을 섞어서 짓이겨 쌓아 놓은 '흙담', 흙과 돌을 층층이 번갈아 섞어서 쌓아 놓은 '흙돌담', 오직 돌만으로 쌓아 놓는 '돌담'이 있다. 이처럼 담은 흙이나 돌같이 단단하고 딱딱한 감으로 쌓았기 때문에 '울'보다는 훨씬 튼튼하고 오래 견딘다. 그만큼 집 안과 집 밖을 매몰차고 뚜렷하게 갈라놓는다. 그리고 흙담이나 흙돌담은 반드시 맨 위에 짚으로 이엉을 이거나 기와로 덮어서 눈과 비를 막아야 한다. 그러니까 눈비가 거세고 비바람이 매서운 고장에서는 흙담이나 흙돌담이 견디기 어려워 아예 돌담을 치지 않을 수 없는 것이다.

움 | 싹

가을이 되면 뫼와 들에 푸나무들이 겨울맞이에 바쁘다. 봄부터 키워 온 씨와 열매를 떨어뜨려 내보내고, 뿌리와 몸통에다 힘을 갈무리하느라 안간힘을 다한다. 그런 틈바구니에서 봄여름 내내 쉬지 않고 일한 잎은 몫을 다했다고 기꺼이 시들어 떨어지고, 덕분에 사람들은 푸짐한 먹거리를 얻고 아름다운 단풍 구경에 마냥 즐겁다. 그리고 겨울이 오면 풀은 땅속에서 뿌리만으로, 나무는 땅 위에서 꾀벗은 몸통으로 추위와 싸우며 봄이 오기를 기다린다. 봄이 오면 푸나무는 또다시 '움'을 틔우고 '싹'을 내면서 새로운 세상을 만들어 가게 마련이다.

움 풀이나 나무에 새로 돋아 나오는 싹.

싹 씨, 줄기, 뿌리 따위에서 처음 돋아나는 어린잎이나 줄기.

《표준국어대사전》에서는 '움'과 '싹'을 거의 같은 뜻으로 풀이하고 있다. 그러나 '움'과 '싹'은 말이 다르듯이 서로 다른 뜻을 지니고 있다. 다만 그들 둘이 동떨어진 것이 아니라 아주 비슷해서 마음을 꼼꼼히 지니고 바라보지 않으면 가려내기 어려울 뿐이다.

푸나무의 목숨이 처음 나타날 적에는 씨앗에서거나 뿌리에서 거나 줄기에서거나 '눈'으로 비롯한다. 씨앗이나 뿌리나 줄기의 '눈'에서 새로운 목숨이 나타나는 첫걸음을 '움'이라 한다. '움'은 껍질이나 땅을 밀고 나오면서 미처 햇빛을 받지 못해 빛깔이 하얗고 모습도 아직 제대로 갖추지 못한 것이다. 하얀 '움'이 터져 나와 자라면 햇빛을 받아 빛깔이 푸르게 바뀌고 모습을 갖추면 서 '싹'이 된다. 한마디로 '움'이 자라서 '싹'으로 바뀌는 것이다. 그리고 '움'이 나오는 것을 '트다'라고 하고, '싹'이 나오는 것을 '나다' 또는 '돋다'라고 한다.

이랑 | 고랑

농사짓는 솜씨가 달라지고 농사마저 사라질 지경이 되니까 농
사에 딸린 말도 더불어 달라지거나 사라지고 있다. 경운기, 이
앙기, 트랙터, 콤바인이 나오니까 극젱이(홀칭이), 쟁기, 써리, 고
무래(곰배), 홀케, 도리깨가 모두 꼬리를 감추고, 따라서 따비와
보습도 사라진 지 오래다. 아무리 그렇다 해도 사람 목숨의 바
탕인 농사가 사라질 수 없는 노릇이라면, '이랑'과 '고랑'은 끝까
지 살아남을 낱말이다. 하지만 이들마저 뜻을 가리지 못하게 되
었고, 국어사전까지 갈피를 잡지 못하고 있다.

밭농사는 반드시 고랑과 이랑을 만들어야 한다. 밭의 흙을 갈
아엎어 흙덩이를 잘게 부수고 고른 다음에 괭이로 흙을 파 올
려 높아진 데와 낮아진 데가 나란하도록 만든다. 흙을 파 올려
높아진 데는 비가 와도 물에 잠기지 않고, 낮아진 데는 비가 오
면 물에 잠기게 마련이다. 이렇게 위로 높아진 데를 '이랑'이라
하고, 여기에 종자를 넣거나 모종을 옮겨서 남새나 곡식을 가꾼
다. 한편 아래로 낮아진 데를 '고랑'이라 하는데, 고랑은 낮아서
이랑의 곡식을 돌보는 사람의 발에 밟히는 신세다. 그러나 세상

이치는 "이랑이 고랑 되고, 고랑이 이랑 된다." 하는 속담처럼 때가 되면 신세가 바뀌게 마련이므로, 이랑과 고랑은 단짝이 되어 잘 지내 왔다.

그런데 왕조가 무너지고 일제 침략으로 농사마저 바뀌면서 '두둑'이 판을 치며 이랑을 밀어냈다. '두둑'은 본디 흙을 끌어올려 논이나 밭의 가장자리를 둑처럼 쌓아 놓은 것이었다. 두둑은 논밭을 갈라놓는 구실을 하고, 사람이나 마소가 걸어 다니는 길 노릇도 했다. 그런데 이랑이 고랑과 가지런히 짝하지 않고 제 홀로 몸집을 불려서 자리를 널찍이 차지하여 남새나 곡식을 여러 줄씩 키우도록 탈바꿈을 하기에 이르렀다. 이렇게 되니까 그것의 이름을 '두둑'이라고 불렀다. 논밭 가장자리를 둑처럼 갈라 놓던 본디의 두둑과 몸집이나 생김새가 비슷했기 때문이다. 두둑이 이랑을 밀어내고 고랑과 짝을 하니까, 국어사전에서도 '이랑'을 "두둑과 고랑을 아울러 이르는 말"이라고 아주 어처구니없이 풀이를 하기에 이르렀다.

'고랑'은 '골'에서 왔을 터이다. '골'은 산골이니 골짜기니 하는 바로 그 골이다. 논밭에 농사를 지으려면 흙에서 물기를 빼야 하므로 바닥에다 골을 타야 한다. 골을 타면 골에 있던 흙이 이랑이 되고, 이랑에 흙을 빼앗긴 골은 물기로 눅눅한 고랑이 된다. 고랑이 '골'에서 왔다면 이랑은 '일'에서 왔다. 이랑의 바탕이 될 만한 '일'은 이름씨에서는 찾기 어렵고, 움직씨 '일다'가 그럴 듯하다. '일다'는 "없던 것에서 생기다. 여리고 흐리던 것이 튼튼하고 뚜렷해지다. 겉으로 부풀거나 위로 솟아오르다."라는 뜻을 지금도 지니고 있으며, '일어나다'나 '일으키다' 같은 말의 뿌리이기도 하다. 골을 타서 흙을 끌어 올려 쌓으면 땅이 솟아오르니 그게 바로 '일앙', 곧 '이랑'이다.

그런데 물에 다니는 배에는 '이물'과 '고물'이 있고, 고려 노래 〈동동〉에는 '님배'와 '곰배'가 있어 눈길을 끈다. 이 모두 '이랑'과 '고랑'처럼 서로 짝을 이루고, '이'와 '고'를 품고 있기 때문이다. 게다가 배의 이물은 위로 추켜든 앞머리고 고물은 아래로 내려앉은 뒤축이라, 이랑이 위로 오르고 고랑이 아래로 내린 것과도 닮아 있다. 그렇다면 〈동동〉의 '님배'와 '곰배'도 그런 뜻으로 풀이해야 옳은 것인가 생각해 볼 만한 일이다.

차다 | 춥다

우리처럼 해마다 봄, 여름, 가을, 겨울, 네 철의 제맛을 알뜰하게 맛보며 살아가는 겨레는 땅덩이 위에서도 많지 않을 것이다. 비슷한 위도에 자리 잡고 있어도 우리처럼 북쪽이 뭍으로 이어져 북극까지 열려 있고, 남쪽이 물로 이어져 적도까지 터져 있는 자리가 별로 흔치 않기 때문이다. 이처럼 은혜가 가없는 자연에 어우러져 살아가는 우리는 따스한 봄, 따가운 여름, 서늘한 가을, 차가운 겨울을 겪으면서 춥고 더운 느낌을 갖가지 낱말로 드러내며 살아간다. 말하자면, 바깥세상이 그지없이 베푸는 풍성한 잔치에서 우리는 갖가지 낱말로 알뜰하게 맞장구를 치며 살아가는 것이다.

자연의 잔치에 사람이 맞장구치는 낱말에서 가장 첫손 꼽을 것이 '차다'와 '춥다', '뜨겁다'와 '덥다'가 아닌가 싶다. 우리는 이 네 낱말이 두 벼리가 되어 자연이 베푸는 한 해 동안의 잔치에 알뜰한 맞장구를 치면서 살아간다. '차다'와 '춥다'는 한겨울 동지를 꼭짓점으로 하는 벼리가 되고, '뜨겁다'와 '덥다'는 한여름 하지를 꼭짓점으로 하는 벼리가 된다. 그래서 '차다'와 '춥다'는

'실미지근하다, 사느랗다, 서느렇다, 싸느랗다, 써느렇다, 사늘하다, 서늘하다, 싸늘하다, 써늘하다, 쌀쌀하다, 차갑다, 차끈하다, 차디차다, 싱경싱경하다, 시원하다, 선선하다, 살랑하다, 설렁하다, 쌀랑하다, 썰렁하다, 어슬어슬하다' 같은 낱말을 거느린다. '뜨겁다'와 '덥다'는 '맹근하다, 밍근하다, 매작지근하다, 매지근하다, 미지근하다, 뜨뜻미지근하다, 뜨뜻하다, 따끈하다, 따끈따끈하다, 따갑다, 뜨끈하다, 뜨끈뜨끈하다, 다스하다, 드스하다, 다습다, 드습다, 따사롭다, 따스하다, 뜨스하다, 따습다, 뜨습다, 따뜻하다, 웅신하다, 훗훗하다, 후덥지근하다, 무덥다' 같은 낱말을 거느린다.

가을이 늦어지면서 나뭇잎이 모두 떨어지고 바람 끝이 쌀쌀한 겨울로 들어서는 즈음, 아침 일찍 엷은 얼음을 깨고 개울물에 손이라도 넣어 보면 "아이 차다!" 하는 소리가 입에서 절로 나온다. 이럴 때 '차다'는 내 손에서 빚어지는 느낌을 드러내는 것이기는 하지만, 그 가늠자는 손이 아니라 개울물에 놓여 있다. 그러니까 "아이 차다!" 하는 말은 "아이고 개울물이 차다!" 하는 말을 줄인 셈이다. 그래도 마음을 다잡고 개울물에 손뿐 아니라 얼굴까지 씻어 보면 온몸이 오싹하면서 소름이 끼치고 덜덜 떨리기까지 한다. 그러면 바깥에 서 있는 것조차 싫어서 "아이 춥다!" 하며 서둘러 방 안으로 들어가 구들목을 찾는다. 이럴 때 '춥다'는 개울물에서 말미암은 느낌을 드러내는 것이기는 하지만, 그 가늠자는 개울물이 아니라 내 몸 안에 있다. "아이 춥다!" 하는 소리는 "아이고 내 몸이 춥다!" 하는 말을 줄인 셈이다.

이처럼 '차다'와 '춥다'는 느낌의 가늠자가 놓인 자리에 따라 가려 쓰이는 낱말이지만, 한편으로는 느낌이 일어나는 자리에 따라 가려 쓰이는 낱말이기도 하다. '차다'는 느낌이 일어나는 자리가 '몸'이고, '춥다'는 느낌이 일어나는 자리가 '마음'이라는 데서 서로 다르기 때문이다. 다 같이 바깥세상의 사정을 받아들이면서 생기는 느낌이지만, '차다'는 몸에서 빚어지는 느낌이고, '춥다'는 마음에서 빚어지는 느낌이라는 말이다. 그러니까 바깥세상이 먼저 몸에 부딪쳐 '차다'는 느낌을 일으킨 다음, 그것이 마음으로 들어가 '춥다'는 느낌을 일으킨다는 뜻이다.

이런 원리는 또 하나의 벼리인 '뜨겁다'와 '덥다'도 마찬가지다. 여름이 깊어지면서 푸나무 잎새는 자랄 대로 자라고 수풀 속에서는 매미들이 귀청 찢는 소리로 노래잔치를 벌일 적에 뙤약볕으로 나서면 "어이구 뜨거워!" 하는 소리가 저도 모르게 나온다. 이때 '뜨겁다'는 소리는 내 몸에서 빚어지는 느낌을 드러내는 것이지만, 그 가늠자가 몸이 아니라 내리쬐는 햇볕에 있다. "어이구 뜨겁다!" 하는 말이란 실상 "어이구 햇볕이 뜨겁다!" 하는 말을 줄인 것이다. 한편 이맘때에는 뙤약볕에다 몸을 내놓지 않고 그늘진 데 머물러도 온몸에서 땀이 솟아 부채질을 해 대면서 "어이구 덥다!" 소리를 입에 달고 지낸다. 이때 "어이구 덥다!" 소리는 바깥 날씨에서 말미암은 느낌을 드러내는 말이지만, 그 가늠자는 날씨가 아니라 내 몸 안에 있다. "어이구 덥다!"는 "어이구 내 몸이 덥다!" 하는 말을 줄인 셈이다.

이때에도 '뜨겁다'와 '덥다'는 느낌의 가늠자가 놓인 자리에 따라, 또는 느낌이 일어나는 자리에 따라 가려 쓰이는 낱말이다. '뜨겁다'는 느낌이 일어나는 자리가 '몸'이고, '덥다'는 느낌이 일어나는 자리가 '마음'이라는 데서 서로 다르기 때문이다. 다 같이 바깥세상의 사정을 받아들이면서 생기는 느낌이지만, '뜨겁다'는 몸에서 빚어지는 느낌이고, '덥다'는 마음에서 빚어지는 느낌이라는 말이다. 그러니까 바깥세상이 먼저 몸에 부딪쳐 '뜨겁다'는 느낌을 일으킨 다음, 그것이 마음으로 들어가 '덥다'는 느낌을 일으킨다는 뜻이다.

차례 | 뜨레

누리 안에 있는 모든 것은 끊임없이 움직이며 쉬지 않고 모습을 바꾼다. 그리고 그 안에서 사람은 그렇게 움직이며 바뀌는 모든 것과 더불어 살아가느라 슬기와 설미를 다한다. 그러면서 그렇게 움직이며 바뀌는 모습을 알아보려고 만들어 낸 가늠이 '때'와 '적'이니, 한자말로 이른바 '시각'이다. 또한 그런 가늠으로 누리가 움직이며 바뀌는 사이의 길이를 나누어, '참'이며 '나절'이며 '날'이며 '달'이며 '해'며 하는 이름을 붙였다. 이것이 한자말로 이른바 '시간'이다. 그리고 우리는 이런 '때'와 '적'을 냇물이 흘러가듯 쉬지 않고 흐른다고 느낀다. 그러면서 온갖 일이 그런 흐름 안에서 일어나는 것으로 생각하며 살아가고 있는 것이다.

'차례'는 이런 '때'와 '적'의 흐름에 따라 먼저와 나중을 가리는 잣대를 뜻한다. 시간 안에서 일어나는 갖가지 일을 먼저와 나중을 가려서 차례를 따지고 매기면 삶이 한결 가지런하다고 느끼며 마음을 놓는다. '차례'는 본디 한자말이었으나 이제는 그런 줄을 아는 사람이 거의 없어지고, 본디부터 우리말인 줄로 알만큼 되었다. 한자가 제 본디 소리를 허물어 버리고 우리말 소리에 안겨 들어왔기 때문이다. 한자가 제 본디 소리를 지키려 들었으면 지금 이것은 '차제(次第)'가 되어 있을 것이다. 이처럼 제 본디 소리를 버리고 우리말 소리에 안겨 들어와야 참된 들온 말이다.

'뜨레'는 '차례'와 좋은 짝이 될 만한 우리 토박이말이다. 그러나 '뜨레'는 글말로 적힌 데가 없는 듯하고, 그래서 국어사전에도 오르지 못한 낱말이다. 하지만 나는 어린 시절 고향에서 '뜨레'라는 낱말을 자주 들으며 자랐다. "사람이면 모두 같은 사람인 줄 아느냐? 사람에게도 천층만층 '뜨레'가 있는 것이다." 하는 말은, 사람답지 못한 짓을 하는 사람이 있으면 돌려세워 놓고 손가락질을 하면서 남은 사람끼리 서로 나누는 말로, 사람답지 못한 짓을 하는 사람은 '뜨레'가 낮으니 본뜨지 말아야 한다는 뜻이다. "그렇게 마구잡이로 섞지 말고 '뜨레'를 가려서 담아라." 하는 말은, 감자나 고구마를 캐어 그릇에 담을 적에 자주 듣던 말이다. 큰 것은 큰 것끼리, 작은 것은 작은 것끼리, 크고 작은 '뜨레'를 가려서 그릇에 담으라는 뜻이다. 이처럼 '뜨레'는 값어치의 무게, 값어치의 높낮이를 가늠하는 잣대를 뜻한다.

그래서 '차례'와 '뜨레'는 서로 잘 어우러지는 짝이 되는 낱말이다. 하나는 먼저에서 다음으로 물처럼 흘러가는 시간을 가늠하는 잣대로, 또 하나는 위에서 아래로 달라지는 값어치의 높낮이를 가늠하는 잣대로 서로 짝이 되겠다. '차례'는 가늠의 씨줄이 되고, '뜨레'는 가늠의 날줄이 되어 세상 만물을 헤아리며 살아가도록 도울 수 있을 듯하다.

참다 | 견디다

'참다'와 '견디다'도 요즘 아주 뜻가림을 못하고 뒤죽박죽으로 쓰는 낱말 가운데 하나다. 국어사전들도 두 낱말을 제대로 뜻가림하지 못한 채로 쓰기는 마찬가지다.

   1) **참다**   마음을 눌러 견디다.
     견디다 어려움, 아픔 따위를 능히 참고 배기어 내다.

   2) **참다**   어떤 생리적 현상이나 병적 상태를 애써 억누르고 견디어 내다.
     견디다 어려움이나 괴로움을 잘 참거나 배겨 내다.

   3) **참다**   웃음, 울음, 아픔 따위를 억누르고 견디다.
     견디다 사람이나 생물이 일정한 기간 동안 어려운 환경에 굴복하거나 죽지 않고 계속해서 버티면서 살아 나가는 상태가 되다.

보다시피 '참다'는 '견디다'라고 풀이하고, '견디다'는 '참다'라고 풀이해 놓았다. 3)《표준국어대사전》에서는 두 말을 서로 주고받아 풀이하지는 않았지만, 한쪽만 다른 쪽 말로 풀이해도 두 쪽이 같아지기는 마찬가지다.

　이 두 낱말이 같은 뜻으로 쓰인다면 둘 가운데 하나는 사라져도 그만이다. 그러나 오랜 세월 다른 뜻을 지닌 두 낱말로 쓰던 것을 우리가 같은 뜻을 지닌 낱말로 쓴다면, 우리는 선조들에 견주어 세상을 절반밖에 알지 못하면서 살아가고 있는 것이다. 그게 아니라면 갈수록 깊고 넓어지는 세상에서, 우리는 세상을 또렷하게 담아내는 우리말을 팽개치고 어름어름 담아내는 남의 말에 매달려 바보처럼 살아가고 있는 것이다.

　'참다'와 '견디다'는 서로 뚜렷하게 다른 낱말이다. 우선 '참다'는 사람에게만 쓰고, '견디다'는 사람뿐만 아니라 살아 있는 목숨이면 무엇에게나 쓴다. 여름 땡볕 아래 논밭에서 쟁기를 끄는 소는, 참으며 일하는 것은 아니지만 견디며 일할 수는 있다는 뜻이다. 참는 것은 생각하는 힘으로 판단한 다음에 굳이 하는 것이지만, 견디는 것은 아무런 생각이나 판단 없이도 할 수 있다는 말이다. 참는 노릇은 사람밖에 다른 아무것도 할 수 없지만, 견디는 노릇은 짐승이나 벌레나 푸나무라도 할 수 있다는 말이기도 하다. '견디다'는 심지어 목숨 없는 물건들도 할 수 있어서 "저런 시멘트 건물이 얼마나 견딜 수 있을지 모르겠다." 같은 말도 할 수 있다.

　'참다'와 '견디다'는 사람에게 쓸 때에도 서로 뚜렷하게 달리 쓰는 낱말이다. 한마디로 참는 노릇은 마음이 하는 것이고, 견디는 노릇은 몸이 하는 것이다. 마음이 참고 몸이 견딘다는 말이다. 조금 더 들어가면, 마음의 슬픔과 서러움은 참아야 하는 것이고, 몸의 괴로움과 아픔은 견뎌야 하는 것이다. "눈물이 나오는 것을 가까스로 참았다." 하는 말에서 '눈물이 나오는' 것은 몸에서라 할 수도 있지만, 참는 것의 과녁은 눈물을 나오게 하는 마음에 있다. "연꽃이 활짝 피었을 고향의 연못이 보고 싶어 견딜 수가 없었다." 하는 말에서 보고 싶은 것은 마음에서라 할 수도 있지만, 견딜 수 없는 과녁은 고향으로 달려가고자 하는 몸에 있다. 이처럼 깊고 그윽한 낱말의 속뜻을 제대로 가려 쓸 수 있어야 삶을 깊고 그윽하게 누리는 것일 뿐 아니라, 우리말을 참으로 사랑하는 것이기도 하다.

참말 | 거짓말

나라 안에 온통 거짓말이 판을 치니까 거짓말을 다룬 책들이 춤추며 쏟아진다. 거짓말이란 무엇인가? 거짓말은 참말이 아닌 말이다. 참말과 거짓말은 서로 맞서는 짝이라, 참말은 거짓말이 아니고 거짓말은 참말이 아니다. 참말은 사람과 세상을 밝혀 주고 거짓말은 사람과 세상을 어둠으로 가리니, 거짓말을 잠재우는 것이 살기 좋은 세상을 만드는 지렛대다.

'참말'과 '거짓말'이 가려지는 잣대는 무엇인가? 한마디로 '있는 것(사실)'이다. '있는 것'과 맞으면 '참말'이고, '있는 것'과 어긋나면 '거짓말'이다. '있는 것'에는 누가 보아도 알 수 있도록 바깥세상에 나타나 있는 것도 있고, 남들에게는 보이지 않는 사람 마음속에 있는 것도 있다. 바깥세상에 '있는 것'에도 저절로 그냥 있는 것도 있고, 사람이 만들어 놓아서 있는 것도 있고, 내가 몸으로 만들어 내는 짓(행동)으로 있는 것도 있다. 그래서 참말과 거짓말은 바깥세상에 저절로 그냥 있는 것을 잣대로 가늠할 수 있는 것, 바깥세상에 사람이 만들어 놓아서 있는 것을 잣대로 가늠할 수 있는 것, 바깥세상에 내가 몸으로 만들어 내는 짓으로 있는 것을 잣대로 가늠할 수 있는 것, 사람 마음속에 있는 것을 잣대로 가늠할 수 있는 것, 이렇게 모두 네 가지로 나누어질 수 있다.

그러므로 참말과 거짓말을 가려내는 일도 만만찮다. 첫째와 둘째는 잣대가 뚜렷해서 가려내기가 어렵지 않으나, 셋째는 겉으로 드러나는 짓이 곧장 사라지기 때문에 말과 맞추어 가려내기 어렵다. 무엇보다도 넷째는 잣대가 아예 겉으로 드러나지 않기 때문에 말과 맞추어 볼 수가 없다. 그래서 그런지 넷째 갈래의 참말, 곧 사람 마음속에 있는 것을 잣대로 거기 맞는 참말은 참말이라 부르기보다 흔히 '바른말'이라 부른다. "어서 숨기지 말고 바른말을 해라!" 할 적에는, 마음 안에 감추고 있는 것을 잣대로 거짓말을 하지 말고 참말을 하라고 다그치는 것이다. 이럴 적에 참말과 거짓말은 오직 말하는 사람의 양심만이 가려낼 수 있다.

파랗다 | 푸르다

파랗다 맑은 가을 하늘이나 깊은 바다, 새싹과 같이 밝고 선명하게 푸
르다.

푸르다 맑은 가을 하늘이나 깊은 바다, 풀의 빛깔과 같이 밝고 선명하다.

'파랗다'와 '푸르다'가 헷갈린 지는 이미 오래되었다. 널리 알려
진 바와 같이, 1924년에 나온 윤극영의 노래 〈반달〉은 "푸른 하
늘 은하수 하얀 쪽배엔" 하고 시작된다. 이때 벌써 하늘을 '푸르
다'라고 했다는 소리다. 그래서 《표준국어대사전》도 '파랗다'를
곧장 '푸르다'라고 풀이한 것이다. 또 '푸르다'는 '파랗다'를 풀이
한 그 소리를 거의 그대로 옮겨 놓고 있음을 알겠다.

그러나 '파랗다'의 풀이에서는 '맑은 가을 하늘'까지만 맞다.
바다도 '깊은 바다'는 아니고 얕은 바다라야 '파랗다'라고 할 수
있다. 깊은 바다라면 '새파랗다' 아니면 '시퍼렇다'라고 해야 한
다. '푸르다'의 풀이에서는 '풀의 빛깔과 같이'만 맞다. 그래서
'파랗다'의 풀이에 '새싹과 같이'는 '푸르다' 쪽으로 옮겨 써야 하
고, 마찬가지로 '푸르다'의 풀이에 쓰인 '맑은 가을 하늘이나 깊

은 바다'는 '파랗다' 쪽에서만 써야 마땅한 것이다.

　알다시피 길거리 신호등은 세상 어디서나 빛깔의 세 으뜸인 빨강(빨갛다), 파랑(파랗다), 노랑(노랗다)으로 나타낸다. 그런데 우리는 언제부턴가 '파란 신호등'을 '푸른 신호등'으로 바꾸었다. '파랗다'와 '푸르다'가 서로 헷갈리니까 거기 말미암아 맞춘 것이 아닐까 싶다. 이제부터라도 풀빛은 '푸르다'로, 하늘빛은 '파랗다'로 바로잡아야 한다. 그렇게 하는 것이 세상을 바로잡는 길이기도 하다.

한글 ¦ 우리말

'한글'과 '우리말'은 누구나 흔히 쓰는 낱말이고 헷갈릴 수 없도
록 뜻이 또렷한 낱말이다. 그런데 뜻밖에도 헷갈려 쓰는 사람들
이 많으니 어째서 그런지 알 수가 없다. 이 또한 국어사전들이
풀이를 헷갈리게 해 놓아서 그런지부터 살펴보자.

1) **한글** 우리나라 글자의 이름. 훈민정음 28낱자 가운데 현대 말에
  쓰이는 24낱소리글자.

  우리말 우리나라 사람의 말. 곧 한국말.

2) **한글** 큰 글 또는 바른 글이라는 뜻으로, 조선 인민의 고유한 민족
  글자 '훈민정음'을 달리 이르는 말. 20세기 초 우리나라에서
  국문 운동이 벌어지는 과정에 주시경을 비롯한 국어학자들
  이 정음의 뜻을 고유어로 풀어서 붙인 이름이다. 1927년에
  잡지 《한글》이 나오면서 점차 사회적으로 쓰이게 되었다.

  우리말 올림말 없음.

3) **한글**　우리나라 고유 글자의 이름. 세종대왕이 우리말을 표기하기
위하여 창제한 '훈민정음'을 20세기 이후 달리 이르는 것으로,
1446년 반포될 당시에는 28자모(字母)였지만, 현재는 24자모
만 쓴다.

　　우리말　우리나라 사람의 말.

보다시피 국어사전들은 헷갈리지 않도록 풀이를 해 놓았다.
꼼꼼히 따지면 풀이에 올바르지 못한 대목이 없지 않으나, 적어
도 '한글'과 '우리말'을 헷갈리도록 풀이하지는 않았다. 풀이를
간추려 보면 이렇다.

- **한글** : 우리나라(우리 민족) 글자 이름 ⇒ 글자 이름
- **우리말** : 우리나라 사람의 말 ⇒ 말

'한글'은 글자 이름이고, '우리말'은 말이라 했다. '한글'과 '우
리말'은 헷갈릴 수 없다는 사실이 또렷하다. 국어사전은 헷갈릴
수 없도록 해 놓았는데 사람들이 헷갈리는 것이다.

　이름 높다는 사람들이 "우리말은 세계에서 가장 과학적인 말
이며……" 어쩌고 하는 소리를 한다. 우리말이든 남의 말이든
말은 어느 것이 더 과학적이고 어느 것이 덜 과학적이라고 판단
할 수 없다. 자연과 문화가 다른 것처럼 서로 다를 뿐이다. 국어
를 가르치는 교사한테서조차 "우리말을 훌륭하게 만들어 주신
세종대왕의 거룩한 뜻을……" 어쩌고 하는 소리를 듣는다. 세종

대왕이 아무리 뛰어나도 우리말을 만들 수는 없다. 우리말은 누구도 만들려고 애쓰지 않았지만 아득한 옛날부터 하늘의 선물처럼 저절로 우리 겨레에게 나서 자란 것이다. 그러나 글자는 하늘이 내린 것이 아니라 사람이 만든 것이다. 그래서 더 과학적인가 덜 과학적인가를 가늠해 볼 수도 있다. "한글은 세계에서 가장 과학적인 글자며……" 할 수도 있고, "한글을 훌륭하게 만들어 주신 세종대왕의 거룩한 뜻을……" 할 수도 있다.

'한글'과 '우리말'을 눈에 띄게 헷갈려 쓰는 사람들은 여러 외국에 흩어져 사는 교민과 교포들이다. 지금 여러 외국의 교포 사회 곳곳에는 '한글학교'가 있다. 한글학교라면 마땅히 '한글'을 가르쳐야 하겠지만 알다시피 '우리말'을 가르친다. 한글도 물론 가르치지만, 그것은 우리말을 가르치는 길목일 뿐이다. 우리말을 가르치자면 입말뿐 아니라 글말도 가르쳐야 하기 때문에 글자인 한글을 가르치는 것이다. 그런데도 '우리말학교'라고 하지 않고 모두가 '한글학교'라고만 한다. '한글'과 '우리말'을 같은 것으로 여기는 증거다.

어째서 사람들이 '한글'과 '우리말'을 가려 쓰지 못하는가? 나는 그 까닭의 절반은 적어도 '한글학회'에 있다고 생각한다. '한글학회'는 한글이 아니라 우리말을 연구하면서 이름을 '한글학회'라 했다. 게다가 역사나 전통으로 보아 우리말을 연구하는 학회에서도 첫손 꼽히는 학회로 사람들에게 널리 알려져 있다. 우리말을 연구하는 이름난 학회의 이름이 '한글학회'니까 사람들은 '한글'이 곧 '우리말'인가보다 하는 것이다.

알다시피 '한글학회'는 본디 '조선어학회'였는데, '조선어학회'일 적에는 우리말 학회였으나 '한글학회'로 바뀌니까 우리 글자 학회로 속살이 달라져 버린 것이다. 한자말을 버리고 우리말을 쓰려고 했으나 속살을 제대로 담아낼 수 없게 뒤틀린 셈이다. 학회의 이름이란 하나의 고유명사이므로 이름이 반드시 하는 일을 드러내야 한다는 법은 없다. 이름이 '한글학회'라 해서 한글만을 연구하는 학회로 보아서는 안 된다는 뜻이다. 그러나 사람들은 이름을 보고 그 속살을 짐작하게 마련이고, 일찍이 인류의 큰 스승들도 입을 모아 이름과 속살이 한결같은 것이라야 값지고 올바르다고 거듭 가르쳤다. 그런 쪽에서 보면 '한글학회'는 이름과 속살이 달라서 사람들에게 한글과 우리말을 헷갈리도록 만든 책임이 없지 않을 듯하다.

사람들이 '한글'과 '우리말'을 헷갈려 쓰는 까닭의 다른 절반은 '우리말'이라는 낱말에 있다고 본다. '우리말'이라는 낱말은 말의 이름이 아니기 때문이다. '우리말'은 말의 이름이 아닌지라 누구나 "우리말" 하고 부를 수가 없다. 우리가 "우리말" 하고 부르면 우리말이 "예" 하겠지만, 남들이 "우리말" 하고 부르면 저들의 말이 "예" 하고 대답한다. '우리말'은 부르는 사람마다 다른 말을 뜻하는 것이기에 말의 이름이 아니다. 누군가가 "한국말" 하고 부르면 우리말이 "예" 하고 대답할 것이다. '한국말'은 우리말의 이름이기 때문이다. 그러면 교포나 교민이 '한국말'이라고 쓰면 좋지 않겠는가? 그러나 "한국말" 하고 부르면 남쪽 대한민국의 말만 "예" 하고, 북쪽 조선민주주의인민공화국의 말은

"예" 하지 않는다. 같은 말을 쓰는 한겨레이면서 남쪽에서는 '한
국말'이라 하고, 북쪽에서는 '조선말'이라 하기 때문이다. 나라
밖에 사는 동포들은 이것 때문에 머리가 아프다. 어느 쪽도 버
리지 못할 내 조국인데, 그것을 싸잡아 부를 수가 없기 때문이
다. 그래서 울며 겨자 먹기로 찾아낸 이름이 '한글'이다. '한글'을
우리말의 이름 삼아 부르면서 남북을 아우르고자 하는 것이다.

사정이 이렇게 가슴 아프니, 틀린 줄 뻔히 알면서도 '한글'과
'우리말'을 뒤섞어 쓰도록 버려두어야 하는가? 그러나 그것은
바람직한 일이 아니다. 남쪽에서 부르거나 북쪽에서 부르거나,
나라 안에서 부르거나 나라 밖에서 부르거나, 우리가 부르거나
남들이 부르거나, 누가 언제 어디서 불러도 우리말이 "예" 하고
대답할 수 있는 이름을 마련하는 것이 마땅하다. 없으면 만들어
야 하고 있으면 그걸 찾아서 써야 한다.

그런데 그런 우리말의 이름이 있다. 부끄러운 20세기의 역사
소용돌이에서 쓰지 않고 버려두었을 따름이다. 그것이 다름 아
닌 '배달말'이다. 배달말은 '배달겨레의 말'이라는 뜻이므로, 나
라를 떠나서 부를 수 있는 우리말의 이름이다. 나라가 쪼개져
둘이 되어도, 다시 보태져 하나가 되어도, 겨레와 더불어 언제
나 살아 있을 우리말의 이름이다. 남에서나 북에서나, 안에서나
밖에서나, 우리나 남이나, 누가 어디서 언제 불러도 우리말이
"예" 하고 대답할 수 있다. 외국에 있는 '한글학교'도 '배달말학
교'라고 하면 이름과 속살이 감쪽같이 어우러진다.

할말 | 못할말

'할말'과 '못할말'은 국어사전에 오르지 못했다. 그러나 국어사전에 올라야 마땅한 낱말이다. 왜냐하면 우리 겨레가 오래도록 입말로 널리 썼을 뿐만 아니라, 말살이의 종요로운 가늠으로 여기며 살아왔기 때문이다.

'할말'과 '못할말'이 가려지는 잣대는 무엇일까? 그것은 바로 '사람을 어우르는 사랑'이다. 그것에 맞으면 '할말'이고, 어긋나면 '못할말'이다. '사람을 어우르는 사랑'이란 무엇인가? 사람이 동아리를 이루어 살아가는 곳에서는 언제 어디서나 얽히고설켜서 겨루고 다투고 싸우게 마련이다. 그런 겨룸과 다툼과 싸움에는 사랑과 미움이 또한 얽히고설키게 마련이다. 그러면서 서로 사랑하며 마음이 맞으면 모여서 어우러지고, 서로 미워하며 마음이 어긋나면 갈라서고 흩어진다. 이럴 때에 한마디 말이 멀쩡하던 사이를 갈라놓기도 하고, 갈라진 사이를 다시 어우르기도 한다. 사람 사이를 갈라놓는 말이 '못할말'이고, 사람 사이를 어우르는 말이 '할말'이다.

삶의 동아리에서 사람들이 어우러져 하나를 이루는 것보다 더 값진 노릇은 없다. 그 때문에 말살이에서 '할말'과 '못할말'을 가리는 일보다 더 무겁고 어려운 것은 없다. 비록 거짓말이거나 그른말일지라도 사람을 어우러지게 하려는 사랑을 북돋우고자 하면 '할말'이 된다. 마찬가지로, 비록 참말이거나 옳은말일지라도 사람 사이를 어우러지게 하려는 사랑을 짓밟고 깨뜨리고자 하면 '못할말'이 된다. 그래서 '할말'과 '못할말'을 제대로 가려 마땅히 쓰는 사람은 훌륭한 사람으로 우러름을 받고, '할말'과 '못할말'을 가리지 못하고 함부로 쓰는 사람은 동아리에서 말썽쟁이 헤살꾼으로 업신여김을 받는다. '할말'과 '못할말'을 제대로 가늠하는 노릇은 높고 넓은 슬기와 설미를 갖춘 사람이라야 제대로 해낼 수가 있다.

御製訓民正音

셋

우리 토박이말의
속살

어느 겨레나 남의 말을 끌어들여 쓰지 않을 수는 없다. 서로 오고 가며 가진 것을 주고받아 살아가야 하기 때문이다. 어느 겨레든 남의 말을 끌어들여 쓰면 시나브로 길이 들어 들온말이 된다. 그런데 우리에게는 남의 말이 들어와서 길들여지지 않고 오히려 우리말을 짓밟고 잡아먹은 역사가 있었다. 지위 높은 사람들이 남의 말을 글말로 끌어들여 푼수 넘치는 대접을 해서 활개를 치도록 만들어 주었기 때문이다. 그래서 우리네 토박이 낱말밭은 길들여지지 않은 남의 말이 기승을 부리는 통에 쑥대밭이 되어 버렸다.

남의 말을 뒤늦게 길들여 보겠다고 가르치려 들면 우리는 저들 삶으로 끌려가지 않을 수 없다. 중국에서 들어온 말을 가르치려면 중국으로 끌려 들어가고, 서양에서 들어온 말을 가르치려면 서양으로 끌려 들어간다. 하지만 아무리 끌려가 봐도 거기는 우리와 다른 세상이라 그런 말들의 속내를 속 시원히 알아볼 길도 없다. 그러나 우리 토박이말을 가르치면 다르다. 우리 토박이말을 가르치려고 속살을 들여다보면 거기에서는 우리가 오랫동안 잊고 살았던 깊고 그윽한 우리 겨레의 삶을 만날 수 있다. 들여다 보면 볼수록 나와 내 삶을 더 깊이 알 수 있고 우리와 우리 겨레의 삶을 더 많이 만날 수 있다.

가시버시

'가시버시'는 요즘 널리 쓰이지 않는 낱말이다. 그런데 누리집에 가 보면 이것을 두고 말들이 없지 않다. 우리 토박이말을 알고 싶은 사람들이 늘어나면서, 자주 쓰지 않는 토박이말이 이야깃거리가 되어서 그런가 보다. 이것은 참으로 반가운 노릇이다. 그런데 누리집에서 오가는 말들이 국어사전의 풀이 때문에 큰 잘못으로 빠지는 듯하다. 낱말의 뜻을 국어사전이 잘못 풀이하면, 그것은 법률의 뜻을 대법원이 잘못 풀이하는 것과 마찬가지로 바로잡을 길이 없다. 그런데 '가시버시'가 바로 그런 꼴이 되어 있다.

1) 부부.
2) '부부'를 속되게 이르는 말.
3) '부부'를 낮잡아 이르는 말.

세 국어사전이 '가시버시'를 이렇게 풀이해 놓았는데 모두 잘못 풀이한 것이다. 우선 '속되게 이르는 말'이니 '낮잡아 이르는 말'이니 하는 것부터 잘못 짚은 것이다. 알다시피 우리는 상스러운 말과 점잖은 말을 가려 써야 한다는 가르침을 줄곧 받았고, 두 국어사전에서 말하는 '속되다', '낮잡다'는 것은 곧 상스럽다는 뜻임이 틀림없다. 그러니까 '부부'는 점잖은 말이거나 적어도 여느 말인데, '가시버시'는 그것을 속되게 이르거나 낮잡아 이르는 말이라는 것이다.

여기에는 참으로 커다란 우리네 마음의 병집이 감추어져 있다. 국어사전이나 국어 교사가 점잖은 말이니 부지런히 익혀 쓰라고 가르치는 낱말은 모조리 중국에서 들여온 한자말이고, 속되고 낮잡고 상스러운 말이니 쓰지 말고 버리라는 낱말은 한결같이 우리 겨레가 만들어 쓰는 토박이말이기 때문이다. '똥'은 상스럽지만 '분'은 점잖고, '논밭'은 상스럽지만 '전답'은 점잖고, '달걀'은 상스럽지만 '계란'은 점잖고, '어버이'는 상스럽지만 '부모'는 점잖고, '집안'은 상스럽지만 '가문'은 점잖다고 우리는 줄기차게 가르쳤다. 그래서 우리네 마음 깊은 곳에는 그런 가르침이 똬리를 틀고 앉아서 우리네 말씨를 다스린다.

신라가 당나라를 끌어들여 고구려와 백제를 무너뜨린 뒤로 우리 겨레를 다스리고 이끌던 사람들은 있는 힘을 다해서 중국을 본받고 따르고자 했다. 그런 세월이 줄잡아 일천오백 년에 이른다. 그동안 우리 겨레의 지도자들은 줄기차게 한자말을 끌어들여 쓰면서 저들이 높은 신분임을 자랑삼는 감으로 썼다. 그런 세월이 흐를수록 한자말은 높은 신분의 표시가 되고 점잖은 사람의 징표가 되었다. 한편으로 토박이말은 신분이 낮아서, 가난

하고 불쌍한 백성들끼리 부끄러움을 느끼며 쓰는 속되고 상스러운 말로 떨어졌다. 그리고 이런 말의 쓰임새가 신분으로 세상 질서를 굳히려던 왕조 사회를 오래도록 튼튼하게 지켜 주었다.

그런데 지금도 우리가 그런 전통을 지키며, 토박이말은 상스럽고 한자말은 점잖다고 하면서 가려 써야 옳은가? 황제의 나라가 끝나고 백성의 나라가 되었다고, '대한제국'을 '대한민국'으로 바꾼 지 벌써 백 년에 가깝다. 가난하고 불쌍한 백성의 아들이 대통령을 하고, 재벌이 되고, 대학 총장이 되고, 대법관이 되고, 국회의원이 되는 사회에서도 말씨로 신분을 가릴 것인가? 더구나 우리 선조들이 쓰고 물려준 토박이말은 여태도 상스럽고 속되니 쓰지 말라고 가르치고, 그릇된 생각으로 끌어들인 남의 말은 점잖고 거룩하니 익혀서 즐겨 쓰라고 가르치면서 종살이 정신을 부추겨야 옳은가?

'가시버시'는 보다시피 '가시'와 '버시'가 어우러진 말이다. 먼저 '가시'는 요즘 말로 '아내'다. 자주 쓰지는 않으나 아직도 곳곳에서 입말로 쓰는 '각시'라는 말이 바로 '가시'다. 그러면 '버시'는 무엇인가? 그것은 '벗이'다. '벗이'는 '벗'에 주격 토씨 '이'가 붙은 것이 아니고, '벗'에 서술격 토씨 '이다'의 '이'만 붙은 것이다. 그러니까 '버시'는 '벗'이라는 이름씨에 서술격 토씨의 줄기만 붙여서 어찌씨로 바꾼 낱말이다. 그래서 뜻은 '벗이다'에 가장 가깝지만 그대로는 아니고, '벗하여' 또는 '벗 삼아' 또는 '벗으로'와 아주 같은 것이다.

그러니까 '가시버시'는 '각시를 벗하여', '각시와 벗하여', '각시를 벗 삼아', '각시를 벗으로'라는 뜻을 지닌 낱말이다. 조금 더 풀이하면 '남편이 아내와 둘이서만 정답게', '부부끼리 오순도순'이라는 뜻으로 남들이 부러운 마음을 담아서 쓰는 낱말이다. 그러므로 품사는 이름씨가 아니라 어찌씨라 해야 옳다. 요즘 사람들이 쓰기 좋아하는 한자말로 하자면 '부부 동반으로'라는 것과 비슷하지만, 그보다는 훨씬 아름답고 정겨운 낱말이다.

"오늘 무슨 바람이 불어서 가시버시 그렇게 차려입고 나섰는가?"
"한실댁! 가시버시 차려입고 나선 걸 보니 친정 나들인가 보제?"

평소 사이좋게 살아가는 부부가 함께 나타나면 칭찬하느라고 부러움을 담아서 이런 투로 자주 쓰던 낱말이다. 괜히 알지도 못하면서 이렇게 좋은 낱말을 국어사전부터 속되다느니 낮잡는다느니 하니까, 그런 말을 들어 보지 못한 요즘 젊은이들이 헷갈려 갈피를 잡지 못한다. 사전 하나도 만들지 못한 주제에 이런 말을 하면 비웃음을 살지 모르지만, 젊은이들이 우리 토박이말에 마음이 끌리면 국어사전을 너무 믿지 말고 차라리 가까이 계시는 연세 높은 어른들에게 더러 여쭈어 보면 좋겠다.

거짓말

'거짓말'은 왜 하는 것일까? 거짓말의 첫걸음은 스스로를 지켜서 살아남으려는 마음에서 비롯한다. 사람뿐 아니라 목숨 있는 모든 것은 배우지 않아도 스스로를 지켜서 살아남으려고 안간힘을 다한다. 그런 안간힘으로 스스로를 지킬 수 있는 마땅한 길을 찾아 익히며 살아남는다. 거짓말은 사람이 스스로를 지켜서 살아남으려고 안간힘을 다하며 찾아낸 속임수 가운데 맨 첫걸음이다.

사람은 세상으로부터 저를 지켜야 한다는 것을 알아차린 때에 무엇보다 먼저 거짓말을 방패로 삼는다. 세상이 저를 못살게 군다는 것을 알아차리면, 사람은 맨 먼저 거짓말이라는 속임수로 스스로를 지키려 든다. 이러한 것은 말을 마음대로 하고 들을 수 있으며 집 밖에 나가서 이웃 아이들과 어울리면서 세상이 무섭다는 것을 배우는 때, 곧 너덧 살 때부터 비롯한다. 그러나 거짓말은 이런 첫걸음에서 그치지 않는다.

거짓말의 둘째 걸음은 속임수가 먹혀들어 갔을 적에 돌아오는 야릇한 기쁨을 맛보려는 마음에서 비롯한다. 견디기 힘든 어려움이나 참기 어려운 괴로움에 빠져 헤어날 길이 없을 적에, 세치 혀로만 내뱉는 손쉬운 거짓말 한마디로 거뜬히 거기서 벗어나면 그때 돌아오는 기쁨이 마음을 사로잡는다. 이처럼 야릇한 기쁨을 맛보려는 둘째 걸음의 거짓말은 사람의 마음에 맺힌 고를 풀어 주는 놀이와 크게 다르지 않은 것이다.

거짓말의 셋째 걸음은 싸우지 않을 수 없는 맞수를 이기고야 말겠다는 마음에서 비롯한다. 맞수에게 골탕을 먹이고 헤어날 수 없을 만큼 깊은 구렁에 밀어 넣으려는 마음으로 꼼꼼하게 덫을 놓아서 꾸미는 거짓말이다. 이런 셋째 걸음의 거짓말은 마침내 맞수의 목숨을 끊어서 죽이는 데까지도 나아갈 만큼 끔찍할 수 있다. 그러나 이런 거짓말은 한 사람이 다른 한 사람을 겨냥하여 빚어지는 것이기에 가장 무서운 것은 아니다.

거짓말의 마지막 넷째 걸음은 욕심을 채우고 욕망을 이루려는 뜻으로 수많은 사람을 속임수로 사로잡으려는 거짓말이다. 이런 거짓말은 사람이 예로부터 마음을 사로잡히고 올무처럼 얽매여 살아온 돈과 힘을 움켜쥐고 휘두르고 싶은 마음에서 내뱉는 것이다. 이런 거짓말은 하도 그럴듯하게 꾸며 내는 바람에 듣는 사람들이 참말인지 거짓말인지 종잡기 어렵다. 이런 거짓말이 무서운 까닭은 속아 넘어가는 사람들이 많다는 것과 함께 거짓말을 하는 사람까지 함정에 빠뜨리기 때문이다. 이런 거짓말에 맛들이면 버릇이 되어 그것이 거짓말인 줄을 잊어버리고 뉘우칠 수조차 없게 된다.

거짓말은 이렇게 사람이 자라나는 것과 더불어 한 걸음 한 걸음 자라나는 것이다. 자라나면서 거짓말은 속살과 속내가 아주 다른 두 가지로 갈라진다. 스스로를 지키려는 거짓말과 남을 이기려는 거짓말이라는 두 갈래가 그것이다. 앞에서 말한 첫째와 둘째 걸음의 거짓말은 스스로를 지키려는 거짓말이고, 셋째와 넷째 걸음의 거짓말은 남을 이기려는 거짓말이다. 앞의 둘은 어쩔 수 없이 하는 거짓말이고, 뒤의 둘은 마음을 먹고 하는 거짓말이다. 앞의 것은 이렇다 할 헤아림도 과녁도 없이 엉겁결에 하게 되는 거짓말이고, 뒤의 것은 곰곰이 헤아리고 과녁을 세워 이런저런 셈판을 두드려 보며 하는 거짓말이다. 앞의 것은 남을 못살게 굴려는 뜻이 없는 거짓말이고, 뒤의 것은 남을 못살게 하려는 뜻을 지니고 하는 거짓말이다. 이렇게 거짓말은 자라나면서 갈수록 거칠어지고 사나워진다. "바늘 도둑이 소 도둑 된다."라는 속담이 거짓말에도 그대로 들어맞는 셈이다.

거짓말을 하면 어떻게 되는가? 거짓말뿐 아니라 말은 모두가 그냥 자취 없이 사라지고 마는 것이 아니다. 크거나 작거나 주고받는 사람의 몸과 마음에 자취를 남기고 사라진다. 사람의 몸과 마음에 자취를 남긴다는 말은 크거나 작거나 사람을 바꾸어 놓는 것을 뜻한다. 알다시피 크거나 작거나 사람이 바뀌면 그것은 곧 세상이 바뀌는 것이다. 사람이 세상을 만들고 바꾸는 임자이며 힘이기 때문이다. 그런데 거짓말은 말 가운데서도 주고받는 사람의 몸과 마음에 가장 커다란 자취를 남기는 말이다. 그래서 거짓말을 하면 하는 사람과 듣는 사람이 거짓말의 크기와 깊이만큼씩 바뀐다. 사람이 바뀌니까 마침내 세상도 그만큼

씩 바뀌는 수밖에 없다.

거짓말은 우선 듣는 사람을 바꾼다. 거짓말을 듣는 사람은 먼저 거짓말을 하는 사람을 믿지 못하게 된다. 한 사람에게서 거짓말을 거듭 들으면 언젠가는 거짓말을 한 사람에게 아예 믿을 수 없는 사람이라는 딱지를 붙이고 만다. 한번 그렇게 딱지를 붙이고 나면 그가 콩으로 메주를 쑨다고 해도 곧이듣지 않으려 하다가, 마침내 다시는 그와 마음을 주고받지 않으려고 눈에 보이지 않는 울과 담을 쳐 버린다. 그런데 거짓말을 하는 사람이 어찌 한두 사람뿐이겠는가! 그러니 이 사람에게도 거짓말쟁이로 딱지를 붙이고, 저 사람에게도 거짓말쟁이로 딱지를 붙이고, 그러다 보면 어느새 "세상에 믿을 사람 하나도 없다." 하는 데까지 이르고 만다. 그러면 사람들과 어울리지 않으려고 울과 담을 높이 쌓아 스스로 갇혀 버리고, 온통 세상이 거짓말쟁이들만 우글거리는 아수라장으로 보여서 웃음을 잃고 삶의 빛도 잃어버려 어둠 속에 빠지고 만다. 사람이 이런 지경까지 바뀌면 그야말로 사람됨과 세상살이가 뒤틀려 버린 것이다. 사람을 이보다 더 안타깝게 만드는 일이 어디에 또 있겠는가!

거짓말은 듣는 사람보다 하는 사람을 먼저 못쓰게 만들어 버린다. 무엇보다도 거짓말을 자주 하는 사람은 밖으로 다른 사람으로부터 믿을 수 없는 사람으로 찍혀서 따돌림을 받는다. 그것은 사람들과 손잡고 더불어 살아가지 않을 수 없는 세상에서 가장 무서운 형벌이다. 그리고 안으로 스스로를 지키려는 첫째 걸음 거짓말에 맛들이면 어려움이나 괴로움을 떳떳하게 겪으며 견디고 이겨 내려는 마음이 자라지 못한다. 아픔과 슬픔을 참으면서 몸과 마음을 다하여 어려움과 괴로움을 헤쳐 뚫고 나가려는 씩씩한 마음이 시들어지면서 가볍고 얄팍한 거짓말 한마디로 얼렁뚱땅 넘어가는 사람으로 주저앉는다. 마음 안에 꿋꿋한 뜻이 튼튼히 자라지 못하고 갈대처럼 나부끼는 느낌과 요모조모 저울질하는 생각에 매달려 값지고 보람찬 일을 이루어 낼 수 없는 사람으로 머물고 만다. 작은 속임수가 주는 야릇한 기쁨의 둘째 걸음 거짓말에 맛들이면 땀 흘리며 부대끼는 삶터에 뛰어들기가 싫어진다. 놀이가 주는 기쁨과 즐거움에 너무 빠져 일을 팽개치고 끝내는 노름에 홀려서 평생을 벗어나지 못하는 노름꾼처럼, 얄팍한 속임수 거짓말에 길들여지면 말 그대로 거짓말쟁이가 되어서 삶을 텅 빈 껍데기로 만들어 버리고 만다. 셋째와 넷째 걸음의 거짓말, 곧 남을 이기고 짓밟으려 꾀하는 거짓말은 세상을 지키자는 법률이 가만두지 않는다. 남을 해치고 세상을 속이는 거짓말은 거기에 속은 남과 세상이 그냥 짓밟히며 넘어가지 않고 무서운 채찍으로 갚음을 안겨 주고야 만다는 말이다. 그래서 이들 거짓말에 맛들이면 머지않아 세상의 죄인이 되어 삶을 망쳐 버린다.

이래서 스스로를 지키려고 비롯한 거짓말이 마침내 스스로를 망가뜨리고 나아가 남과 세상까지 망가뜨리기에 이른다. 거짓말이 처음에 스스로를 지키려는 본능에서 비롯하는 그것은 어쩌면 나쁘다고 싹을 잘라 버릴 일이 아닐지도 모른다. 아니 잘라 버리려 해도 잘라 버릴 수가 없다. 그것은 조물주가 슬기와

힘을 기르기에 앞서 얼마 동안만 스스로를 지키라고 넣어 놓은 방패와 같은 것이기 때문이다. 그러나 그런 첫걸음 거짓말을 올바로 다스리지 못한 채 마냥 맛들이고 길들이면 마음속에서 거짓말 버릇이 쉬지 않고 자라나 마침내 스스로와 세상을 망가뜨리는 데까지 이르고야 만다. 그래서 첫걸음 거짓말이나 늦어도 둘째 걸음 거짓말에서 그것을 올바로 다스리는 일은 누구에게나 사람됨을 이루어 내는 길에서 가장 커다란 숙제다. 그러므로 이것은 저마다 풀어 가도록 맡겨 둘 일이 아니라 마땅히 어른들이 가르쳐서 풀어내도록 도와야 한다. 스스로의 조그만 약점과 잘못을 거짓말로 숨기고 덮어서 넘어가는 짓은 어리석고 비겁하지만, 떳떳하게 드러내어 잘못을 인정하고 용서를 비는 것은 훌륭하고 용감하다는 사실을 사회가 마땅히 가르쳐야 한다. 그런데 참으로 안타까운 노릇은, 우리 사회는 아직도 거짓말이 스스로와 세상을 망가뜨리는 것인 줄을 제대로 모르고, 너나없이 버릇이 되어 나이 들고 어른이 되어도 밥 먹듯이 하면서 산다는 사실이다. 이런 현실은 우리네 문화의 수준을 드러내는 것일 뿐만 아니라 이제까지 힘써 온 우리네 국어 교육이 제 몫을 다하지 못한 탓이라 할 수 있다.

고맙다

'고맙다'는 아무리 많이 들어도 귀가 아프지 않고 늘 반가운 낱말 가운데 첫손 꼽힐 것이다. 그런데 일제 침략 뒤로 일본 한자말 '감사하다'에 짓밟히고, 광복 뒤로 미국말 '땡큐'에 밀려서 안방을 빼앗기고 내쫓겨 요즘은 목숨마저 간당간당한다. 우리말을 아끼고 가꾸려는 뜻을 굳게 세우고 생각의 끈을 단단히 다잡는 사람이 아니면 입에서 '감사하다' 소리가 절로 나오고, 새로운 세상에 남보다 앞장서려는 사람들 입에서는 '땡큐' 소리까지 보란 듯이 쏟아져 나오기 때문이다.

'고맙다'는 '곰'에서 말미암았다. 단군 이야기에 단군을 낳으신 어머니로 나오는 '곰', 동굴에서 쑥과 마늘만 먹으며 백일기도를 드리고 마침내 사람으로 탈바꿈하여, 하늘에서 내려오신 환웅의 아내가 되어 단군을 낳았다는 바로 그 '곰'이다. 이 곰은 본디 하늘 위에서 온갖 목숨을 세상으로 내려보내고 해와 달을 거느려 목숨을 살리고 다스리는 하늘 서낭(천신)과 맞잡이로, 땅 밑에서 온갖 목숨을 세상으로 밀어 올리고 비와 바람을 다스려 목숨을 살리고 북돋우는 땅 서낭(지신)의 이름이다. 이런 땅 서낭 '곰'

을, 우리 글자가 없던 시절의 《삼국유사》에서는 '熊(곰 웅)'으로 적었지만, 우리말 그대로 한글로 적으면 '굼'이었다. 그러니까 '곰'의 가운뎃소리 'ㅗ'는 본디 'ㅗ'와 'ㅏ'의 사이에 있는 'ㆍ' 소리여서 듣기에 따라 '곰'으로도 들리고 '감'으로도 들리던 것이다. 일본 사람들이 '가미(神)'라고 부르는 것도 우리의 '굼'을 '감'으로 들어서 그렇게 되었다는 사실은 널리 알려진 바다.

일찍이 우리 겨레는 누리 만물을 만들어 내시고 세상만사를 다스리시며 사람의 삶과 죽음을 이끄시는 분, 눈과 귀와 코와 입과 살갗 같은 몸으로는 도무지 알아볼 수 없는 그런 분을 남달리 알아 모시고 살았다. 애초에 남녘에서는 그런 분이 땅 밑에 계신다고 믿었고, 북녘에서는 하늘 위에 계신다고 믿었다. 세월이 흐르면서 하늘 위에 계시던 분(천신)이 땅으로 내려와 아버지가 되시고, 땅 밑에 계시던 분(지신)이 땅 위로 올라와 어머니가 되셔서 우리 겨레를 낳아 기르고 이끄신다는 믿음으로 바뀌어 널리 퍼졌다. 단군 이야기는 바로 그런 믿음이 빚어낸 수많은 이야기 가운데 한 가지에 지나지 않는다. 이렇게 누리 만물을 만들고, 세상만사를 다스리고, 사람의 삶과 죽음을 이끄시는 어머니가 '곰(굼)'이었다. 세월이 흘러 한글이 만들어진 15세기 뒤로 오면 '고마'로도 썼는데, 이때에는 뜻이 '삼가 우러러볼 만한 것'쯤으로 낮추어졌고, '삼가 우러러본다'는 뜻으로 '고마하다'라는 움직씨도 만들어 썼다.

'고맙다'를 그대로 뿌리와 가지로 나누면 〔곰 + 압다〕가 되겠지만, 그것은 〔곰 + 답다〕에서 'ㄷ'이 떨어져 나간 것이다. 그러니까

'고맙다'는 본디 '당신은 나에게 목숨을 내주고 삶과 죽음까지 돌보며 이끄시는 곰(서낭)과 같은 분이다.' 하는 뜻이었다. 어찌 마음의 껍데기나 건네주는 '감사하다'나 '땡큐'와 견줄 것인가! 이처럼 깊고 그윽한 뜻을 담은 우리말을 헌신짝처럼 버리고, 보잘것없는 남의 말을 우러러보며 즐겨 쓴다는 것은 아무래도 올바른 문화인의 모습이 아니다.

굿

《표준국어대사전》에서는 '굿'을 "여러 사람이 모여 떠들썩하거나 신명 나는 구경거리"라고 풀이한 다음에, "무속의 종교 제의. 무당이 음식을 차려 놓고 노래를 하고 춤을 추며 귀신에게 인간의 길흉화복을 조절하여 달라고 비는 의식"이라고 풀이해 놓았다. 그러나 이는 '굿'의 뿌리와 가지를 가늠하지 못하여 뜻의 차례를 거꾸로 내놓은 것이다. "여러 사람이 모여 떠들썩하거나 신명 나는 구경거리"라는 풀이를 뒤에다 놓아야 '굿'의 뿌리와 가지를 올바로 내놓는 것이다. 그렇다 하더라도 굿의 뿌리를 "무당이 음식을 차려 놓고 노래를 하고 춤을 추며 귀신에게 인간의 길흉화복을 조절하여 달라고 비는 의식"이라 해 놓은 것은 요즘의 굿만을, 그것도 껍데기만 보고 적어 놓은 것이다. 굿은 우리 겨레와 더불어 길고 긴 세월을 살아왔기 때문에, '굿'이라는 낱말의 뜻을 풀이하려면 그런 세월의 흐름을 제대로 알아야 한다.

굿의 본디 모습은 중국 사람들이 저들의 역사를 적으면서 곁눈질한 자취로 변죽만 간신히 남아 있다. 예(濊)의 '무천(舞天)',

부여의 '영고(迎鼓)', 마한의 '천신제(天神祭)', 고구려의 '동맹(東盟)' 같은 것들이 그것인데, 이때 굿은 '무당'이 혼자서 '귀신'에게 '복이나 달라고 비는' 노릇이 아니었다. 굿을 이끄는 무당이야 있었지만, 수많은 사람이 함께 어우러져 술 마시고 노래하고 춤추며 '하느님'께 한 해 동안 '베풀어 주신 큰 은혜를 고마워하는' 노릇이 굿이었다. 한 해 농사를 끝내고 가을걷이를 마무리한 다음 '고마운 마음을 하느님께 바치는 제사[제천(祭天)]'가 본디 굿의 뜻이었고, 수많은 사람이 어우러져 밤낮없이 여러 날 동안 술을 마시고 노래를 부르고 춤을 추며 하느님과 더불어 즐거워하는 것이 본디 굿의 모습이었다. 이런 굿을 바치며 하느님을 믿고 살던 시절에 우리 겨레는 요하를 중심으로 중국의 황하나 양자강보다 훨씬 먼저 문명을 일으켜 동아시아를 이끌며 살았다.

그러나 중국 한나라 무제에게 요하 서쪽을 빼앗기며 고조선이 무너진 다음에 일어난 열국 시대 뒤로, 지도층이 불교와 유교에 마음을 빼앗기면서 하늘을 믿으며 바치던 굿을 밀어내기 시작했다. 무엇보다도 신라 법흥왕이 온 나라를 부처님의 땅으로 만들자고 나선 뒤로, 굿은 거의 천 년 동안 불교에 짓밟히며 온갖 서러움을 다 받았다. 그리고 이른바 신흥사대부 세력이 조선 왕조를 세운 뒤로, 굿은 다시 오백 년 동안 유교에 짓밟히며 발붙일 터전을 거의 빼앗겼다. 게다가 일제에 나라를 빼앗기고 서양을 천국으로 여기는 사람들이 나라를 이끌면서, 굿에다 '미신'이라는 딱지를 붙여 자취조차 찾아볼 수 없도록 쓸어 내려고 들었다. 이처럼 굿을 짓밟아 몰아낸 천오백 년 세월에 걸쳐 요하는 물론 드넓은 만주 땅은 모조리 중국에 빼앗겼고, 우리 겨레의 삶은 중국의 아류를 지나 일본의 종살이로까지 굴러떨어졌다.

굿은 본디 목숨을 주고 삶을 주시는 하느님께 믿음을 걸고 살아가는 사람들(신도), 하느님과 사람 사이를 이어 주는 힘을 지닌 무당(사제), 하느님의 뜻을 받아서 사람들을 만나러 내려오는 서낭(신격)이 함께 빚어내는 제사며 잔치다. 제사며 잔치이기 때문에 사람인 신도와 무당인 사제와 서낭인 신격이 서로의 마음을 주고받는 말씀이 있어야 하고, 무엇보다도 서낭을 통하여 들려주시는 하느님의 말씀(경전)이 있어야 한다. 게다가 거룩한 서낭님이 머물러야 하므로, 굿판은 반드시 거룩한 자리(성전)로 깨끗하게 갖추어야 한다. 이처럼 굿 안에 갖추어진 '신도, 사제, 신격, 경전, 성전'이란 곧 종교의 기본 요소들이다.

그러니까 굿은 하나의 종교 의식이다. 우리 겨레가 태초부터 하느님께 믿음을 걸고 바치던 남다른 의식이다. 세상의 참되고 올바른 종교가 모두 그렇듯이, 우리 겨레의 굿도 사람을 진리와 사랑 안에서 복되게 살아가도록 이끌며 북돋워 준다. 서낭을 통하여 내려 주시는 하느님의 말씀은 언제나 사람이 진리와 사랑에 머물도록 격려하고 깨우치는 가르침이다. 굿에서 하느님은 서낭으로 하여금 사람이 진리와 사랑에 머물지 못하도록 이끄는 '잡귀'와 '잡신'을 떼어 내고 물리치게 해 주신다. '잡귀와 잡신'이란 사람과 하느님 사이를 가로막으며 사람이 하느님을 버리고 거짓과 미움에 빠지도록 이끄는 것들이기 때문이다.

깨닫다

사람은 누구나 한 삶을 살아가면서 이런저런 일을 겪게 마련이고, 그러면서 세상 돌아가는 속내를 조금씩 알게 되고 나름대로 이치를 깨닫기도 한다. 이렇게 세상 돌아가는 속내를 '아는 것'과 세상 돌아가는 이치를 '깨닫는 것'이야말로 삶의 보배로운 등불이다. '앎'과 '깨달음', 이 두 가지 가운데서도 삶의 길을 멀리까지 올바르게 비춰 주는 밝은 등불은 말할 나위도 없이 '깨달음'이다.

그런데 요즘 우리는 어쩐 일인지 앎에는 굶주리고 목말라 하면서도 깨달음에는 마음을 두지 않는 듯하다. 하기야 신문이다 라디오다 텔레비전이다 인터넷이다 하면서 눈만 뜨면 쏟아지는 온갖 소식이 끊이지 않으니, 그것을 알기에도 시간이 모자랄 판이다. 어느 겨를에 깨달음까지 걱정할 수 있을 것인가! 그러나 깨달음에 마음을 쓰지 않고 앎에만 매달리면 삶은 뜬구름같이 가벼워지고 말 것이다. 알찬 삶을 살고자 하는 사람이나 알찬 세상을 꿈꾸는 동아리는 반드시 깨달음을 얻는 일에 마음을 써야 한다.

그런데 요즘 우리는 '깨닫는 것'이 무엇인지조차 모르고 살아가는 듯하다. 그것이 삶의 참된 등불이라는 사실조차 잊어버린 채로 살아가고 있는 것이 아닌가 싶다. 세상 온갖 것을 다 알면서 정작 가장 깊이 알아야 할 '깨달음이 무엇인지'는 모른다는 말이다. 그래서 '깨닫다'라는 낱말의 뜻부터 새삼스럽지만 되짚어 보고 싶어진다.

1) ① 슬기가 트이어 환하게 알다. ② 느끼거나 알아차리다.
2) ① (모르고 있던 사물 현상의 본질이나 이치 같은 것을) 똑바로 알게 되다. ② 느끼거나 알아차리다.
3) ① 사물이나 본질이나 이치 따위를 생각하거나 궁리하여 알게 되다. ② 감각 따위를 느끼거나 알게 되다.

보다시피 국어사전들이 한결같이 '깨닫다'를 '알다' 또는 '알아차리다' 또는 '알게 되다'라고 풀이해 놓았다. '알다'와 '알아차리다'는 스스로 하는 이른바 능동이고, '알게 되다'는 남이 해 주는 이른바 피동이라 조금씩 다르다. 그리고 '알다'와 '알아차리다'는 그 또렷하기와 깊이에서 조금씩 서로 다르지만, 이들은 어느 것이나 '알다'에서 벗어나지 못하는 것들이다. 게다가 '깨닫다'를 '느끼다'라고까지 해 놓았으니, 국어사전들의 풀이대로라면 '깨닫다'는 '알다'와 '느끼다'에 싸잡혀 들어가고 자취를 감추는 수밖에 없다. 국어사전들이 나서서 '깨닫다'를 아예 뭉개고 죽여서 없애 버리는 셈이다. 이러니까 우리 삶 안에 '깨달음'이 자취를 감추는 것은 아닌가 싶기도 하다.

'깨닫다'는 '깨다'와 '닫다'가 어우러진 낱말이다. 여기서 '깨다'는 잠에서 깨어나고, 꿈에서 깨어나고, 술에서 깨어나는 그것을 뜻한다. 잠과 꿈과 술이란, 살아 숨 쉬며 움직이는 현실에 눈을 감거나 마음이 떠난 자리를 말한다. 거기서 깨어난다는 것은 살아 숨 쉬며 움직이는 현실에 다시 눈을 뜨고 건너오는 노릇이다. 다시 말하면 '깨다'라는 것은 잠을 자고 꿈을 꾸고 술에 취한 듯이 흐리고 멍청하던 삶에서 눈을 뜨고 정신을 차려, 맑고 또렷한 본살의 삶으로 건너오는 노릇을 뜻한다. 그리고 '닫다'는 있는 힘을 다하여 달려간다는 뜻이다. 가야 할 곳, 삶의 과녁을 겨냥하여 힘껏 내달린다는 뜻이다. 그러니까 '깨닫다'는 흐리고 멍청하던 삶에서 눈을 뜨고 정신을 차려, 맑고 또렷한 본살의 삶으로 건너와서(깨다) 곧장 삶의 과녁을 겨냥하여 내달린다(닫다)는 뜻이다.

보다시피 '깨닫다'는 이만큼 '알다'와는 다른 것이다. 많이 알고 깊이 알다 보면 깨닫는 데까지 이르리라는 생각들도 하지만 그런 것은 아니다. 크게 깨달은 인류의 스승들이 말과 삶으로 앎과 깨달음이 서로 다른 것이라고 수없이 가르쳤다. '알다'는 손으로 만지고, 입으로 맛보고, 코로 맡고, 눈으로 보고, 귀로 듣고, 몸으로 겪으며 키울 수 있다. 한마디로 부지런히 배워서 키울 수 있는 것이다. 그러므로 '알다'에는 길이 열려 있는 셈이다. 그러나 '깨닫다'는 부지런히 배운다고 키워지는 것도 아니고, 누구나 걸어갈 수 있는 길이 열려 있는 것도 아니다.

깨달음을 얻는 길은 오로지 제 마음을 고요히 가라앉히고 깨끗하게 비워서 가만히 들여다보는 노릇뿐이라고 한다. 변덕스럽게 줄곧 날뛰는 '느낌'도 눌러앉히고, 쉴 새 없이 허둥대며 헤집으려고 드는 '생각'도 잠재우고, 불쑥불쑥 고개 들고 일어서는 '뜻'도 잘라 버리고, 그런 후에 그것들이 가라앉아 거울같이 고요해진 마음을 들여다보고 있어야 깨달음을 만난다고 한다. 그러면 여느 때에는 아예 있는 체도 하지 않던 '얼'이 비로소 모습을 드러내고 번개처럼 번뜩이는 빛을 비추는 것이다. 이처럼 얼에서 비추는 빛을 알아볼 수 있을 때에야 참된 깨달음을 얻을 수 있다고 한다.

그러나 깨달음이란 그 속살이 너무도 깊고 넓어서 온통 세상을 꿰뚫어보는 거룩하고 참된 것에서부터 한갓 먼지 속에 허덕이며 부대끼는 사람의 실낱같은 것까지 헤아릴 길 없이 갖가지다. 허덕이며 부대끼는 가운데서도 가만히 마음을 들여다보는 노릇을 버리지 않을 수만 있으면 누구나 실낱같은 불빛이나마 만날 수 있다는 말이다. 그래서 뿌리 깊은 종교에 믿음을 걸고 살아가는 사람들은 저마다 이런 불빛을 만나려고 기도다, 참선이다, 명상이다, 관상이다 하면서 제 마음을 들여다보기에 겨를이 없는 것이다.

참된 깨달음에 이르기까지 이처럼 헤아릴 수 없는 걸음들이 있겠지만, 우리말에는 그런 걸음을 나타내는 낱말이 두 가지만 있다. '깨치다'와 '깨우치다'가 그것이다. '깨치다'는 '깨다'와 '치다'가 어우러진 낱말인데, 여기서 '치다'는 '종을 치다, 북을 치다'와 같이 쓰이는 그것으로, '깨다'에 힘을 보태는 도움가지다. 그러니까 '깨치다'는 '깨다'에 '치다'를 보태기는 했으나 '깨닫다'에서는 '닫다'가 모자라는 것이다. 그러니까 올바른 삶의 과녁을 겨냥하여 달려가는 노릇이 빠진 것으로, 그만큼 '깨닫다'에 멀리 미치지 못하는 걸음이다. '깨우치다'는 '깨치다'에도 한참 미치지 못하는 걸음이다. 왜냐하면 '깨치다'는 스스로 깨어나는 것(능동)이지만, '깨우치다'는 다른 힘의 도움으로 깨어나는 것(피동)이기 때문이다.

그러나 이들 '깨우치다'나 '깨치다'는 '알다'와는 아주 다른 뜻을 지닌 낱말로, '깨어나는 것'이라는 뜻에서 '깨닫다'와 같은 겨레다. 그러므로 '깨우침'을 쌓아 가면 언젠가는 '깨침'에 이르고, '깨침'을 거듭 쌓다 보면 어느 날 느닷없이 '깨달음'을 얻는 때가 올 수도 있다는 말이다. 아무튼 '깨우침'과 '깨침'과 '깨달음'은 사람의 삶을 가볍지 않도록 알맹이를 채우는 값진 노릇이고, 삶의 값어치를 끌어올리는 거룩한 지렛대라는 사실을 알아야 하겠다.

뜬금없다

《표준국어대사전》에서 '뜬금없다'를 찾으면 "갑작스럽고도 엉뚱하다."라고만 풀이해 놓았다. 그게 아니라고 말할 수는 없지만 속이 후련하지는 않다. 어째서 속이 후련하지 않을까? '뜬금'이 무엇인지 알려 주지 않아서 그렇지 않을까 싶다.

뜬금을 알자면 먼저 '금'을 알아야 한다. 우리 토박이말 '금'은 두 가지 뜻이 있는데, 여기서 말하는 '금'은 '값'과 더불어 쓰이는 것이다. '값'은 알다시피 남의 것을 내 것으로 만들 적에 내놓는 돈이며, 거꾸로 내가 가진 것을 남에게 건네주고 받아 내는 돈이기도 하다. 값을 받고 물건을 팔거나 값을 치르고 물건을 사거나 하는 노릇을 '장사'라 하는데, 팔고 사는 노릇이 잦아지면서 때와 곳을 마련해 놓고 사람들이 모여서 팔고 샀다. 그때가 '장날'이고, 그곳이 '장터'다.

닷새 만에 열리는 장날에는 팔려는 것을 내놓는 장수와 사려는 것을 찾는 손님들로 장터가 시끌벅적하다. 값을 올리려는 장수와 값을 낮추려는 손님이 흥정으로 줄을 당기느라 눈에 보이지 않는 실랑이도 불꽃을 튀긴다. 그런데 우리 고장같이 농사로 살아가는 곳의 장날 장터는 크게 둘로 갈라진다. 농사꾼들끼리 저마다 팔거리를 내놓고 서로 팔고 사는 '장터거리'와 장사꾼이 자리를 잡아 물건을 벌여 놓고 손님을 기다리는 '전포'들이 그것이다. 그러나 이 두 곳에서는 흥정으로 불꽃 튀는 실랑이를 벌이지 않는다. 한쪽은 서로 빤히 사정을 아는 사람들이라 실랑이를 벌일 사이가 아니고, 한쪽은 전포 장사꾼이 아쉬울 것이 없고 느긋해서 실랑이를 벌이지 않는다. 정작 불꽃 튀기는 흥정은 먹거리를 팔고 사는 싸전(쌀전), 입성을 팔고 사는 베전, 그리고 농사 밑천인 소를 팔고 사는 소전에서 벌어진다. 쌀과 베는 농사꾼이 장수가 되어서 팔아야 하고 장사꾼이 손님이 되어서 사야 하는데, 소는 농사꾼과 장사꾼이 서로 섞여서 사기도 하고 팔기도 해서 돌아가는 판세가 아주 다르지만, 어쨌거나 이 세 곳에서는 흥정의 실랑이가 뜨거워서 한낮이 되어도 거래가 이루어지지 않고 서로 버티기만 하는 때가 흔히 있다.

이렇게 흥정을 하면서 실랑이를 벌이는 말미가 다름 아닌 '금'이다. 금을 먼저 내놓고 팔고 살 사람이 밀고 당기다가 뜻이 한곳에 모이면 거래가 이루어진다. 농사꾼들끼리 팔고 사는 장터거리나 장사꾼이 물건을 벌여 놓고 손님을 끄는 전포에서는 파는 쪽에서 먼저 금을 내놓으면 손님이 흥정을 벌인다. 그러나 싸전, 베전, 소전같이 값진 물건을 거래하는 곳에서는 거래를 붙이고 구전을 받아먹는 거간꾼이 따로 있어서 이들이 금을 내놓고 흥정을 부추긴다. 거간꾼은 장돌뱅이로, 이웃 장들에서 거래된 시세를 환히 알면서 금을 내놓는 것이지만, 파는 쪽이나 사는 쪽에서는 늘 마음에 차지 않아서 흥정은 실랑이로 불꽃을 튀기게 마련이다. 이때 거간꾼이 금을 내놓는 것을 '금을 띄운다.' 하고, 그렇게 띄워 놓은 금이 곧 '뜬금'이다. 뜬금이 있어야 흥정을 거쳐서 거래를 하는데, 금도 띄우지 않고 거래를 하려 들면 '뜬금없는' 짓이 되는 것이다. 그리고 흥정이 끝나고 거래가 이루어져서 저쪽 것을 받으며 건네주는 돈이 바로 '값'이다.

그러니까 '뜬금없다'라는 말은 미리 풀어야 할 타래를 풀어 놓지도 않고 갑자기 일의 매듭을 지으려고 덤벼드는 짓을 뜻한다. 그러니까 다른 사람들은 속내를 알지도 못하는 일을 저만 혼자 안다고 마음대로 마무리하려 드는 노릇인 셈이다. 이럴 때에 다른 사람은 누구나 '갑작스럽다' 또는 '엉뚱하다' 같은 생각을 하게 될 것이다.

마고할미

우리나라 곳곳에는 아직도 '마고할미'의 자취가 두루 널려 있다. 북으로는 평안도에서 남으로는 제주도까지, 놀랄 만큼 큰 돌이 있는 곳에는 으레 마고할미 이야기가 살아 있다. 제주도에서는 '설문대할망', 충남 바닷가에서는 '갱구할미'라고 이름을 조금 달리 부르기도 하고, 이야기 줄거리도 조금씩 다르기는 하지만, 이야기 꼬투리는 모두 서로 비슷해서 본디는 커다란 하나의 이야기에서 흩어져 나간 것들임을 짐작케 한다. 꼬투리들을 대충 들어 보면 다음과 같다.

① 마고할미는 하늘에서 내려온 여인이며(충북 단양), 본디 하늘에 살던 하느님의 딸이었다(지리산).

② 키가 하늘에 닿아서 해를 가리고(경남 통영), 한라산 꼭대기를 베개 삼아 베고 누우면 발은 제주 앞바다 관탈섬에 얹혔고(제주), 옷을 입고 춤을 추자 삼남 지방에 그늘이 져서 농사를 지을 수가 없었다(충남 바닷가).

③ 자연을 만드는 힘이 있어서 치마폭에 흙을 담아 나르다가 터진 구멍

으로 흘러서 오름들이 되고, 마지막 날라다 부은 흙은 한라산이 되었으며(제주), 임금님에게 쫓겨나서 주리고 목이 말라 흙을 먹고 바닷물을 마시다가 설사를 하였더니 우리 강산이 되었고(충남 바닷가), 치맛자락에 담아 오던 금은보화를 다급하게 바다에 내버려서 장좌섬이 되었으며(경남 통영), 장독 바닥에 깔려고 치마에 싸서 가져가던 모래가 해진 치마 구멍으로 흘러서 신선너덜이 되었고(경남 산청), 잃어버린 비녀를 찾느라고 손으로 땅을 헤집은 것이 아흔아홉 마지기 논이 되었다(충북 단양).

④ 힘이 엄청나게 세어서 커다란 바위로 공기놀이를 하고(경남 산청), 평평한 바위는 머리에 이고 길쭉한 바위 둘은 겨드랑이에 끼고 뭉툭한 바위는 등에 지고 와서 고인돌을 만들어 살았으며(황해 봉산), 고생하는 장수들을 돕느라고 바위를 날라다 고인돌을 만들어 주고(평남 영덕과 맹산, 전북 고창), 물렛돌을 하려고 치마에 싸서 가져가다가 작다고 내버려서 돌장승이 되고(경남 진주), 선돌이 되고(충북 제천), 고인돌 평메바위가 되었다(전남 화순).

⑤ 신통력이 놀라워서 도술을 부려 하룻밤에 폐왕성을 쌓고(경남 거제), 혼자서 성을 쌓아 독녀성이 되고(경남 산청), 할미성이 되었다(경기 용인).

⑥ 오줌발이 굉장히 힘차서 성산 바닷가에서 일출을 감상하다가 갑자기 오줌이 마려워 식산봉과 일출봉 사이에 발을 디디고 앉아 오줌을 누었는데 오줌발이 파낸 곳으로 바닷물이 들어와 우도가 섬으로 떨어지고(제주), 하룻밤에 성을 다 쌓고 나니 날이 훤히 새고 소변이 마려워 오줌을 눈 것이 냇물이 되어서 지금까지 흐르고 있으며(경남

통영), 우리나라에서 가장 큰 고인돌인 핑메바위 위에 앉아 오줌을 누어서 구멍이 뚫려 있다(전남 화순).

⑦ 옷을 벗고 살아서 속곳 한 벌만 만들어 주면 육지까지 다리를 놓아 주겠다고 했는데, 속곳 한 벌에 명주 백 통이 들어 제주 백성이 있는 명주를 모두 모았으나 아흔아홉 통밖에 안 되어 속곳을 만들지 못하니까 다리를 조금 놓다가 그만두어 그 자취가 조천읍 앞바다에 남아 있고(제주), 키가 무척 커서 나뭇잎으로 겨우 아랫도리를 가리고 살면서 옷을 해 입는 것이 소원이라 임금님에게 빌었더니 삼남의 공포 한 해 치를 모두 주어서 옷을 해 입고는 좋아라고 춤을 추자 삼남 지방이 온통 햇빛을 보지 못해 농사를 지을 수가 없었다(충남 바닷가).

⑧ 도사 반야를 사랑하여 딸 여덟을 낳아 팔도 무당의 시조로 만들었고 (지리산 반야봉 전설), 불제자 법우화성을 남편으로 맞아서 여덟 딸을 낳아 팔도 무당의 시조가 되게 했다.

– 이능화,《조선무속고》

이처럼 우리 강산 곳곳에 '마고할미'가 이야기로서 널리 살아 있지만, 가장 깊이 뿌리박힌 자리는 아무래도 지리산일 것이다. 지리산은 우리 겨레에게 가장 줄기찬 우러름을 받아 오는 뫼다. 백두산보다는 사람이 다가들기에 한결 부드럽고, 한라산보다는 언저리에 붙어 살아가는 사람이 워낙 많기 때문일 것이다. 그런 지리산은 곧 마고할미의 터전이다. 마고할미는 지리산의 산신령이기 때문이다. 그러니까 사람들이 지리산을 우러른다는 말은 지리산 산신령인 마고할미를 우러른다는 뜻이다.

이런 우러름이 언제 비롯했는지 알 길은 없지만, 예로부터 삼한의 백성들이 하도 굳은 믿음을 걸고 살았기 때문에 나라를 다스리는 왕실이 지리산 마고할미를 끌어안기에 안간힘을 다했다. 먼저 신라는 삼한을 통일하면서 지리산을 남악으로 삼고 산신령 마고할미를 시조 박혁거세 임금을 낳아 준 '서술성모(선도성모)'라며 끌어안았다. 그래서 꼭대기에 '남악사'를 세우고 남쪽 등성이에 '노고단'을 무어서 왕실이 봄가을 제사에 게으르지 않았다. 신라를 이어받은 고려는 산신령 마고할미를 왕건 태조 임금을 낳아 준 '위숙성모'라며 끌어안고는 남악사를 헐어 내고 '성모사'를 세워 노고단 제사에 더욱 힘을 기울였다.

이렇게 통일신라나 고려 왕실이 마고할미를 그들 시조의 어머니로 끌어안은 이야기는 그분의 위력이 시들해진 뒷날의 자취에 지나지 않는다. 고조선 시절에는 이보다 훨씬 드높고 힘센 신격으로 우러름을 받았던 자취가 있다. 중국 하북성 천진의 발해만 바닷가에도 '마고성(麻姑城)'이 있는데, 한나라 무제(기원전 141년~기원전 87년까지 다스림)가 동녘을 둘러보면서 여기에 이르러 마고할미에게 제사를 올렸기 때문에 그런 이름이 붙었다고 한다《대명일통지(大明一統志)》권3, 1461). 제사를 올리던 때가 언제인지 정확히 알기는 어렵지만, 고조선 사람들이 믿고 우러르던 마고할미의 위력을 한 무제까지도 두려워했다는 사실은 짐작할 만하다.

그렇다면 '마고할미'는 누구일까? 신라 충신 박제상이 지은

〈부도지(符都誌)〉에는 '마고할미'를 "지상에서 가장 높은 마고성에서 현세 만물을 만들어 낸 창세의 어머니"라고 했다. '마고'는 선천을 남자로 삼고 후천을 여자로 삼아 배우자 없이 궁희와 소희라는 두 여인을 낳고, 또한 궁희는 선천과 후천의 정기를 받아 배우자 없이 황궁씨와 청궁씨를 낳고, 소희는 백소씨와 흑소씨를 낳았다고 했다. 그리고 이들 네 천인과 천녀가 율려로서 세상과 사람과 그것들이 살아가는 원리를 만들었다는 것이다.

갑골문의 소리에 권위자인 유창균 교수는 '하늘과 땅을 춤추고 오르내리며 이어 주는 사람'이라는 뜻으로 그린 갑골문 '巫(무)'의 소리가 '마기'인데 그것이 곧 '마고'라고 했다. 그러니까 '마고할미'는 '하늘과 땅을 춤추며 이어 주는 사람', 곧 태초의 무당이었다는 말이다.

마음

우리는 사람에서 몸을 빼고 남는 것이 마음이라고 하지만, 사람의 값어치를 매길 적에는 몸보다 마음을 훨씬 무겁게 여긴다. 그렇다면 '마음'이란 무엇인지, 국어사전들의 풀이를 살펴보자.

1) ① 생각, 의식 또는 정신. ② 감정이나 기분. ③ 의지나 결심. ④ 관심이나 의향.

2) ① 사람이 본래부터 지닌 성격이나 품성. ② 사람이 다른 사람이나 사물에 대하여 감정이나 의지, 생각 따위를 느끼거나 일으키는 작용이나 태도. ③ 사람의 생각, 감정, 기억 따위가 생기거나 자리 잡는 공간이나 위치. ④ 사람이 어떤 일에 대하여 가지는 관심. ⑤ 사람이 사물의 옳고 그름이나 좋고 나쁨을 판단하는 심리나 심성의 바탕. ⑥ 이성이나 타인에 대한 사랑이나 호의(好意)의 감정. ⑦ 사람이 어떤 일을 생각하는 힘.

3) ① 사람의 정신적이며 심리적인 움직임. 그 움직임에 따라 일어나는 속생각. ② 기분이나 심정. ③ (어질다, 착하다, 모질다, 약하다, 굳세다 등과 함께 쓰이어) '사람의 성품이나 심사'를 나타낸다. ④ (다지다,

먹다 등과 함께 쓰이어) '각오, 결의, 의향' 등을 나타낸다.

　1)은 속살이 도무지 손에 잡히지 않고 뜻이 어름어름한 한자말을 끌어다 둘씩 짝지어 늘어놓았을 뿐이다. 2)는 풀이를 해 보려고 꽤 애를 썼지만, 어름어름한 한자말에 기대어 풀이한 것이나 네 몫으로 나누어 풀이한 것이 1)과 크게 다를 바가 없다. 3)은 앞의 두 사전을 모두 끌어다 그보다 낫게 풀이하려고 애썼지만, 졸가리가 서지 않고 한자말로 알맹이를 채웠을 뿐이다.

　이처럼 한자말을 끌어다 우리 토박이말의 속살을 풀이하겠다는 생각부터 애초에 잘못이다. 우리말의 뜻을 중국 사람이나 일본 사람에게 알리려는 사전이라면 저들의 한자말을 끌어오는 것이 쓸모가 있을지 모르지만, 우리에게 우리말을 풀이하면서 남의 말을 끌어와 쓴다는 것은 말도 안 되는 짓이기 때문이다. 우리말의 뜻은 우리말로 풀이해야 속살을 제대로 드러낼 수가 있고, 그래야 우리가 그 풀이를 속속들이 알아먹을 수가 있다.

　'마음'은 몸과 달리 눈에 보이지도 않고 손에 만져지지도 않는 사람의 속살이다. 마음을 '사람의 속살'이라고 하는 말은 몸을 '사람의 껍데기'라고 하는 말과 짝을 이룬다. 우리 겨레는 사람을 '몸'과 '마음'으로 이루어진 것으로 여기기 때문이다. 사람의 속살인 마음은 세 겹으로 이루어져 있다. '느낌'과 '생각'과 '뜻'이 마음을 이루는 세 겹의 이름이다. 이들 세 낱말의 속뜻을 잘 살피면 마음의 속살을 제대로 알아볼 수 있을 것이다.

　여기서 우리가 잊지 말아야 할 일이 있다. 말할 나위도 없지만, 마음이 몸과 다른 무엇이기는 해도 몸에서 결코 떨어질 수 없다는 사실이다. 몸이 있기 때문에 마음이 있는 것이며, 몸 안에 마음이 자리 잡고 있다는 뜻이다. 그러니까 몸은 마음을 알고, 마음을 이루는 세 겹의 속살도 안다. 느낌이 일어나면 일어나는 줄을 알고, 생각이 흐려지면 흐려지는 줄을 알고, 뜻이 흔들리면 흔들리는 줄을 안다. 마음은 몸과 뚜렷이 다른 것이면서 서로 떨어질 수 없이 하나로 어우러져 있다는 말이다. 그래서 몸이 살아 있으면 마음도 살아 있고, 몸이 죽으면 마음도 그대로 죽어 버리고 마는 것이다.

'느낌'은 움직씨 '느끼다'에서 끝바꿈하여 이름씨로 넘어온 낱말이다. 마음의 다른 속살인 '생각'과 '뜻'이 본디부터 이름씨 낱말인 것과는 아주 다르다. 느낌이 생각과 뜻과는 달리 움직임을 두드러지게 드러내는 속살임을 알게 해 준다. 몸을 둘러싼 바깥 세상이 쉬지 않고 움직이며 바뀌는 것에 따라 걷잡을 수 없이 흔들리며 바뀌는 마음의 속살이 느낌인 까닭을 이런 말의 뿌리에서도 확인할 수 있다는 뜻이다.

'느낌'은 춥고 덥고, 밝고 어둡고, 시끄럽고 고요하고, 쓰고 달고, 매캐하고 향기롭고…… 이런 것들이다. 이런 느낌은 모두 몸을 둘러싸고 있는 세상, 곧 자연과 사회에 살갗, 눈, 귀, 코, 혀와 같은 몸의 한 곳이 부딪치면서 일어난다. 몸이 세상에 부딪치면 살갗, 눈, 귀, 코, 혀 들은 싫든 좋든 세상을 받아들일 수밖에 없고, 이들이 세상을 받아들이면 어쩔 수 없이 몸은 거기에 맞추어 얼마간 달라지지 않을 수 없다. 따뜻한 방 안을 나서

쌀쌀한 마당으로 내려서면 춥다는 '느낌'이 일어나기에 앞서 벌써 '몸'은 살갗에 소름이 끼치면서 부르르 떨리기까지 한다. 한여름 찬물에 보리밥을 말아서 된장에 풋고추를 찍어 먹을 때, 익은 고추를 씹으면 입에서 불이 나듯 맵다는 '느낌'이 일어나기에 앞서 '몸'은 입 안 살갗이 붉어지고 이마에 땀방울이 맺힌다. 그렇게 달라지는 몸에서 빚어지는 마음의 움직임, 이를테면 기쁨과 슬픔, 즐거움과 괴로움, 성남과 평화로움까지도 느낌으로 싸잡힌다.

'느낌'은 이처럼 몸이 아닌 마음의 속살이지만 몸과 떨어질 수 없이 가깝다. 그래서 느낌은 몸에서 마음으로 들어가는 첫 마당이며, 마음에서는 가장 들머리에 자리 잡고 있는 첫 겹이다. 그만큼 느낌은 다스려지지 않은 채로 어수선하고 어지러운 마음의 가장자리다. 우리가 몸과 마음을 쉽게 나누어 이야기하지만 느낌이 마음이면서 몸과 떨어질 수 없다는 사실을 알면 몸과 마음도 동떨어질 수 없다는 사실을 잊지 않을 수 있다.

우리말의 깊고 그윽한 속내를 잘 모르던 시절, 한자와 한문에 얼까지 빼앗긴 사람들이 더러 '생각'을 한자말이라고 했던 적이 있었다. '날 생(生)' 자와 '깨달을 각(覺)' 자로 '생각(生覺)'이라고 어림없이 적어서 착한 사람들을 속였던 셈이다. 아직도 그런 시절에 학교를 다닌 사람들은 '생각'을 한자말로 알고 있는데, 사실 '생각'은 본디부터 우리 토박이말이다.

'생각'은 알고 모르고, 같고 다르고, 맞고 틀리고, 참되고 그르고, 옳고 외고, 이런 것을 가려내는 마음의 힘이다. 생각은 몸이 세상을 받아들여 느낌을 일으켰다가 천천히 가라앉힌 다음 마음 안쪽으로 끌어와 간추리고 갈무리하면서 빚어지는 마음의 둘째 겹이다. 세상에 부딪쳐 곧장 흔들리며 일어나는 느낌과 달리, 그런 흔들림이 가라앉은 다음에 빚어지는 마음의 움직임이기에 한결 서늘하고 고요하다. 그래서 알고 모르고, 같고 다르고, 맞고 틀리고, 참되고 그르고, 옳고 외고…… 이런 것을 가려 내는 노릇을 감당해 내는 것이다.

몸이 세상에 부딪쳐 뭔가를 받아들일 적에 모든 것이 느낌을 불러일으키는 것은 아니고, 느낌을 건드리지 않고 곧장 생각의 마당으로 들어서는 세상도 적지 않다. 무엇보다도 눈으로 보고 귀로 들어서 들어오는 세상은 몸을 흔들어 느낌을 일으키지 않고 곧바로 생각의 마당으로 들어서는 쪽이 많다. 느낌을 일으키며 들어오거나 느낌을 일으키지 않고 들어오거나 들어온 것은 마음의 속살을 새로운 짜임으로 바꾸게 마련이다. 그리고 그런 바뀜에서 가장 부지런히 움직이며 자라나는 마음의 속살이 다름 아닌 생각이다.

'뜻'은 세상에서 받아들인 무엇이 '느낌'과 '생각'을 지나 좀 더 마음의 한가운데로 들어가서 자리 잡은 움직임이다. 뜻은 바깥 세상을 받아들여 느낌과 생각을 지나며 간추리고 가라앉힌 마음의 셋째 겹 속살이다. 그만큼 뜻은 마음의 한가운데 자리 잡고 있어서 껍데기인 몸과는 더욱 멀어진 알맹이며, 몸의 알맹이일 뿐만 아니라 당연히 마음의 알맹이기도 하다.

"뜻이 있으면 길이 있다."라는 말에서 알 수 있듯이 뜻은 생각을 끌고 가는 힘이기도 하다. 뜻이 생각을 끌고 가면 느낌도 끌려갈 수밖에 없는 것이고, 그렇게 뜻이 마음을 끌고 가면 마침내 몸도 끌려가지 않을 수 없다. 그래서 뜻은 사람을 온통 끌고 가는 힘이며, 마음 안에서도 사람의 값어치를 가장 크게 높이고 낮추는 것이다. 이래서 뜻은 마음의 알맹이고 따라서 사람의 알맹이인 것이다.

그러니까 마음의 뼈대와 알맹이, 곧 마음의 노른자위는 한가운데 자리 잡은 '뜻'이다. 뜻은 생각을 이끌고, 느낌을 다스리고, 몸까지 사로잡을 수 있는 마음의 힘이다. 그래서 뜻이 어떠한가에 따라서 삶은 달라지게 마련이고, 뜻이 어떠한가에 따라 삶이 달라지면 사람의 값어치가 달라지게 마련이므로, 뜻이 사람의 값어치를 매김 하는 잣대가 되는 것이다.

그러나 '뜻'이 온전하게 세워지려면 먼저 '생각'을 올바르게 다스릴 수 있어야 하고, 그보다 더 먼저 '느낌'을 제대로 가꾸어야 한다는 사실도 잊지 말아야 하겠다. 몸 바깥세상을 고스란히 받아들이며 살아 움직이는 느낌을 바탕에 깔고, 온갖 것을 가늠하고 간추리는 생각의 힘을 갖춘 위에, 굳세고 슬기로운 뜻의 힘을 세우면, 마음은 더할 나위 없이 온전할 것이다. 그래서 사람의 마음이란 느낌과 생각과 뜻이 골고루 제 몫을 다할 수 있을 적에 마침내 바람직하게 움직일 수 있는 것이다.

만나다

'만남'이라는 말은 알다시피 움직씨 '만나다'의 이름꼴로서, '만나는 것'이라는 뜻이다. 그러나 '만나는 것'이 과연 무엇인지는 '만나다'의 말밑(어원)을 밝혀 보아야 드러난다.

'만나다'의 말밑은 [맞+나다], 곧 [맞다+나다]이다. 그러므로 '맞다'의 뜻과 '나다'의 뜻을 알아야 '만나다'의 뜻을 제대로 헤아릴 수가 있다.

'맞다'는 "네 말이 맞다."에서처럼 '옳다(틀림없다)'라는 뜻으로도 쓰지만, 이것은 '만나다'를 만드는 것과 상관이 없다. "어여쁜 며느리를 맞다."에서처럼 '맞이하다'라는 뜻, "대낮에 도둑을 맞다."에서처럼 '당하다'라는 뜻, "날아오는 돌에 맞다."에서처럼 '부딪치다'라는 뜻으로 쓰이는 '맞다'가 '만나다'를 만드는 것과 상관이 있다. 이 가운데서도 '만나다'에는 '맞이하다'라는 뜻이 가장 알맹이로 쓰였다.

'나다'는 "사람이 나다."에서처럼 '태어나다'라는 뜻, "싹이 나다."에서처럼 '솟아나다'라는 뜻, "길이 나다."에서처럼 '생겨나다'라는 뜻, "불이 나다."에서처럼 '일어나다'라는 뜻, "병이 나

다.”에서처럼 ‘나타나다’라는 뜻, “신문에 나다.”에서처럼 ‘드러
나다’라는 뜻으로 두루 쓰인다. 이 여러 뜻 가운데서도 ‘만나다’
에는 ‘나타나다’가 가장 알맹이로 쓰였다.

그래서 ‘만나다’는 본디 〔맞다 + 나다〕를 말밑으로 하여 〔맞이
하다 + 나타나다〕, 곧 ‘맞이하여 나타나다’를 뜻의 알맹이로 하는
낱말이다. 그런데 ‘맞이하다’가 과녁말(목적어)을 더불어 쓰기 때
문에 ‘만나다’도 과녁말을 더불어 쓰게 마련이다. “소나기를 만
나다.” “풍년을 만나다.” “난리를 만나다.”처럼 과녁말을 더불어
쓰는 것이다. 그러나 ‘나타나다’는 과녁말을 더불어 쓰지 않기
때문에 ‘만나다’는 과녁말 없이도 쓴다. “한국 사람과 미국 사람
이 만나다.” “하늘과 땅이 만나다.” “친구와 단둘이서 만나다.”
같은 쓰임새가 그런 보기다.

그러니까 ‘만나다’는 임자말이 과녁말을 ‘맞이하여 나타나다’
하는 뜻으로도 쓰고, 임자와 과녁이 따로 없이 서로가 마주 ‘맞
이하여 나타나다’ 하는 뜻으로도 쓴다. 임자가 과녁을 겨냥하여
갈라져 있든지, 임자와 과녁이 따로 없이 서로 마주 있든지, 어
쨌든 임자와 과녁이 있어야 ‘만나다’가 움직임으로써의 뜻을 드
러내게 되는 것이다.

말씀

《표준국어대사전》은 '말씀'에다 "남의 말을 높여 이르는 말"이라는 풀이와 "자기의 말을 낮추어 이르는 말"이라는 풀이를 함께 달아 놓았다. 그러면서 뒤쪽 풀이의 보기로 "말씀을 올리다."와 "말씀을 드리다."를 들었다. 《우리말큰사전》과 《조선말대사전》도 두 가지 풀이를 함께 달아 놓았지만, 뒤쪽 풀이를 《표준국어대사전》과는 달리 "상대방을 높이어 자기의 말을 이르는 말"이라고 했다. 그러면서 이 풀이의 보기는 역시 "말씀을 올리다."와 "말씀을 드리다."를 들어 놓았다.

《표준국어대사전》에 따르면 '말씀'이란 '남의 말'일 적에는 높여 이르는 것이 되고, '자기 말'일 적에는 낮추어 이르는 것이 된다. 같은 '말씀'이라도 남이 쓰면 '높임말'이 되지만, 자기가 쓰면 '낮춤말'이 된다는 것이다. 《우리말큰사전》과 《조선말대사전》에 따르면 '말씀'이란 남의 말이거나 자기 말이거나 늘 '높임말'일 뿐이다. 다만, 남의 말일 적에는 그 '말'을 높이느라 높임말이 되는 것이고, 자기 말일 적에는 '상대쪽' 사람을 높이느라 높임말이 되는 것이다.

어느 쪽이 올바른 풀이일까? 당연히 《우리말큰사전》과 《조선말대사전》이 올바른 풀이다. '말씀'이라는 한 낱말이 높임말로 쓰이다가 낮춤말로 쓰이다가 한다고 보기는 어렵기 때문이다. '말씀'은 언제나 '말'의 높임말일 뿐이다. 다만, 남이 쓰면 바로 그의 '말'이 스스로 '말씀'으로 높여지는 것이고, 내가 쓰면 듣는 이를 높이느라고 보잘것없는 내 '말'이 '말씀'으로 높여지는 것이다. 그러니까 '말씀'은 언제나 '말'의 높임말인데, 다만 높여지는 까닭이 남이 말할 때는 그 말 때문이고, 내가 말할 때는 듣는 사람 때문이라는 것이다.

그런데 '말씀'이 본디부터 '말'의 높임말로 쓰인 것은 아니다. 《훈민정음》에 쓰인 "나랏말ᄊᆞ미 듕귁에 달아" 또는 "語는 말ᄊᆞ미라" 했을 적의 '말씀(말ᄊᆞᆷ)'은 글자 그대로 〔말+쓰다〕의 이름꼴인 〔말+쓰임(말의 쓰임)〕이라는 여느 말이었다. 그러나 그것은 15세기에 이미 〈용비어천가〉에 "말ᄊᆞᆷ말 ᄊᆞᆲ뵈리 하다"와 같이 쓰이면서, 뒤따르는 'ᄊᆞᆲ뵈리'에 영향을 받으며 높임말과 비슷한 느낌을 가지게 되었다. 그리고 세월이 흐르면서 앞뒤 문맥의 영향 없이도 '말씀'이 스스로 높임말로 자리 잡았던 것이다.

〔말+쓰다〕의 이름꼴이 낱말로 자리 잡은 것에 '말씨'도 있다. '말씨'는 겉모습만 보면 〔말+씨〕로, 두 이름씨 낱말이 붙은 것처럼 보인다. 물론 그렇게 이루어져서 '말의 씨앗'으로 풀이하는 낱말인 '말씨'도 있다. 그러나 여기서 이야기하는 '말씨'는 그것과는 전혀 다른 낱말이다. 여기서 말하는 '말씨'는 본디 〔말+쓰다〕의 이름꼴로, 〔말+쓰+이〕 곧 〔말+쓰+기〕로 쪼갤 수 있

는 낱말이다. 그러니까 이것은 '말씀'이 〔말+쓰다〕의 이름꼴로
서 〔말+쓰+임〕으로 이루어진 것과 짜임새에서 다를 바가 없
다. 그런데도 '말씨'는 '말씀'과는 아주 달리 '말이 주는 느낌의
빛깔', '말하는 버릇', '사투리가 지닌 남다른 성질'과 같은 뜻으
로 쓴다. 낱말의 짜임새와 뜻이란 이처럼 논리를 뛰어넘어 만들
어지고 또 쓰이기도 한다.

먹거리

'먹거리'라는 낱말이 한때 제법 쓰였으나 요즘은 거의 자취를 감춘 듯하다. 한때 제법 쓰인 데에도 어느 한 분의 애태움이 있었고, 자취를 감춘 말미에도 어느 한 분의 걱정이 있었음을 나는 안다. 나처럼 이런 속내를 아는 사람은, 말이라는 것이 저절로 생겨났다가 저절로 죽어 버린다는 통설을 곧이 믿기가 어려워진다. 말이라는 것이 더불어 쓰는 사람들의 소리 없는 약속으로 살아나기도 하고 죽어 버리기도 하지만, 알고 보면 반드시 맨처음에는 누군가가 씨앗을 뿌려야 하고 마침내 누군가가 싹을 자를 수도 있다는 사실을 새삼 깨닫지 않을 수 없다는 말이다.

나는 '먹거리'를 살리려 애태우던 분을 만나지는 못했으나, 그분이 '먹거리'라는 낱말을 살리려고 애를 태우던 시절의 한 고비를 잘 알고 있다. 내가 대학에 있던 1970년대 후반에 그분은 우리 대학으로 '먹거리'라는 낱말을 써도 좋으냐고 글을 보내 물어왔다. 그분이 보낸 글에는 자신이 '세계식량기구'에서 일하며, 우리말에는 영어 'food'처럼 사람이 먹을 수 있는 모든 것을 싸잡는 낱말이 없어 찾아 헤맨 사연이 붙어 있었다. 그리고 마침내 '먹거리'라는 낱말을 찾았으나, 우리말을 연구하는 이름난 두 학회에서 조어법에 맞지 않으므로 쓸 수 없다고 해서 실망에 빠져 있다는 사연도 들어 있었다.

　이름난 두 학회에서 한결같이 쓸 수 없다고 했는데도 굳이 우리에게 그런 물음을 보낸 데에는 까닭이 있었다. 바로 그해 우리 대학 학장의 졸업 식사에 '먹거리'라는 낱말이 쓰였고, 그것이 학보에 실려 있었기 때문이다. 그것을 어떻게 알았던지 그분은 학장에게 그 낱말을 쓰게 된 말미를 편지로 물었고, 학장은 식사 안을 잡은 교수에게 그분이 보낸 글들을 그대로 주면서 답변을 당부했다. 그래서 졸업 식사 안을 잡은 교수와 나는 '먹거리'라는 낱말은 당당히 쓸 수 있으며 마땅히 살려 써야 한다는 사실을 논리에 맞추어 알려 주었다. 그분은 우리의 답변을 복사하여 여러 곳에 두루 알리고 마침내 그 낱말을 쓸 수 없다던 학회에서까지 쓸 만하다는 대답을 다시 얻어서 '먹거리'의 전도사 노릇을 부지런히 했다. 그런 덕분에 '먹거리'는 제법 많은 사람들이 쓰는 낱말로 살아났던 것이다.

　그런데 우리말을 남달리 사랑하고 몸소 깨끗한 우리말로 세상을 살리려 애쓰시던 분이 '먹거리'라는 낱말은 마땅하지 않다는 뜻을 글로 써서 밝히자 사정이 달라졌다. 그분이 '먹거리'라는 낱말은 못마땅하다는 뜻을 두루 밝히니까, 우리말을 사랑하는 많은 사람들이 그분의 가르침을 따르면서 '먹거리'라는 낱말은 갑자기 자취를 감추기 시작했다. 나는 '먹거리'를 못마땅하다고 하신 분을 잘 안다. 자주 뵈었고 그분의 삶은 나에게 우러러보이는 거울이 되기도 했다. 그분은 말이란 이름 없는 백성들이 나날이 살아가면서 자연스럽게 쓰는 것을 본으로 삼아야 하고, 배웠다는 사람들이 괜히 머리를 굴려서 억지 낱말을 만들어 퍼뜨리는 것은 옳지 못하다고 했다. 이런 가르침의 속뜻은 말을 사랑하고 우리말을 살리려 애쓰는 사람이 지녀야 할 올바른 잣대가 되고도 남는다.

그러나 나는 '먹거리가 참으로 백성들이 쓰던 낱말이 아닌가?', '배웠다는 사람들이 억지로 만들어 낸 낱말임이 틀림없는가?' 하는 물음을 다시 하게 된다. 나는 어릴 적에 시골에서 자라며 '먹거리'라는 말을 더러 듣고 썼던 것으로 기억한다. 끼니를 마련하면서 '아침거리, 저녁거리, 반찬거리, 고음거리, 횟거리, 국거리' 같은 낱말을 자주 썼다. 일을 하자면 '일거리'가 있어야 하고, 명절이나 잔치에서 벌이는 놀이판에는 '놀거리'가 많아야 하고, 구경이 벌어지면 '볼거리'나 '구경거리'가 좋아야 하고, 장터에 나가서는 '장거리'를 빠뜨리지 않아야 하고, 가난한 집에서는 나날이 끼니마다 '먹거리' 걱정에서 헤어나지 못하고……. 이런 말을 자주 주고받으며 살았던 것으로 기억한다. 그런데 요즘 고향에 가면 '먹거리'라는 말을 쓰는 사람이 아무도 없고, 나이 드신 어른들에게 지난날에는 썼던가를 물어봐도 모두들 긴가민가해서 잘 모르겠다고 한다. 그래서 나도 내 기억을 장담하지 못하여 속으로는 어정쩡하다.

한편, 처음에 '먹거리'를 조어법에 맞지 않는 낱말이라고 판단했던 두 학회의 논리도 따지고 보면 백성들이 두루 쓰지 않는다는 것이나 마찬가지였다. 백성들이 두루 쓰는 말이면 학자들은 반드시 그렇게 쓰이는 논리를 찾아내고, 그런 논리를 조어법이라 부르기 때문이다. 처음에 두 학회에서 쓸 수 없다고 내세운 논리는, '먹거리'가 움직씨의 몸통인 '먹'에 '거리'라는 이름씨가 붙은 낱말인데 우리말에는 그런 조어법이 없다는 것이었다. '거리' 같은 이름씨는 〔반찬+거리〕처럼 이름씨 밑에 바로 붙거나 〔볼+거리〕처럼 움직씨의 매김꼴 밑에 붙는 것이 우리네 조어법이라는 것이다. '먹거리'를 쓰지 말라 하신 분도 굳이 쓰려면 '먹을거리'라고 해야 옳다고 하셨는데, 그것 또한 움직씨의 매김꼴 밑에 붙여야 한다는 뜻이다.

그러나 이것은 두 학회가 애초에 판단을 잘못한 것이었다. 예로부터 우리 겨레 백성들은 움직씨의 몸통에 이름씨를 붙여서 '먹거리' 같은 낱말을 두루 만들어 썼다. "썩돌에 불난다." 하는 속담이 있다. 여기서 '썩돌'은 움직씨 '썩다'의 몸통 '썩'에 '돌'이라는 이름씨가 사이좋게 붙어서 이루어진 낱말이다. 디룩디룩 잘 쪘으나 힘을 쓰지 못하는 살을 뜻하는 '썩살', 썩은 짚이나 억새풀이 쌓여 있는 더미인 '썩새' 더미, 이리저리 방향이 헷갈려서 쓸모가 없는 바람인 '썩바람', 아직 설익은 박으로 만들어 쉽게 깨지는 바가지인 '썩바가지', 이런 낱말들은 보다시피 모두 움직씨의 몸통 '썩'에 이름씨 낱말 '살', '새', '바람', '바가지' 같은 것들이 붙어서 이루어진 낱말이다.

'먹거리'와 같이 움직씨 '먹다'의 몸통에 이름씨가 붙는 낱말도 적지 않다. 먹는 데에 이골이 난 사람인 '먹보'나 '먹쇠'를 비롯하여, 먹는 것에 남달리 타고난 성미나 성질이라는 '먹성', 먹는 분량이나 정도를 뜻하는 '먹새' 같은 낱말들이 모두 그렇다. 남부 지역에서는 먹는 것이라면 무엇이나 언제나 어디서나 결코 마다하지 않는 사람을 '묵돌이(먹돌이)'라 하는데, 이도 그렇게 만들어진 낱말이다. 입으로 먹는 것과는 조금 다르지만 귀가 먹어서 듣지 못하는 사람인 '먹보'도 조어법에서는 다를 바가 없다.

갓을 치면서 높은 소나무 가지를 꺾을 적에 장대에다 매어 걸어 당기는 '꺾낫', 기둥이나 서까래처럼 도막 난 나무를 하나로 이을 적에 서로 걸어서 박는 '꺾쇠', 목수들이 쓰는 ㄱ자 모양으로 꺾어지게 만든 잣대인 '꺾자', 창날의 끝을 꺾어지게 만든 '꺾창'도 모두 움직씨 '꺾다'의 몸통에 이름씨가 붙은 낱말들이다. 하늘과 땅을 이어서 서낭님들이 오르내리는 장대인 '솟대' 같은 낱말도 보다시피 움직씨 '솟다'의 몸통에 이름씨가 붙어서 이루어졌다.

'막국수, 막사발, 막일' 같은 낱말은 어찌씨 '마구'에 이름씨가 붙었지만, '막둥이(막내)' 같은 낱말은 움직씨 '막다'의 몸통에 이름씨가 붙은 낱말이다. 마지막에 맺은 '막매듭', 마지막에 거두어들이는 농산물인 '막물', 마지막에 맞은 손님인 '막손', 마지막에 떠나는 '막차', 마지막에 먹는 '막참', 막다른 곳까지 들어간 '막창', 마지막으로 벌인 '막판', 이 모두가 움직씨 '막다'의 몸통 '막'에 이름씨를 붙여서 만든 낱말이다.

'날개', '덮개', '지개(지게)', '노래(놀애)', '마개(막애)', '얼개(얽애)', '훑태(훑애)' 같은 낱말도 움직씨 '날다, 덮다, 지다, 놀다, 막다,

얽다, 훑다'의 몸통에 이름씨 '개(애)'를 붙여서 만든 것들이다. '날치', '놀부', '놀거리', '들물', '밀낫', '밀물', '울보' 같은 낱말도 움직씨 '날다, 놀다, 들다, 밀다, 울다'의 몸통에 이름씨가 붙어서 이루어진 낱말들이다. 이것들은 마치 움직씨의 매김꼴에 이름씨가 붙은 것처럼 보이지만, 이들 움직씨는 몸통이 본디 'ㄹ'로 끝나 매김꼴과 모습이 같아서 그럴 뿐이다.

요즘에도 이런 조어법으로 생겨나는 낱말이 없지 않다. 식당의 차림표에서 흔히 볼 수 있는 '덮밥'은 '덮다'라는 움직씨의 몸통에 이름씨 '밥'이 붙은 낱말로, 쓰인 지가 꽤 오래되었다. 한때 떼를 지어서 짐승보다 못한 짓을 저지른 젊은이들이 스스로 '막가파'라 했는데, 이것도 '막가다'라는 움직씨의 몸통에 이름씨 '파'를 붙여서 만든 낱말이었다. 이렇게 우리는 움직씨의 몸통에다 이름씨를 바로 붙이는 조어법을 예나 이제나 꺼리지 않는 것이므로, 지난날 우리 고향에서 썼다는 내 기억이 틀렸다 하더라도 '먹거리'를 억지로 만든 낱말이라 하기는 어려울 것이다.

물론, 움직씨의 매김꼴에다 이름씨를 붙여서 낱말을 만드는 조어법도 우리 겨레는 꺼리지 않는다. '갈길, 날물, 썰물, 볼거리, 볼낯, 잘새' 따위가 모두 그런 낱말들이다. 보다시피 이들은 '가다, 나다, 써다, 보다, 자다' 같은 움직씨의 매김꼴에 '길, 물, 거리, 낯, 새' 같은 이름씨를 붙여서 만든 낱말들이다. 그러나 따지고 보면 이런 낱말은 참된 낱말이 아니고, 두 낱말이 모여서 이루어진 어구다. 그래서 글말에서는 '갈 길', '날 물', '썰 물', '볼 거리', '볼 낯', '잘 새'처럼, 매김을 하는 움직씨와 매김을 받는 이름씨를 띄어서 적어야 마땅하다. '먹거리'를 '먹을거리'로 쓰자고 하면 그 또한 낱말을 어구로 바꾸어 놓는 것이기에, 글로 적을 때에는 '먹을 거리'처럼 띄어 써야 옳다.

　이처럼 이름씨 낱말 위에 움직씨 매김꼴을 놓아서 어구로 쓰는 말법은 두루 널려 있는 것이다. '먹거리'를 시비하여 군이 '먹을거리'를 쓰자고 하지 않더라도 사람들이 얼마든지 절로 쓸 수 있는 것이라는 말이다. 그러니까 '먹거리'를 버리고 '먹을거리'를 쓰는 것은 우리말의 보배로운 낱말만 하나 죽이는 노릇일 뿐이다. '먹거리'가 예로부터 쓰던 낱말이 아닐지라도 우리말의 말본에 맞는다면 새로운 낱말로 받아들여 쓰는 것이 남달리 뛰어난 우리말의 생명력을 살리는 길이 된다는 말이다.

무더위

한여름 땡볕이 쨍쨍 내리쪼이는 삼복더위를 라디오와 텔레비전 방송에서는 여러 해 전부터 줄곧 "무더위가 기승을 부린다." 하는 '소리'로 온 세상 사람들에게 떠들어 댔다. 이것은 말이 안 되기 때문에 '소리'라는 비아냥거림을 들어야 마땅하다. 이럴 때에는 '한더위가 기승을 부린다.' 하거나 더욱 뜨거우면 '불볕더위가 기승을 부린다.' 해야 올바른 우리말이 된다. 때가 마침 초복·중복·말복 사이라면 '복더위가 기승을 부린다.' 또는 '삼복더위가 기승을 부린다.' 할 수도 있다.

그런데 이처럼 바짝 마른 땡볕더위를 '무더위'라고 떠드는 것은 틀림없이 '무더위'라는 낱말의 뜻을 제대로 모르기 때문일 것이다 싶어서, 가까이 만나는 몇몇 사람들에게 '무덥다'라는 낱말의 뜻을 물어보았다. 거의가 '매우 덥다', '몹시 덥다', '아주 덥다' 같은 껍데기 뜻풀이 대답뿐이었는데, '무'라는 앞가지에 무게를 두어서 '무섭게 덥다' 하는 놀라운 대답도 나왔다. 그러니까 '무더위'는 '무서운 더위'라는 것이다. 놀랍기는 놀라운 대답인데, 우리말의 신세가 이처럼 버림받았는가 싶어서 놀라웠다.

국어사전들이 뜻풀이를 잘못해서 그런가 싶어 뒤적였더니 이렇게 풀이해 놓았다.

1) 몹시 찌는 듯한 더위.
2) 물쿠면서 기온이 높은 더위.
3) 습도와 온도가 매우 높아 찌는 듯 견디기 어려운 더위.

뜻풀이를 잘못하지는 않았지만, 풀이에 쓰인 말을 요즘 사람들이 알아먹을 수가 없겠구나 싶었다. 이를테면 '찌는 듯', '물쿠면서' 같은 우리말의 뜻을 요즘 사람들이 제대로 알아듣지 못할 것 같고, '습도와 온도' 같은 일본말의 뜻도 알아듣지 못하는 사람들이 적지 않을 것 같았다. 찌는 것이 '물을 펄펄 끓여서 솟구치는 김에다 먹거리를 익히는 노릇'이고, 물쿠는 것이 '더위로 땅이 한창 달아 있는데 큰비가 오려고 짙은 구름이 땅으로 내려앉을 적에 온몸에서 땀이 끈끈하게 비집고 나오는 느낌'이고, 습도와 온도가 '축축하기와 따뜻하기'라는 뜻을 제대로 안다면 '무더위'의 뜻을 요즘처럼 이렇게 헷갈리지는 않았을 것이라는 말이다.

'무더위'는 한마디로 〔물 + 더위〕다. '물'과 '더위'가 함께 어우러졌다는 뜻으로 생긴 낱말이다. 그러니까 '무더위'는 더위 기운 때문에 땀이 나는데 물기 때문에 축축하기도 하다는 뜻을 담고 있다. 이럴 적에 더위의 힘이 낮으면 '눅눅하다'는 느낌을 일으키고, 더위의 힘이 높으면 '후텁지근하다'는 느낌을 일으킨다.

그렇기는 하지만 '무더위'는 더위의 힘이 높은 쪽에 더욱 알맞게 쓰인다. 어쨌거나 '무더위'는 더위 가운데 사람이 가장 견디기 어려워하는 더위가 아닌가 싶다.

'물'이 앞가지로 붙어서 '무'로 바뀌어 만들어진 낱말이 있다. 큰물이 지면 물이 넘쳐 흘러가도록 낮은 목을 이룬 방천인 '무너미(무넘기)', 바람이 일어 물낯바닥이 잔잔히 물결을 이루는 '무노리', 물을 가득 실어놓은 논이거나 언제나 물이 빠지지 않아서 물이 가득 차 있는 '무논', 닭처럼 생겨서 물에서 사는 뜸부기의 다른 이름인 '무달기(무닭)', 공기에 가득 차 있는 물기 때문에 해나 달 가장자리에 하얀 테를 두른 듯한 '무리(달무리, 햇무리)', 손등 같은 곳에 생기는 사마귀 가운데 단단히 여물지 않은 '무사마귀', 물렁물렁하고 부은 듯이 허옇게 찐 '무살', 물을 가득 실은 논에 쟁기질과 써레질을 하여 흙을 고르는 '무삶이', 뿌리를 뽑아서 말리거나 가공하지 않은 채 물기가 있는 인삼인 '무삼(수삼)', 늦가을 처음으로 서리가 내릴 적에 아직 물기가 온전히 얼지 않은 '무서리', 물을 좋아하여 거의 물에서 살아가는 소의 한 갈래인 '무소(코뿔소)', 광산에서 캐낸 철광을 처음으로 녹여서 단단하기가 덜한 '무쇠', 옛날 궁중에서 궁녀들의 물심부름을 맡았던 종인 '무수리', 물이 흔하다고 붙여진 마을 이름인 '무실(수곡)', 물에서 머리를 아래로 처박고 곤두박질을 하는 '무자맥질', 물을 높은 곳으로 끌어올리도록 거꾸로 도는 물레방아처럼 만든 '무자위', 물에서 살아가는 뱀의 이름인 '무자치(무자수)', 발가락 사이에서 좀처럼 살을 삭히며 물기를 내는 '무좀', 무논에서 일할 적에 입도록 만든 잠방이인 '무잠뱅이', 비 온 뒤에 하늘에 떠 있는 물기에 햇빛이 꺾이면서 일곱 가지 빛깔이 둥글게 테를 이루어 보이는 '무지개', 물 담은 통을 짊어질 수 있도록 지게처럼 만든 '무지게'.

이처럼 앞가지에 '무(물)'를 붙여 만든 낱말이 많은데, 마지막에 보인 '무지개'와 '무지게'는 맞춤법이 좀 못마땅하다. 뒤에 있는 '무지게'의 '지게'는 짐을 짊어질 수 있도록 만든 기구이므로 '지게'라야 올바르고, 앞에 있는 '무지개'의 '지개'는 사람이 드나들도록 만들어 놓은 문이기에 '지게'라야 올바르기 때문이다. '지다'와 같은 움직씨의 줄기 '지'에 붙어서 그런 움직임을 하도록 하는 것이라는 뜻의 뒷가지는 '애(개)'이기 때문에 '지개'라야 올바르다. 그러니까 물을 져다 나르도록 만든 것은 '무지게'가 아니라 '무지개'라야 올바르다.

그러나 비 온 뒤에 날이 개면서 하늘에 떠 있는 물기에 햇빛이 꺾이면서 일곱 가지 빛깔이 둥글게 하늘을 가로질러 테를 이루는 그것은 '무지개'가 아니라 '무지게'라야 올바르다. 여기서 말하는 '지게'는 사람이 드나드는 문을 뜻하는 우리말인데, 보다시피 '문'이라는 한자말에 짓밟혀 이제는 자취를 거의 감추었다. 그러니까 '무지게'는 하늘에 떠 있는 물기로 만들어 낸 하늘 지게(문)라는 뜻이었다.

반물

《우리말과 삶을 가꾸는 글쓰기》회보에 실리는 다른 글들과 마찬
가지로 신정숙 선생님이 쓴 〈적색과 아이보리〉도 아주 재미있게
읽고 여러 가지를 깨달았습니다. 빛깔을 뜻하는 우리말이 한자말
과 서양말에 밀려서 아주 자리를 내놓고 말았으니 어쩌면 좋겠느
냐 하는 걱정이었지요. 우리 겨레가 스스로 만들어 쓰는 토박이말
이 중국말에 일천오백 년, 일본말에 일백 년, 서양말에 오 년을 짓
밟혀 많이도 죽었지요. 그렇게 죽어 버린 우리말을 갈래에 따라 살
펴보면 좋은 공부가 되겠다는 생각을 했습니다. 말의 주검들을 어
루만지며 서럽고 안타까운 마음으로 우리 겨레의 삶을 뉘우칠 수
도 있겠지요.

그런데 내가 이 글을 쓰는 까닭은 신 선생님이 '반물'이라는 낱
말의 참뜻을 몰라서 애태운 것 때문입니다. 국어사전들이 '반물'을
올림말로 싣지도 않았으니 어디서 참뜻을 알아보겠습니까? 애를
태운 끝에 찾아낸 것이 반물은 '암키와색'이라는 것이었어요. 그래
서 암키와든 수키와든 빛깔이야 다를 게 없으니, "반물색이라 하기
보다 '기와색'이라고 하면 어떨까 싶다." 그랬지요? 그런데 그건 우

리네 국어사전들이 모두 엉터리라서 그렇게 되었어요. '반물'을 싣지도 않은 국어사전들이 '반'을 실어 놓고 거기에 '암키와'라는 뜻이 있다고 했어요. 그러나 암키와를 뜻하는 '반'은 우리말이 아니라 중국 글자일 뿐입니다. 국어사전들이 알밤 같은 우리 낱말 '반물'은 싣지도 않고, 아무도 쓰지 않는 중국 글자를 우리 낱말이라고 실어 놓았으니 참으로 어처구니가 없습니다. 중국 글자로 암키와는 '반'이고 수키와는 '동'이지요. 우리말 '반물'은 그것들과는 아무 상관이 없습니다.

우리말 '반'은 바다에 사는 '꼴뚜기'를 뜻합니다. 그러니까 '반물'은 '꼴뚜기의 물'이지요. 꼴뚜기란 놈이 위태롭다고 느끼면 내뿜는 검푸른 먹물 말입니다. 우리 선조들은 꼴뚜기를 잡으면 그 검푸른 물주머니를 꺼내어서 옷감에다 물을 들였던가 봐요. 북녘에서 펴낸 《조선어대사전》을 찾아보았더니 거기에는 '반'에 '꼴뚜기'라는 뜻이 있다고 밝혀 놓았어요. 그만큼은 우리 남녘보다 정성을 들여서 국어사전을 만들었구나 싶었습니다.

그리고 신 선생님은 '반물'이란 말을 "순우리말이긴 하지만 지금까지 들어 보지 못했다."라고 했어요. 그런데 나는 그게 아닐 것 같아요. 신 선생님이 나와 같은 진주 사람인데 어찌 그럴까 싶거든요. 내 기억도 믿을 수는 없지만, 좌우간 나는 언제까지인지는 몰라도 어린 시절 고향에서 "노랑 저고리, 반물치마"라는 말을 자주들었던 듯해요. 반물 들인 감은 아마 거의 치맛감으로 썼던 것인지 모르겠어요. 달리는 나도 '반물'이란 말을 잘 들어 보지 못한 듯하거든요. 아무튼 우리말을 아끼고 사랑하는 신 선생님이 '반물'을 잘못 알아서는 안 되겠다 싶어 이렇게 주제넘은 글을 썼는데, 내 마음을 헤아려 주고 서운해 하지는 않을 것이라고 믿어요.

그리고 이건 군말입니다만, '색'이라는 한자도 잠시 생각해 보고 싶습니다. '청색, 자색, 백색, 흑색, 황색'을 '오색'이라 하고, '오색 찬란하다'는 말도 널리 쓰지요. 또 이것들은 '동, 남, 서, 북, 중앙'으로 '오방색'이라 해서 백성들의 삶에도 깊이 뿌리내려 있습니다. 그만큼 '색'이라는 글자를 오래 써서 '남색, 회색, 홍색······' 이렇게 써도 별로 부담이 없지요. 그런데 나는 신 선생님이 '반물색'이라 쓴 것을 보고는 조금 멈칫했습니다. 왜 그럴까 하고 잠시 생각했지요. '물'이라는 말에는 본디 '색'이라는 뜻이 함께 담겨 있기 때문인 줄을 알았습니다. 그러니까 '반물'은 곧 '꼴뚜기(가 내뿜는 물의) 색'이라는 뜻인데, 거기다가 또 '색'을 포개니까 멈칫하게 되었다는 말이지요. 우리는 요즘에도 "물을 들인다." 하고, '물감'이라는 낱말도 씁니다. 봉숭아 꽃잎을 찧어서 손톱에 빨강 물을 들이고, 미술 시간에 물감 준비를 못 하면 낭패를 보지요. 이런 말에서 보면 '물'이 곧 '색'입니다. 그러니까 '반물', '노랑물', '빨강물'이라고 하면 그것이 바로 그런 색을 나타내는 말이었습니다.

내친 김에, 앞에서 '빛깔'이란 말도 썼으니 '빛'도 그냥 지나칠 수 없네요. '풀빛', '잿빛', '보라빛', '살구빛'······ 이렇게 '빛'을 쓰잖아요? 그러면 '반물', '감물', '검정물', '파랑물'······ 이렇게 쓰는 '물'과는 어떻게 다를까요? '빛'과 '물', 무엇이 '빛'이며 무엇이 '물'인가를 살피면, 우리 겨레가 빛깔을 어떻게 느끼고 받아들인 것인지 알 수 있을 듯합니다. 그저 빛깔만이 아니라 눈앞에 벌어진 자연과 세계를 어떻게 보고 느끼고 알았는가를 짐작할 수 있다는 말이지요.

이처럼 말 속에 담겨 있는 정신의 움직임을 밝혀내는 일에서 이른바 철학이 비롯하는 것인데, 우리는 여태 우리말을 이렇게 살펴보지 못했으니 아직 우리에게는 철학이 없는 셈이지요. 그러니 '빛'과 '물'이 어떻게 다른 것인지 따져보는 것도 우리 철학을 일으키는 첫걸음으로 값진 일이 되겠어요. 하지만 오늘은 숙제 삼아 슬그머니 밀어 두기로 합시다. 함께 좀 생각해 볼 수 있도록 말이지요.

이 글이 잡지에 실려 나간 다음에 국립국어연구원(국립국어원)에서 《표준국어대사전》을 펴냈는데, 거기에는 '반물'이 올림말로 실렸다. 그러나 뜻풀이는 또한 웃지 않을 수 없게 해 놓았다. "① 반물색. ② 반물빛" 이렇게만 풀이해 놓은 것이다. 명색이 국어사전이라면서 이런 풀이를 해 놓았으니 어떻게 웃음을 참을 수 있겠는가!

배달겨레

《표준국어대사전》은 '겨레'를 "같은 핏줄을 이어받은 민족"이라고 풀이해 놓았다. '같은 핏줄을 이어받은'을 '민족' 앞에 끌어다놓은 것은 참으로 헛된 짓이다. 같은 핏줄을 이어받지 않은 것이라면 애초에 '민족'이라 할 수가 없기 때문이다. 그러고 보면 《표준국어대사전》은 알밤 같은 토박이말 '겨레'를 개똥 같은 한자말 '민족'으로 바꾸어 놓았을 뿐이다.

또 '민족'을 찾아보면 "일정한 지역에서 오랜 세월 동안 공동생활을 하면서 언어와 문화상의 공통성에 기초하여 역사적으로 형성된 사회 집단"이라고 해 놓았다. 온통 한자말투성이어서 여느 사람은 무슨 소린지 모르겠다. 이것을 그대로 토박이말로 뒤쳐 보면, '한곳에 오래도록 함께 살면서 같은 말과 삶으로 이루어진 동아리'가 된다. 얼마나 쉽고 또렷한가!

국어사전이 '겨레'를 '민족'이라 하니까 사람들이 우리말 '겨레'는 버리고 남의 말 '민족'만 쓰면서, 남녘 한국에서는 '한민족'이라 하고 북녘 조선에서는 '조선민족'이라 한다. 같은 겨레이면서 저마다 다른 반쪽을 도려내 버리고 남은 반쪽인 저만을 끌어안는 이름을 만들어 부르며 살아가는 것이다. 그러면서도 남이나 북이나 틈만 나면 "통일, 통일" 하는 소리를 반세기 넘도록 줄기차게 되풀이하고 있다. 지금은 비록 두 쪽이 갈라져 살지만, '같은 핏줄을 이어받아 한곳에 오래도록 함께 살면서 같은 말과 삶으로 하나의 동아리'를 이루었기에 다시 하나로 어우러져 살기를 참으로 바란다면, 먼저 '민족'이라는 말부터 버리고 '겨레'라는 우리말을 되살려 써야 하지 않겠는가.

'배달겨레'라는 말이 요즘은 거의 꼬리를 감춘 듯하지만, 일제 강점기만 해도 자주 쓰던 낱말이다. 그러나 광복 뒤로 남북이 갈라진 다음, 친일 세력이 남쪽 한국을 다스리면서 제 나라만 챙기고(국수주의) 제 겨레만 내세우는(민족주의) 낱말이라고 몰아붙여서 너도나도 쓰기를 꺼리게 되었다. 그러나 이제 온 세상 모든 사람과 더불어 어우러져 살아갈 수밖에 없는 세상이 왔으니 이런 낱말도 새삼 쓸모가 생겨난 듯하다. 온 세상 사람들과 손잡고 더불어 살아가자면 먼저 갈라진 제 겨레부터 하나로 싸안는 것이 차례일 터이기 때문이다. 그런 뜻으로 나는 남북을 싸안는 우리 겨레의 이름으로 '배달겨레'보다 좋은 것은 없고, 조상이 물려준 말을 함부로 버리기도 싫어서 철난 뒤로 거리낌 없이 이 낱말을 즐겨 쓰며 살았다.

'배달'은 본디 '박달(붉달)'이고, 뜻은 '밝은 땅'이다. 환웅이 하늘에서 내려와 나라를 일으킨 '태백산', 곧 '한붉달'에서 말미암은 말이다. 태백산을 18세기부터 학자들은 '백두산 또는 장백산'이라 했는데, 요즘에는 요하 상류의 '홍산'이나 중앙아시아의

240

'천산'이 모두 태백산과 같은 이름이라고 보기도 한다. '태백산, 장백산, 백두산'은 모두 '백산(白山)'을 강조한 이름인데, 한자말 '백산'의 본디 우리말이 다름 아닌 '붉달'이다. '천산'도 곧 '백산'의 다른 이름이며, '홍산'도 '붉은 산'이기에 우리말로 '붉달'이기는 마찬가지다. 환웅이 하늘에서 내려와 고조선을 일으킨 곳을 일찍이 백두산으로 보았지만, 요하 상류의 홍산일 수도 있고 중앙아시아의 천산일 수도 있다는 뜻이다.

그뿐 아니라 환웅이 하늘에서 타고 내려온 나무인 '신단수(神檀樹)'의 '단(檀)'과, 환웅을 이어받아 왕검조선을 세운 '단군(檀君)'의 '단(檀)'이 또한 우리말 '붉달'을 한자로 적은 것이다. 오늘날 옥편에서도 '檀(단)'의 새김을 '박달나무'라 한다. 그러니까 '배달'은 환웅이 처음 하늘에서 내려와 우리 겨레가 신시조선이라는 동아리를 이루어 살기 비롯한 땅의 이름이며, 신시조선을 이어받아 왕검조선이라는 동아리를 이루어 다스린 단군왕검의 이름이기도 하다. 그러니까 '배달겨레'는 신시조선과 왕검조선의 땅에서 환웅에게 핏줄을 받아 함께 어우러져 오늘까지 살아오는 자랑스러운 우리 겨레를 뜻하는 이름이다.

보다

사람을 몸으로만 보면 누리 안에 잠시 머무는 한낱 먼지에 지나지 않는다고 해야 옳다. 그러나 사람은 온 누리를 모두 받아들여 갈무리하고도 남을 만한 크고 넓고 깊고 높은 마음을 지니고 있다. 그래서 사람은 태어나는 그날부터 몸으로 온 누리를 받아들여 마음에 갈무리하면서 끝없이 자란다. 그러고는 스스로 '작은 누리(소우주)'라 뽐내기를 서슴지 않는다.

사람이 누리를 받아들이는 몸의 창문을 다섯 가지로 꼽는다. 얼굴에 자리 잡은 네 구멍, 곧 눈과 귀와 코와 입에다 온몸을 덮고 있는 살갗 하나를 더해서 다섯이다. 이들 다섯 가지 창문이 누리를 받아들일 적이면 눈은 '보다', 귀는 '듣다', 코는 '맡다', 입은 '맛보다', 살갗은 '느끼다' 같은 노릇을 한다. 이 가운데서도 '보다'는 가장 많은 것을 받아들이는 창문이라는 사실을 세상 학자들이 두루 밝혀 놓았다. 게다가 "백 번 듣는 것이 한 번 보는 것만 못하다." 하는 속담은 '보다'가 가장 또렷하고 알뜰하게 받아들인다는 사실을 말해 준다.

《표준국어대사전》을 보면 움직씨 '보다'의 뜻풀이를 스물여덟

가지나 내놓았다. 게다가 '보다'가 다른 움직씨를 돕는 도움움직씨로 쓰이는 뜻풀이로 네 가지, 다른 그림씨를 돕는 도움그림씨로 쓰이는 뜻풀이로 네 가지도 내놓고 있다. 모두 보태면 '보다'는 서른여섯 가지 뜻으로 쓰인다는 말이다. 그런데 며칠 전에 어떤 분이 무슨 이야기를 하다가 "영어에는 '보다'라는 낱말이 'see, look, watch, gaze, glance, stare' 같이 여러 가진데 우리말에는 그런 낱말들이 없다."라고 하면서 안타깝다고 했다. 서른여섯 가지나 되는 뜻을 '보다'라는 낱말 하나에다 겹겹이 쌓아서 담아 놓았으니 누가 헷갈리지 않고 쓰겠느냐, 어째서 여러 낱말을 만들어 뜻을 서로 나누어 가볍고 또렷하게 쓰도록 하지 않았느냐, 하는 뜻으로 나는 들었다. 우리말을 사랑하는 마음에서 나온 말로 받아들일 만하다는 뜻이다.

그러나 그런 걱정의 과녁은 우리말이 아니라 우리 국어사전이며 우리 국어 교육이어야 올바르다. 국어사전이 그처럼 뜻풀이를 마구잡이로 너절하게 쌓아 놓고 사람들이 헷갈리도록 만들고, 국어 교육이 낱말의 뜻풀이를 제대로 가려서 가르치지 않으니까 사람들이 헷갈릴 수밖에 없는 것이다. 알고 보면 우리 토박이말 '보다'는 영어보다 훨씬 더 많은 여러 가지 뜻을 서로 나누어 드러내는 낱말들을 거느리고 있다.

우선 보는 자리를 안과 밖으로 나누면 '내다보다', '들여다보다', '넘어다보다', '넘겨다보다'를 쓴다. 안에서 바깥으로 보면 내다보는 것이고, 바깥에서 안으로 보면 들여다보는 것이다. 이때 집이나 방처럼 둘러싸인 빈자리를 안이라 하고 그런 안을 둘러싸고 열려 있는 빈자리를 밖이라 하지만, 어둡고 밝은 자리로 나누어지는 곳에서는 어두운 쪽을 안이라 하고 밝은 쪽을 밖이라 한다. 그런데 안과 밖으로 갈라놓는 울이나 담이 하늘 쪽으로 열려 있으면, 안에서나 밖에서나 담이나 울 위로 눈을 올려서 내다보거나 들여다보거나 하는데 이는 넘어다보는 것이다. 게다가 마음에 무슨 욕심을 감추거나 어떤 짐작을 하면서 넘어다보면 그것은 넘겨다보는 것이 된다.

보는 자리를 안팎이 아니라 높낮이로 나누면 '바라보다', '굽어보다', '쳐다보다', '도두보다', '우러러보다', '낮추보다', '깔보다' 같은 일곱 가지를 쓴다. 보는 눈이 보이는 무엇과 높낮이 없이 평평한 자리에서 보는 것은 '바라보다', 보는 눈이 보이는 무엇보다 더 높은 자리에서 아래로 내려다보는 것은 '굽어보다', 보는 눈이 보이는 무엇보다 더 낮은 자리에서 위로 올려다보는 것은 '쳐다보다'라고 한다. 이때 높낮이는 실제로 보는 사람이 몸으로 보는 눈의 높낮이를 뜻하지만, 실제로 보는 사람 눈의 높낮이와는 상관없이 마음으로 보는 눈의 높낮이에 따라 쓰는 낱말도 있다. 마음의 눈을 낮추고 보이는 무엇을 높여서 보면 '도두보다', 마음의 눈을 아주 낮추고 보이는 무엇을 매우 높여서 보면 '우러러보다'가 된다. 거꾸로 마음의 눈을 높여 보이는 무엇을 업신여겨서 보면 '낮추보다'가 되고, 마음의 눈을 한껏 높여 보이는 무엇을 아주 낮추어서 보면 '깔보다'가 된다.

보는 눈이나 마음의 높낮이가 아니라 보는 이의 마음가짐에 따라서 '돌보다', '엿보다', '노려보다', '쏘아보다', '흘겨보다', '째려보다' 같은 낱말들도 있다. '돌보다'는 도와주려는 따뜻한 마음가짐으로 언저리를 떠나지 않은 채 맴돌며 눈을 떼지 않고 보살피는 것, '엿보다'는 저쪽 사정을 훔치려는 마음가짐으로 제 모습을 감추고는 뭔가를 벼르며 살피는 것, '노려보다'는 틈만 나면 달려들겠다는 마음가짐으로 과녁을 겨누듯이 매섭게 바라보는 것, '쏘아보다'는 틈만 나면 쏘아 맞히겠다는 마음가짐으로 과녁을 노리듯이 눈을 곤두세워 바라보는 것, '흘겨보다'는 몹시 못마땅하다는 마음가짐으로 눈알을 옆으로 굴리어 노려보는 것, '째려보다'는 몹시 못마땅하여 참을 수 없다는 마음가짐으로 눈알을 옆으로 굴리어 쏘아보는 것이다.

이제까지 살핀 열일곱 가지 '보다'가 주로 겉모습을 겨냥하는 것이라면, 겉모습 속에 감추어진 속살까지 겨냥하는 '보다'도 여러 가지가 있다. 우선 속살까지 겨냥은 하되 겉모습조차 별로 보고자 하는 뜻이 없으면 '거들떠보다', 속살까지 겨냥은 하되 겨를이 없어서 뼈대만 추려서 보면 '훑어보다', 보이는 겉모습만 눈에 들어오는 대로 놓치지 않고 꼼꼼히 보면 '(눈)여겨보다', 보이는 겉모습에만 눈을 못 박았으나 이리저리 옮기고 뒤집으면서 샅샅이 보면 '살펴보다'를 쓴다. 이들 네 가지는 아직 속살을 보는 데까지 다다르지는 못했다. 그러나 눈에 보이는 무엇을 그대로 두지 않고 이모저모 헤쳐서 보는 '뜯어보다', 요모조모 뜯어서 보는 데서 한 걸음 더 들어가 눈으로 본 바를 마음으로 맞추어 보는 '따져보다', 따져보는 것보다 한 걸음 더 깊이 들어가 마음으로 셈하여 보는 '헤아려보다'로 들어가면 겉모습을 지나 속살까지 보는 것이다. 그러니까 따져보는 것과 헤아려보는 것은 모두 눈과 마음이 겉모습과 속살을 아울러 보는 것이지만, 거기서도 따져보는 것은 눈으로 보는 겉모습에 좀 더 쏠리고, 헤아려보는 것은 마음으로 보는 속살에 좀 더 쏠리는 것이다.

눈으로 보는 겉모습과 마음으로 보는 속살의 나뉨을 뛰어넘으면, 마침내 보아야 하는 그것을 겉모습에서 속살과 속내까지 온전히 하나로 보아 내는 '알아보다'에 이른다. 그리고 '알아보다'의 깊이와 넓이와 높이를 키워 나가면 그 걸음에 따라 속살이 환히 보이는 '뚫어보다'에 닿았다가, 드디어 속살의 구석구석까지 보이는 '꿰뚫어보다'에 다다른다. 여기에 이르면 더 보아야 할 아무것도 남기지 않고 온전히 보았다고 할 수 있다.

이렇게 움직씨 '보다'와 비슷하면서도 저마다 다른 뜻을 지니고 자주 쓰이는 낱말을 살펴보았다. 우선 겉모습을 보는 것에서, 보는 자리의 안과 밖에 따라 네 가지 낱말, 보는 자리의 높낮이에 따라 일곱 가지 낱말, 보는 이의 마음가짐에 따라 여섯 가지 낱말, 이렇게 열일곱 가지 낱말이 있다는 사실을 알았다. 그리고 속살까지 겨냥하는 것에서, 아직 속살까지 다다르지는 못한 네 가지 낱말, 속살까지 닿아서 깊이 보는 세 가지 낱말, 겉모습과 속살까지 온전히 보는 세 가지 낱말, 이렇게 열 가지 낱말이 있다는 사실을 알았다. 그러니까 겉모습을 보는 것과 속살까지 보는 것을 모두 보태면 스물일곱 가지 낱말이 '보다'와 비슷하면서도 저마다 다른 뜻을 지니고 자주 쓰이고 있는 셈이다. 영어 낱말 예닐곱 가지를 어찌 우리말에다 견주겠는가?

본풀이

'본풀이'는 무교의 제의인 '굿'에서 쓰는 낱말이다. 굿은 여러 '거리'로 이루어지는데, 거리마다 한 서낭님을 모시고 굿을 논다. 이를테면 '가망거리'에서는 가망서낭님을, '제석거리'에서는 제석서낭님을, '장군거리'에서는 장군서낭님을 모시고 논다. 굿거리의 짜임새는 대체로 맨 먼저 서낭님을 불러 모시고, 다음에 서낭님을 우러러 찬미하여 즐겁게 해 드리고, 이어서 굿을 벌인 단골의 청원을 서낭님께 올리고, 다음에는 단골의 청원에 서낭님이 내려 주시는 공수(가르침)를 받고, 마지막으로 서낭님을 보내 드리는 차례로 이루어진다.

'본풀이'는 이런 굿거리의 차례에서, 서낭님을 불러 모시는 맨 처음 대목에 무당이 부르는 노래이면서 이야기다. 노래에 담긴 이야기는 불러 모시고자 하는 서낭님이 어떻게 해서 서낭님의 몫을 하느님에게서 받았는지 그 처음과 끝을 알려 주는 것으로, 서낭님으로 몫을 받기까지 사람으로 태어나 살면서 겪어야 했던 온갖 서러움과 어려움을 빼어난 슬기와 놀라운 힘으로 이겨 낸 이야기다. 한마디로 '서낭 이야기'라 하겠는데, 한자말로 '신화'라고 하는 바로 그것이다. 이런 '본풀이'는 굿에서 단골과 청중에게, 이번 거리에 모시는 서낭님이 얼마나 놀라운 힘을 지닌 분인가를 알려서 그분에 대한 믿음을 드높이는 효과를 얻어 내는 것이기도 하다.

'본풀이'라는 낱말은 〔본+풀이〕로, 서낭님의 '본살'을 '풀어내는 노릇'이라는 뜻이다. 우리말에는 '본풀이'처럼 이름씨에 움직씨 '풀다'의 이름꼴 '풀이'를 붙여서 만들어 쓰는 낱말이 적지 않다. 이를테면 가장 널리 쓰이는 '뜻풀이'를 비롯하여 '돐풀이, 뒤풀이, 몸살풀이, 분풀이, 살풀이, 속풀이, 신풀이, 신명풀이' 같은 낱말이 모두 그런 것들이다.

'돐풀이'는 시집간 딸이 한 해 만에 친정으로 다니러 가는 것을 뜻하는데, 북녘에서 널리 쓰는 낱말이다. '뒤풀이'는 크고 값진 잔치를 끝내고 잔치가 훌륭하게 이루어지도록 처음부터 끝까지 함께 힘쓴 사람들끼리 남아서 마무리를 하며 벌이는 조그만 놀이판을 뜻한다. '몸살풀이'는 몸살이 풀어져서 낫도록 가만히 쉬는 것을 뜻한다. '분풀이'는 마음에 치밀어 오르는 불길(분기)을 풀어 버리려고 하는 여러 가지 행동을 뜻한다. '살풀이'는 사람을 해치거나 물건을 깨치는 독하고 모진 기운을 이르는 '살'을 풀어내는 노릇을 뜻한다. 그래서 '살풀이'는 살을 풀어내는 무당굿을 뜻하기도 하고, 이런 살풀이굿에서 쓰는 8분의 12박으로 이루어진 장단을 뜻하기도 하고, 이런 살풀이장단에 맞추어 추는 춤을 뜻하기도 한다. '속풀이'는 애초에 마음에서 치밀어 오르는 응어리를 풀어내는 노릇을 뜻하는 낱말로, '분풀이'의 본딧말이었다. 그러나 '분풀이'라는 낱말이 나타나서 그런 뜻을 담아내자 '속풀이'는 전날 마신 술로 거북해진 배 속을 가라앉히려는 노릇을 뜻하는 쪽으로 밀려났다. 흔히 가벼운 술 한 잔과 시원하게 끓인 국을 마셔서 배 속을 가라앉히는 노릇을 뜻한다. '신풀이'는 신이 들려서 병을 앓고 있는 사람을 위하여 굿을 벌여 신령님을 풀어내는 노릇을 뜻한다. 참된 서낭님이 들었으면 신풀이를 벌여서 무당으로 거듭나게 되고, 잡귀나 잡신이 들었으면 신풀이를 벌여서 몰아내어 건강을 되찾게 된다. '신명풀이'는 흥겨운 신이나 멋을 여러 가지 놀이로 마음껏 풀어내는 노릇을 뜻한다.

사람

요즘 돌아가는 세상을 보면 '사람'이란 참으로 무엇인가 싶다. 어버이를 죽이는 자식이 있는가 하면 자식을 죽이는 어버이도 있고, 돈 몇 푼 때문에 다른 사람을 서슴없이 죽이고, 스스로 목숨을 끊었다는 소식이 신문에 자주 오르내린다. 이 좁은 땅에서 피를 섞으며 살아온 우리가 이런 지경까지 이르렀으니, 앞으로 세상 사람들과 더불어 값지고 복되게 살아갈 수 있을지 걱정이다. 우선 국어사전들에서는 '사람'을 뭐라고 풀이하고 있는지 알아보자.

1) 생각과 말을 하고 기구를 만들어 쓰며 사회를 이루어 사는 동물.
2) 자연과 사회의 주인으로서 자주성과 창조성, 의식성을 가지고 있으며 세상에서 가장 발전되고 힘 있는 사회적 존재.
3) 생각을 하고 언어를 사용하며, 도구를 만들어 쓰고 사회를 이루어 사는 동물.

남녘의 국어사전인 1)《우리말큰사전》과 3)《표준국어대사전》

에서는 사람을 '동물' 곧 '짐승'이라고 풀이해 두었다. 북녘의 국어사전인 2)《조선어대사전》에서는 '자주성, 창조성, 의식성, 사회적' 같은 얼떨떨한 낱말을 많이 썼지만, 사람을 동물이라 하지는 않고 '자연과 사회의 주인으로 가장 힘 있는 존재'라 했다. 사람을 동물 아닌 것으로 풀이하느라 애쓴 마음은 헤아릴 수 있으나, '자연과 사회의 주인'이란 말은 지나치다. 우리 겨레는 예로부터 자연을 고마운 벗으로 여겨 함께 더불어 살아가고자 했을뿐 아니라, 사람이 주인으로 자연을 마음대로 부리려 들면 자칫누리를 망가뜨릴 수도 있기 때문이다.

어떤 분은 '사람'을 '삶'이라 풀이했다. '사람'이란 말에 들어있는 음운을 간추리면 곧 '삶'이 된다고 본 것인데, 과연 '사람'에 들어 있는 음운에서 거듭 쓰인 'ㅏ' 하나를 버리고 나면 '삶'만 남는다. 그분은 또 사람의 값어치는 어떤 삶을 사느냐에 따라 매겨지는 것이라고 했다. 참으로 옳은 말이다. 사실 '사람'이라는 낱말은 본디 '살다'라는 움직씨에 '옴(ㅁ)'이라는 이름씨 씨끝이 붙어서 이루어진 이름씨 낱말이다. 뜻으로는 '사는 것' 또는 '살아 있는 것' 곧 '삶'이다. 일찍이 국어학자들이 이렇게 밝혀 놓아서 우리 모두 그렇게 알고 있다.

그러나 나는 '사람'이라는 낱말을 '삶'으로 간추리는 것에만 머무르고 싶지 않다. 말이란 본디 소리든 뜻이든 세상이 달라지면 거기 따라 바뀌게 마련이다. 그래서 요즘 우리에게 '사람'이란 '살다'와 '알다'라는 두 낱말이 함께 어우러져 이루어진 것으로 보고 싶다. 군이 맞춤법으로 하자면 '살다'의 줄기 '살'에다가

'알다'의 줄기 '알'을 이름꼴 '앎'으로 바꾸어서 붙인 것으로 보고 싶다. 그러니까 맞춤법으로 보면 [살 + 앎]이라 하겠으나, 뜻으로 보면 [삶 + 앎]으로 알아야 하겠다. 그러니까 '삶을 아는 것'이 곧 사람이고, '삶을 아는 목숨'이 사람이라는 뜻이다. 왜 사는지를 알고, 어떻게 살아야 하는지를 알고, 어떤 삶이 보람차고 헛된지를 알고, 무엇이 값진 삶이며 무엇이 싸구려 삶인지를 알고서 살아가는 목숨을 '사람'이라 부르는 것이다.

그러나 사실 사람은 '몸'으로만 보면 동물 곧 짐승과 다를 바가 없다. 숨을 쉬고, 자고 깨고, 먹고 누고, 짝을 짓고 새끼를 치고, 이렇게 태어나서 자라고 늙어서 죽는 몸이나, 위로부터 머리, 몸통, 팔다리로 나누어지고 겉으로부터 살갗과 살과 뼈로 이루어진 몸으로 볼 때 사람은 짐승과 조금도 다를 바가 없기 때문이다. 그러나 몸은 사람의 껍데기에 지나지 않는다. 사람을 사람답게 하는 알맹이는 몸속에 들어 있는 '마음'과 '얼'이다. 마음과 얼이 무엇이며 어떠한지를 제대로 알아야 비로소 사람을 올바로 알 수 있다는 뜻이다.

쌀

땅 위에 몸 붙여 사는 사람 가운데 열에 여섯은 '쌀'을 으뜸 먹거리로 삼아서 살아간다고 한다. 말할 나위도 없지만 우리 겨레도 쌀을 으뜸 먹거리로 삼아서 살아왔다.

그래서 우리 토박이말에는 '벼'와 '쌀'에 따른 낱말이 놀랍도록 푸짐하다. 우선 내년 농사에 씨앗으로 쓰려고 챙겨 두는 '씻나락'에서 시작해 보자. 나락을 털어서 가장 알찬 것들만 골라 무슨 일이 있어도 이듬해 봄까지 건드리지 않도록 깊숙이 감추어 두는 것이 '씻나락'이다. 그러나 귀신까지 속일 수는 없는 노릇이고, 배고픈 귀신이 씻나락을 찾아 까먹으면서 미안하다고 혼자 군소리라도 하는 것일까? 알아들을 수도 없고 쓸데도 없는 소리를 이른바 "귀신 씻나락 까먹는 소리"라 한다.

봄이 오고 사월이 되면 무논에 모판을 마련하는 한편으로 씻나락을 꺼내서 물 채운 항아리에 담근다. 물에 담가 싹이 잘 나도록 돕는 것인데, 물에 들어가는 그때부터 씻나락은 '볍씨'로 이름이 바뀐다. 날씨에 따라 다르지만 하루 이틀 지나면 볍씨는 씨눈 쪽에 껍질을 뚫고 움이 트고 싹이 나서 모판에 내다 뿌려야 한다. 모판에 떨어진 볍씨는 곧장 위로 싹을 밀어올리고 아래로 뿌리를 내리며 자리를 잡는데, 이때부터 볍씨는 다시 이름을 '모'로 바꾸어 부른다.

모가 모판에서 한 뼘 남짓 자라면 철에 맞추어 모내기를 한다. 모내기는 아침 일찍 모판에서 모를 쪄서 잘 다듬어 둔 무논에다 옮겨 서너 낱씩 포기를 잡아 못줄에 맞추어 심는다. 이렇게 모심기를 끝내면 그때부터 모는 다시 이름을 '벼'로 바꾸어 부른다. 벼는 농사꾼의 갖은 정성을 다 받으며 자라나 마침내 새끼를 배고 몸 안에 밴 새끼가 자라면 위로 솟아올라 꽃을 피우고 열매를 맺는데, 그 열매가 바로 '나락'이다. 그러나 열매만을 따로 떼어서 나락이라고 하지만, 우선 나락을 밴 그날부터 벼를 모두 싸잡아 나락이라 부른다. 그래서 '벼농사'라는 말이 곧장 '나락농사'라는 말로 이어지고, 그것을 옴니암니 가리지는 않고 넘나들며 쓰는 것이다.

철이 들어 나락이 익고 고개를 숙이면 때에 맞추어 낫으로 벼베기를 한다. 벤 벼는 가지런히 널어 말린 다음 볏단으로 묶어서 타작을 하지만, 비가 자주 오는 곳에서는 베면서 곧장 볏단으로 묶어 세워서 말린 다음 타작을 한다. 벼가 타작마당에서 나락을 떨어내면 저는 곧장 이름을 '짚'으로 바꾸어야 한다. 짚과 갈라지면 나락은 가마니나 섬에 담아서 가장 소중하게 간수하지만, 찧으려면 언제나 멍석이나 덕석에 널어서 말려야 한다. 말리려고 널어놓았을 동안에도 나락은 이름을 바꾸어 '우케'라 한다. 아침까지 가마니에 담겨 있던 나락이 낮에는 멍석에 널려서 우케가 되었다가 저녁이면 다시 가마니에 담겨서 나락이 되는 것이다.

마른 나락을 방아나 절구에다 찧으면 껍질은 벗겨져 '겨'가 되고, 알맹이는 '쌀'이 된다. 방아를 아무리 알뜰하게 찧어도 게으른 나락은 끝내 껍질을 벗지 못하고 쌀에 섞여 있는데, 이런 놈은 틀림없는 나락이지만 '뉘'라고 부른다. 겨도 쌀눈과 함께 잘게 가루가 된 것은 '등겨'라 하고, 굵은 껍질이 남은 것은 '왕겨'라 한다. 등겨는 주로 소나 돼지 같은 짐승의 먹이가 된다. 그렇지만 가난에 쪼들리는 사람들은 등겨를 더욱 잘게 빻아서 겨떡('겨'가 낯설어지면서 겨떡을 '개떡'이라 하는 사람들이 생겼다.)을 만들어 먹으며 주린 배를 채우기도 했다. 왕겨는 소와 돼지의 우리에 넣어서 밟히면 좋은 거름이 되기도 하고, 불을 피우면 불땀이 좋은 땔감이 되기도 해서 알뜰하게 모든 것을 사람에게 내준다.

쌀을 씻어 솥에 넣고 물을 알맞게 부어 불을 때서 끓이면 '밥'이 된다. 다 같은 밥이라도 사람이 먹으려고 한 것은 '밥'이지만, 서낭에게 바치려고 지은 것은 '메'다. 요즘 메를 더러 '메밥'이라 부르는 사람들이 있지만, 이것은 '메'라는 낱말에 불안을 느껴 '밥'을 덧붙인 것이다. 세상살이가 많이 달라져 조상 서낭이나 하늘 서낭에게 메를 지어 올리는 일이 사라지는 풍속에서 절로 빚어진 모습이다. 그리고 누룩과 함께 술을 담그려고 쌀에다 물을 조금 적게 부어서 고둘고둘하게 찌면 '고두밥'이 되고, 물을 많이 부어서 휘저으며 끓이면 흥건한 '흰죽'이 되고, 물을 더욱 많이 부어 쌀 낱이 흐물거리도록 고면 '미음'이 된다.

서낭

'서낭'은 사람에게로 와서 사람과 더불어 지내면서 사람이 도움을 청하면 슬프고 괴로운 삶을 어루만져 기쁘고 즐거운 삶으로 바꾸어 주는 하느님의 심부름꾼이다. 아직도 온 나라 곳곳에 지난날 삶의 자취가 남은 마을에는 서낭의 자취도 온전히 사라지지 않고 조금씩 남아 있다. 우리 고향에도 여태 '당산'이 있는데, 거기에는 새마을 운동으로 베어 버릴 때까지 아름드리 '당나무'가 한 해 내내 왼새끼를 발목에 두르고 서 있었고, 당나무가 서 있는 동산 위에는 일제가 마지막 발악을 하며 헐어서 불태우던 날까지 '당집'이 있었다. '당집'은 서낭이 와서 머무는 집이라 '서낭당'이 본디 제 이름이고, '당나무'는 서낭이 하늘과 땅으로 오르내리도록 사다리 노릇을 하는 거룩한 나무이며, '당산'은 서낭당과 당나무가 있던 동산을 두루 싸잡아 서낭이 노닐던 거룩한 터전이었다.

서낭을 서낭당 바깥으로 모셔 내려면 마땅히 머물 자리를 갖추어야 하는데, 그것이 다름 아닌 '서낭대'다. 정월 초나흘부터 보름까지 마을에 지신밟기가 벌어지면 풍물패 맨 앞에는 언제나 서낭이 내린 서낭대가 앞장서서 이끌었다. 초나흘 새벽 그 해 당산을 책임진 산주를 앞세운 풍물패가 서낭당에 가서 내림 굿을 벌여 서낭을 내려 모신 서낭대를 마을로 데려온다. 그리고 마을에 집집마다 지신밟기가 모두 끝나면 보름밤에 달집을 태 우고 마무리 파지굿을 치고 나서 다시 서낭당으로 데려가, 서낭 은 방 안 제단에 모시고 장대만 추녀 밑에 걸어 둔다. 글자에 매 달린 사람들은 아직도 이런 서낭을 중국 '성황(城隍)'이 들어온 것이라 하지만, 알고 보면 오히려 우리네 서낭이 중국으로 건너 가 저들의 글자에 적힌 것이다.

　서낭의 모습은 여느 사람의 눈에 드러나 보이지 않는다. 서낭 은 자연을 뛰어넘은 신령스러운 존재이기 때문이다. 그것은 서 낭을 부리며 심부름을 시키는 하느님이 사람의 눈에 보이지 않 는 초월적 존재인 것과 마찬가지다. 그러나 사람들은 삶의 굽이 굽이를 지나면서 서낭이 사람들과 함께 살아 있다는 체험을 하 고 느낌을 받아서 그것을 믿는다. 그런 믿음으로 서낭당도 지어 서 서낭이 계시도록 하고, 서낭대도 만들어 서낭을 모시고 다 니고, 당나무를 지키고 당산까지 가꾸며 거룩하게 섬긴다. 이 런 믿음은 물론 서낭을 보내신 하느님이 온 세상을 마련하고 다 스린다는 더 큰 믿음에서 말미암은 것이다. 여느 사람은 서낭의 모습을 볼 수 없다고 했지만, 어떤 사람은 서낭의 모습을 볼 수 있는 힘을 받는다. 그런 사람을 '무당'이라 부른다. 무당은 서낭 의 모습을 볼 수 있을 뿐 아니라, 서낭과 더불어 이야기도 나누 고 마음까지 주고받을 수 있다. 그래서 여느 사람들이 바란다면 서낭을 불러다 모시고 사람의 바람을 서낭에게 건네고 서낭의 말씀을 사람에게 건네는 노릇, 곧 굿을 벌일 수 있다.

서낭은 맡은 몫에 따라 아주 여럿이다. 우선 온 나라를 맡아서 지키고 돌보는 서낭도 있고, 커다란 고을을 지키고 돌보는 서낭, 마을을 지키고 돌보는 서낭, 집안을 지키고 돌보는 서낭들도 있다. 그리고 집안을 지키고 돌보는 서낭에도 대문을 지키는 서낭, 마당을 지키는 서낭, 뒷간을 지키는 서낭, 뒤란을 지키는 서낭, 샘터를 지키는 서낭, 고방을 지키는 서낭, 마구간을 지키는 서낭, 장독간을 지키는 서낭, 부엌을 지키는 서낭, 마루를 지키는 서낭, 안방을 지키는 서낭이 모두 따로 있다. 이처럼 자리를 지키며 돌보는 서낭과는 달리 목숨을 다스리는 서낭, 출산을 돕고 돌보는 서낭, 질병을 다스리는 서낭, 재물을 다스리는 서낭, 벼슬을 다스리는 서낭, 농사를 다스리는 서낭, 넋을 돕고 돌보는 서낭처럼 삶의 어천만사를 맡아서 돌보는 서낭 들이 따로 있다. 그뿐 아니라 어떤 일이든 어느 자리든 남다른 몫을 맡아서 돌보아 달라고 빌면 얼마든지 그것을 맡아서 돌보아 주는 서낭을 모실 수가 있다. 이렇게 맡은 몫의 뜨레에 따라 우리 겨레에게 서낭은 헤아릴 수 없이 많다.

이런 사실을 두고 우리 겨레가 믿고 살아온 무교는 여러 신을 모시는 다신교라고 말하는 사람들도 있다. 그러나 그건 아니다. 이 서낭들은 모두 가장 높은 서낭인 하느님의 심부름꾼에 지나지않기 때문이다. 이들 수많은 서낭은 너나없이 하느님으로부터 저마다의 몫과 힘을 받아서 서낭 노릇을 하는 존재에 지나지 않는다. 그런 사실은 굿판에서 무당이 서낭을 모시면서 노래하는 '본풀이'에 또렷하게 드러나 있다. 무교의 굿에서 노래하는 본풀이란, 모두가 서낭이 어떻게 하느님한테서 남다른 몫과 힘을 받았는지를 밝혀서 이야기하는 것이기 때문이다. 그러니까 우리 겨레가 믿고 살아온 무교는 오직 한 분이신 하느님을 믿는 유일신교라 해야 옳다.

소갈머리

'소갈머리'는 국어사전에 어엿하게 올라 있는 낱말이다. 국어사
전들에서 어떻게 풀이해 놓았는지 알아보자.

1) ① '마음속'의 낮은말. ② '마음보'의 낮은말.
2) '마음'이나 '속생각'을 얕잡아 이르는 말.
3) ① '마음'이나 '속생각'을 낮잡아 이르는 말. ② '마음보'를 낮잡아 이
르는 말.

세 국어사전이 한결같이 '소갈머리'를 '마음, 마음속, 마음보,
속생각을 낮잡아 이르는 말'이라 풀이해 놓았다. 그런데 이 풀이
들을 가만히 들여다보면 '마음, 마음속, 마음보, 속생각'과 '낮잡
아 이르는 말'의 두 덩이로 이루어졌음을 알 수 있다. 그리고 보
니 또 '소갈머리'가 '소갈'과 '머리'라는 두 낱말로 이루어졌다는
생각이 떠오른다. 그래서 드디어는 '소갈'이 곧 '마음, 마음속,
마음보, 속생각'이며 '머리'가 곧 '낮잡아 이르는 말'이라는 것도
드러난다.

그러면 '소갈'이 어떻게 '마음, 마음속, 마음보, 속생각'인가? 이 물음은 책을 처음부터 읽어 왔으면 풀리고도 남았을 것이다. 앞에서 이미 '소갈'은 곧 '속알'이며, '속알'은 또 '마음의 알'이고, '마음의 알'은 곧 '생각과 뜻'이라고 밝혀 놓았기 때문이다.

그러면 또 '머리'는 어떻게 '낮잡아 이르는 말'인가? 국어사전들은 '머리'를 이렇게 풀이해 놓았다.

1) 사람의 됨됨이나 능력 따위를 가리키는 일부 이름씨 뿌리에 붙어서 낮은말이 되게 함.
2) 일정한 명사말 뿌리에 붙어 그 뜻을 속되게 나타낸다.
3) (일부 명사 뒤에 붙어) '비하'의 뜻을 더하는 접미사.

'머리'가 어떤 이름씨 낱말에 붙어서 그 낱말을 낮잡는 말이 되게 하거나 뜻을 속되게 한다는 풀이다. 그러면서 '버르장머리, 소견머리, 소갈머리, 인정머리, 주변머리, 채신머리' 같은 낱말을 보기로 내놓았다.

그런데 여기서 잠시 따져보고 싶다. 참으로 '버르장머리'에서 '머리'가 '버르장'을 낮잡는 말이며, '소갈머리'에서 '머리'가 '소갈'을 낮잡고, '채신머리'에서 '머리'가 '채신'을 낮잡는 것인가를 따져보고 싶다는 말이다. 왜냐하면 '머리'가 괜히 억울한 누명을 쓰고 있는 것은 아닌가 싶기 때문이다.

국어사전들이 보기로 내놓은 낱말들은 제 홀로 쓰이지 않고 반드시 뒤에 풀이말 '없다'를 붙여 쓰인다. '버르장머리가 없고,

소견머리가 없고, 소갈머리가 없고, 인정머리가 없고, 주변머리가 없고, 채신머리가 없다' 하는 익은말(관용구)로서만 쓰인다. 더러 "저 버르장머리 좀 보아!"와 같이 쓰지만, 그것 또한 알고 보면 "저 버르장머리 (없는 것) 좀 보아!"를 줄인 것일 뿐이다. 이래서 사실은 익은말 덩이 채로 낮잡는 뜻을 드러내는 것이고, 익은말 덩이 안에서도 '없다'는 풀이말이 낮잡는 뜻의 몫을 맡고 있지 않느냐는 말이다.

그래서 '머리'는 여기서도 늘 제 본디의 뜻, 곧 '생각하고 판단하는 힘' 또는 '일을 앞장서 이끄는 힘'으로 쓰인 것이다. '버르장머리'는 '버르장(버릇)을 이끄는 힘'이라는 뜻이고, '버르장머리 없다'는 '버릇을 이끄는 힘이 없다'는 뜻이다. 마찬가지로 '소갈머리'는 '속알을 이끄는 힘', 곧 '생각과 뜻을 이끄는 힘'이라는 뜻이고, '소갈머리 없다'는 '생각과 뜻을 이끄는 힘이 없다'는 뜻이다. 그러니 '머리'가 무엇을 낮잡고 비하하고 속되게 하는 그런 뜻으로 쓰인 것은 아니라는 말이다. 이런 판단은 비슷한 쓰임새인 '일머리, 끄트머리, 실마리' 같은 것으로도 힘을 얻을 수 있다. 이들도 모두 '일의 머리', '끝의 머리', '실의 머리'로 쓰여서 무엇을 낮잡거나 비하하거나 속되게 하는 것이 아니기 때문이다.

아름답다

'아름답다'는 그림씨 낱말이다. 그것을 국어사전들이 어떻게 풀이하고 있는지 먼저 살펴보자.

1) ① 사물이 보거나 듣기에 좋은 느낌을 가지게 할 만하다. ② 마음에 들게 갸륵하고 훌륭하다.

2) ① 사물, 현상의 상태나 모양이 조화를 이루어 마음에 만족한 느낌을 자아낼 만큼 이쁘고 곱다. ② 들리는 소리가 감정·정서에 맞게 조화를 이루어 마음에 만족한 느낌을 자아낼 만하다. ③ (사람들 사이의 관계 곧 언행, 소행, 덕행, 도덕, 동지애, 협조 정신 등이) 사람들의 지향과 요구에 맞게 바르고 훌륭하다.

3) ①보이는 대상이나 음향, 목소리 따위가 균형과 조화를 이루어 눈과 귀에 즐거움과 만족을 줄 만하다. ② 하는 일이나 마음씨 따위가 훌륭하고 갸륵한 데가 있다.

보다시피 1)《우리말큰사전》과 3)《표준국어대사전》은 두 몫으로 나누어 풀이하고, 2)《조선말대사전》은 세 몫으로 나누어 풀이해서 크게 다른 듯하다. 그러나 1)《우리말큰사전》과 3)《표준국어대사전》이 '보는 것(눈)'과 '듣는 것(귀)'을 하나로 묶어 풀이하고, 2)《조선말대사전》에서는 그것을 따로 몫을 나누어 풀이했을 뿐이기에 속내로는 다를 것이 없다. 그러니까 결국 국어사전들은 '아름답다'라는 낱말을 잘게 보면 세 가지로 나누어 뜻풀이를 했다. 첫째, 눈에 보이는 것이 좋은 느낌을 자아내면 아름답다는 것이다. 둘째, 귀에 들리는 것이 좋은 느낌을 자아내면 아름답다는 것이다. 셋째, 무엇(사람 사이의 관계? 일이나 마음씨?)이 갸륵하고(바르고) 훌륭하면 아름답다는 것이다. 이것을 간추리면, '아름답다'라는 낱말은 보이거나 들리는 것(겉모습)과 보이지도 들리지도 않는 것(속살)으로 두 가지 속살의 뜻을 지닌다. 그리고 겉모습은 좋은 느낌을 자아내면 아름답고, 속살은 갸륵하고 훌륭하면 아름답다는 것으로 풀이한 셈이다.

이런 뜻풀이는 그럴듯하지만 뭔가 손에 잘 잡히지 않는다. 겉모습이 '어떻게 되면' 좋은 느낌을 주는 것인지, 속살이 '어떻게 되면' 갸륵하고 훌륭한지를 말해 주지 않기 때문이다. 겉모습이든 속살이든 '어떻게 되어야' 아름답다고 하는 것인지를 알아야 비로소 우리 겨레가 아름다움을 어떻게 알고 사는 것인지도 밝혀질 수가 있겠는데, 거기까지는 가지 않았다.

그러나 겉모습이든 속살이든 '어떻게 되어야' 아름다울 수 있느냐 하는 물음을 풀어 보자면 이야기가 길어진다. 그뿐 아니라 동서양을 막론하고 이 물음을 걸고 수많은 사람이 이미 온갖 이야기를 했지만, 아직도 할 이야기는 끝없이 남아 있다. 그러므로 우리는 우선 우리 겨레가 쓰는 '아름답다'라는 낱말을 살펴보는 것이 바람직하다.

우리 겨레가 '아름답다'라는 낱말로 무엇을 뜻하는 것인지를 알아보는 첫걸음은 그 낱말의 짜임새를 살펴보는 일이다. 그런데 보다시피 '아름답다'는 '아름'과 '답다'가 나란히 이어졌다. '아름'을 몸통으로 삼고 '답다'를 꼬리로 삼아서 만들어진 낱말이다. 그러니 '아름답다'라는 낱말은 '아름'과 '답다'를 살펴보면 뜻이 쉽게 드러날 듯하다.

'답다'는 널리 쓰이는 낱말꼬리로서 '사람답다', '어른답다', '아이답다', '사장답다', '직원답다', '학생답다', '교사답다', 이렇게 사람을 뜻하는 낱말을 몸통으로 삼고 거기에 붙는다. 그리고 그 몸통이 마땅히 있어야 할 거기에 넘칠 만큼 잘 있다는 뜻을 드러낸다. 이를테면, '사람답다' 하는 말은 '사람으로 갖추어야 할 것을 남김없이 갖추고 가장 바람직한 사람으로 되어 있다.' 하는 뜻이다. 그러나 '답다'가 사람을 뜻하는 낱말만을 몸통으로 삼는 것은 아니다. '참답다, 꽃답다, 실답다, 가정답다, 학교답다, 회사답다' 하다가 나아가서 마침내 '고양이답다, 개답다, 개나리답다, 진달래답다' 해도 틀렸다 할 수는 없다. 그만큼 '답다'는 쓰임새가 열려 있는 낱말꼬리인데, 무엇을 몸통으로 삼든지 그것이 드러내는 뜻은, 그 몸통이 마땅히 있어야 할 거기에 넘칠 만큼 가장 바람직한 그것으로 있다는 것이다. 그러니까 낱말의 몸통이 마땅히 있었으면 하고 바라는 그것, 한자말로 하면 '이상(理想)' 또는 서양말로 하면 '이데아(idea)'를 뜻한다고 하겠다.

그러면 몸통인 '아름'은 무엇인가? 그것은 '알암'이고, '알암'은 곧 '알밤'이다. '알밤'은 본디 '알봄'이었다가 '알봄'을 거쳐 '알옴(알암)'이 되고, 이제 'ㅂ'이 사라지니까 'ㄹ'이 아래로 흘러내려서 '아룸(아람)'으로 바뀌고, 'ㆍ'가 사라지면서 'ㅡ'로 바뀌니까 마침내 '아름'이 되었다. 그런 사정은 한글을 만들어 쓴 15세기 뒤로 적힌 자료에서 뚜렷하게 드러나기 때문에 알 만한 사람들은 모두 아는 사실이다. 그러니까 '아름답다'라는 낱말의 뿌리는 '알밤답다'이다. 그런데 '알밤답다'의 속살이 어떻게 '아름답다'의 속살을 드러낼 수 있을까? 이 물음의 대답 안에 우리 겨레가 세상을 바라보는 눈이 감추어져 있다.

'알밤'은 무엇인가? 밤의 껍데기를 모두 벗기면 맨 마지막에 드러나는 알맹이가 알밤이다. 알밤은 어떠한가? 살결이 보얗고 깨끗한 빛깔을 내면서 속까지 단단하다. 입에 넣고 깨물면 오도독 소리를 내고 깨어지면서 달큼하고 고소한 맛이 난다. 우리가 어릴 적에는 어른들이 남의 집 아기를 처음 만나서 가장 좋은 말로 기려 주려면 반드시 "아따, 그놈 참 알밤같이 생겼네!" 하거나 "아따, 그 녀석 꼭 깎아 놓은 알밤 같네!" 했다. 아기의 생김새가 알차며 깨끗하고 단단하다는 뜻인데, 그것을 언제나 알밤에 빗대었던 것이다.

그런데 좀 더 생각해 보면, 깎아서 드러난 알밤만으로 알밤의 아름다움을 헤아린 것은 아닌 듯하다. 우리 겨레가 알밤을 아름다움의 뿌리로 바라본 것은 밤이라는 열매를 모두 생각했기 때문이다. 밤이라는 열매는 우선 겉으로 험상궂은 '밤송이'에 싸여 있다. 손이 닿으면 찔리는 가시투성이인 밤송이 안에 알밤은 깊이 감추어져 있다. 이 거칠고 험상궂은 밤송이를 애써 까고 나면 거기에는 반들거리는 '밤톨'이 드러난다. 밤톨도 매끄럽고 딱딱한 껍질로 알밤을 단단히 감추어 싸고 있다. 이 딱딱하고 매끄러운 밤톨 껍질을 벗기면 이제는 또 트실트실한 '보늬'가 드러난다. 보늬는 부드럽지만 텁텁한 맛을 내어서 그냥 먹으려고 달려들기 어렵고, 벗기려 해도 단단히 달라붙어서 쉽지 않다. 그만큼 알뜰하게 감싸고 있는 보늬를 공들여 벗기면 그제야 마지막으로 알밤이 모습을 드러낸다. 저마다 깊은 뜻을 지닌 세 겹의 껍질로 알맹이를 감싸고 있는 이것이 밤이라는 열매의 모습이다.

겉모습으로 보고는 험상궂어서 쉽게 다가갈 마음도 먹기 어려운 밤송이를 한사코 벗겨 내고, 한결 나아졌지만 그래도 매끄럽고 딱딱한 밤톨의 껍질도 애써 까내고, 한결 더 부드러워졌지만 텁텁하여 입에 대기 어려운 보늬까지 벗겨 내고야 만날 수 있는 알밤. 세 겹의 만만찮은 껍질을 벗기고 들어온 이에게는 하얗고 깨끗하고 단단한 속살과 고소하고 달콤한 맛을 남김없이 보여주는 알밤. 그런 알밤은 온통 보얀 살결로만 이루어져서 어디를 뒤져 보아도 흠도 티도 없이 깨끗하다. 겉으로 드러내어 떠벌리며 자랑하는 것이 아니라, 어리석고 미련한 사람은 좀처럼 닿아 볼 수 없도록 겹겹이 깊숙하게 감추어진 알밤. 이런 알밤을 우리 겨레는 아름다움의 참모습으로 알고, 이런 알밤다우면 그것이 곧 아름다운 것이라 여겼다.

그래서 알밤은 서낭에게 바치는 제물의 맨 윗자리를 차지한다. 알다시피 서낭에게 제물로 바치는 열매는 모두 꼭지 쪽으로만 자르고 껍질을 벗기지 않는 법이지만, 오직 맨 윗자리에 놓는 밤만은 세 겹의 껍질을 모두 벗겨 내고 알밤으로 바쳐야 한다. 알밤을 아름다움의 알맹이로 여기는 우리 겨레의 마음이 서낭에게 바치는 제물에도 고스란히 담겨 있다는 말이다.

'아름답다'라는 우리 토박이말의 속살이 놀랍고, 이런 낱말을 만들어 낸 우리 겨레의 슬기와 설미가 참으로 자랑스럽다. 그런데도 안다는 사람들과 배웠다는 사람들은 아직도 '아름다움'이라는 토박이말을 가꾸어 쓸 궁리는 하지 않고, 굳이 '미(美)'라는 한자말을 부려 쓰려고 한다. '미적, 미술, 미학, 미감, 미관'같이 다른 글자를 보태서 만든 낱말은 말할 나위도 없고, 그냥 외자인 '미'를 낱말로 삼아서 '미에 대하여, 미를 위하여, 미는 고사하고, 미와 함께' 이렇게 쓰기를 밥 먹듯이 한다.

말이 났으니 말이지만, 중국의 옛사람들이 뜻을 담아 만든 글자인 '미'를 우리 선조들이 만든 '아름다움'과 견주면, 저들과 우리가 얼마나 다른 마음을 지니고 다른 삶을 살았는지를 알 만하다. 저들의 '미'는 '염소 양(羊)' 자 아래 '큰 대(大)' 자를 붙여서 만들었다. '염소가 크다'는 것이 미, 곧 아름답다는 말이다. 염소가 크면 어째서 아름다울까? 그건 염소를 알면 어렵지 않게 대답할 수 있는 물음이다. 염소는 여러 가지인데, 여기서 말하는 중국 사람들의 염소는 이른바 '면양'이라는 털염소를 뜻한다. 이 털염소는 우선 해마다 털을 깎아서 온갖 입성의 감으로 값지게 쓰인다. 그리고 털염소를 잡으면 고기 맛이 좋아서 예로부터 중국 사람들이 가장 값진 고기로 여겼다. 오죽했으면 "만두 속에는 값싼 개고기를 넣으면서 만두집 대문 위에는 염소 대가리를 내다 건다.(양두구육)"라는 속담까지 생겼을까! 염소는 중국 사람들에게 먹고 입는 일에서 가장 보배로운 짐승으로 여겨졌다. 이렇게 가장 좋은 입성의 감, 가장 좋은 먹거리의 감이 크면 클수록 중국 사람들은 아름답다고 생각한 것이다. 그래서 저들도 서낭에게 제물을 바칠 적에는 염소를 가장 좋은 제물로 여겼다.

우리 겨레가 알밤을 아름다움의 알맹이로 여기는 것과는 달리, 중국 사람들은 큰 염소를 아름다움의 뿌리로 여기는 것이다. 어느 쪽이 아름다움을 더욱 잘 깨달았는지 따지는 것은 이렇다 할 쓸모가 없겠지만, 서로가 너무 다른 눈으로 아름다움을 찾았다는 사실은 뚜렷이 알 수 있다. 서로의 다름을 지키고 가꾸는 일이야말로 인류 문명을 푸지고 넉넉하게 살리는 길이니, 우리도 중국이나 일본이나 서양을 따르려 애쓰기에 앞서 먼저 우리만의 것을 지키고 가꾸는 일부터 힘써야 한다. 우리만의 것을 지키고 가꾸는 길에서 첫손 꼽히는 것이 바로 우리 토박이말을 살리고 가꾸는 일이다.

어처구니없다

1) ① 상상 밖에 엄청나게 큰 물건이나 사람. ② (광산에서) 큰 바윗돌을 부수는 기계.

2) 뜻밖으로 엄청나게 큰 사람이나 사물.

3) 상상 밖의 엄청나게 큰 사람이나 사물.

21세기를 넘어서면서 누리그물에는 '어처구니'를 놓고 여러 뜻 풀이가 올라왔다. 국어사전들이 '어처구니'의 뜻을 위와 같이 밝혀 놓았으나 사람들이 그것을 받아들이지 않은 것이다. 국어사전들에서 밝힌 풀이들이 '어처구니없다'라는 말이 드러내는 뜻에 잘 어우러지지 않기 때문이다.

누리그물에 들어가 찾아보니 2002년에 들어서면서 어처구니를 '맷돌의 손잡이', '농기구의 머리 부분', '농기구의 손잡이'라고 들었다는 사람들이 잇달아 나타났다. 그리고 2006년에는 어처구니를 '맷돌의 위짝이 아래짝에 얹혀 돌아가도록 끼워 주는 작은 쇠기둥'이라고 들었다는 사람이 나타나고, 2007년에는 어처구니가 '중국서 들어온 한자말 '어처구니'(於處軀尼, '어디에다 몸을 둘지 모른다는 뜻'이라 했음.)며, 이것은 궁궐같이 지체 높은 집의 기와지붕 처마 끝에 나란히 올리는 짐승 모습(잡상)의 조형물'을 뜻한다고 주장하는 사람이 나타났다. 그리고 마지막 주장은 신문에 실려 널리 알려지기에 이르렀다. 맷돌 손잡이거나 맷돌 아래짝에 낀 쇠기둥이거나 기와지붕 처마에 나란히 선 짐승들이라면 '어처구니없다'라는 말이 드러내는 뜻에는 나름대로 그럴듯하게 어울리기 때문이다. 그러나 어느 것도 믿을 만한 터무니가 없기 때문에 아직은 참뜻으로 자리를 잡지 못하고 있는 듯하다.

'어처구니없다'는 '어이없다'와 같은 뜻으로 쓰는데, 두 낱말이 어떤 관계로 같은 뜻을 드러내는지 밝혀지지 않았다. 《우리말큰사전》과 《조선말대사전》은 '어이없다'를 "하도 기가 막혀 어찌할 생각이 없다." 또는 "하도 엄청나거나 기가 막혀 뭐라고 말할 수 없다."라고 풀이해 놓고, '어처구니없다'를 '어이없다'의 속된 말 또는 속되게 이르는 말이라고 했다. 그러나 《표준국어대사전》은 '어처구니없다'를 "일이 너무 뜻밖이어서 기가 막히는 듯하다." 라고 풀이해 놓고, '어이없다'는 '어처구니없다'와 같은 말이라고 했다. 앞의 두 사전은 '어이없다'를 본딧말로 보고, 뒤의 사전은 '어처구니없다'를 본딧말로 보았다는 말이다. 아무래도 '어이'에서 '어처구니'로 바뀌기보다 '어처구니'에서 '어이'로 바뀌는 것이 쉬울 듯한데, 우리 고향에서는 이도 저도 아닌 '얼척없다'를 쓰니까 혹시 두 낱말의 관계를 밝히는 말미가 숨어 있지나 않을까 싶기도 하다.

이들과는 달리 '터무니없다'는 속내가 아주 환히 드러나는 낱말이다. 〔터＋무니＋없다〕로 또렷하게 쪼개어지고, 세 조각이 저마다 또렷한 뜻을 드러내기 때문이다. '터'는 흉터니 집터니 할 적에 쓰이는 말로, '뭔가가 있다가 사라진 자리'라는 뜻을 지닌 낱말이다. 그리고 '무니'는 곧 '무늬'로서 '그려 놓은 자취'라는 뜻을 지닌 낱말이고, '없다'는 알다시피 '있지 아니하다'는 뜻을 지닌 낱말이다. 그러니까 '터무니없다'는 '뭔가가 있다가 사라진 자리와 자취가 없다'는 뜻을 지닌 낱말인 셈이다. 알기 쉽게 줄이면, '터무니없다'는 '이렇다 할 자취가 없다.'라는 뜻을 지니고 있는 낱말이라 하겠다.

얼

느낌과 생각과 뜻이라는 마음의 속살들은 몸에서 말미암지만, 마음 안에는 몸에서 말미암지 않는 속살이 있다. '얼'이 바로 그 것이다. 얼은 몸에서 말미암지 않으므로, 사람은 스스로 그것이 있는지 없는지 알 수 없다. 그런데도 '얼'이라는 낱말이 있다는 것은, 우리 겨레가 그것의 있음을 알고 살아왔다는 말이다. 몸 으로는 느낄 수도 생각할 수도 없다는 말과 마음으로는 그것이 있는 줄을 알았다는 말은 서로 어긋난다. 그러나 이런 어긋남이 야말로 사람을 사람이게 하는 신비가 아닌가 싶다.

'얼'이라는 낱말의 쓰임새를 살피면 그것이 마음의 참된 속살 이라는 것을 알 만하다. '얼간이', '얼뜨기', '얼빙이', '얼빠졌다' 이런 낱말의 쓰임새가 바로 '얼'의 뜻을 드러내고 있다. '얼간이' 는 [얼+간+이]로 쪼갤 수 있는 낱말로, '얼이 가 버린 사람'이 라는 뜻이다. '얼'이 어딘가 나들이를 가 버리거나 아예 제자리 를 비워 두고 나가 버린 사람이라는 뜻이다. '얼뜨기'는 [얼+뜨 +기]로 쪼갤 수 있는 낱말로, '얼이 하늘 높이 뜬 사람'이라는 뜻이다. 얼이 몸 바깥 허공으로 떠 버려서 제자리를 지키지 못하는 사람이라는 뜻이다. '얼빙이'는 [얼 + 빈 + 이]로 쪼갤 수 있는 낱말로, '얼이 비어 버린 사람'이라는 뜻이다. 얼의 자리가 비어 버리고 껍데기만 남은 채로 사람 모습만 하고 있다는 뜻이다. '얼빙이'나 '얼뜨기'나 '얼간이'의 사람됨을 싸잡아서 '얼빠졌다' 한다. 얼이 사람의 마음에서 빠졌다는 것인데, 얼이 빠지는 길을 자리를 비우는 것(얼빙이)과 허공으로 떠 버리는 것(얼뜨기)과 정처 없이 나가 버리는 것(얼간이)으로 생각했던 셈이다.

이런 낱말을 우리는 나날이 이렇게 쓰며 살아간다. "그 사람 말하는 걸 보면 아무래도 얼간이가 틀림없어!" 이런 쓰임새로 보면, '얼'이란 그 사람이 말하는 것에서 드러나는 것임을 알겠다. "아무개 그 사람 어쩌다가 얼뜨기같이 그런 짓을 했어?" 이런 쓰임새로 보면, '얼'이란 그 사람이 하는 짓에서 드러나는 것임을 알겠다. "그렇게나마 마무리했으니 그래도 얼빙이 소리는 듣지 않게 되었다." 이런 쓰임새로 보면, '얼'이란 일을 처리하고 매듭짓는 슬기에서 드러나는 것임을 알겠다. "아무리 얼빠졌기로서니 사람이 어찌 그럴 수가 있나?" 이런 쓰임새로 모두 모아 보면, '얼'이란 사람됨의 마지막 옹이, 곧 마음의 참된 속살임을 알겠다. 제가 해야 할 몫을 제대로 하면서 사람다운 사람으로 반듯하게 살아가자면 '얼'이 제자리를 지켜야 한다는 뜻을 똑똑히 가르치기 때문이다.

'얼'은 어떻게 생긴 낱말인가? '얼'은 '알'과 같은 말이다. 알다시피 우리말은 모음을 밝은 것과 어두운 것으로 나누어 서로 넘나들게 하면서 느낌을 달리 불러일으킨다. 그래서 '알'이 '얼'로 되기도 하고, '얼'이 '알'로 되기도 한다.

'알'은 알다시피 목숨 있는 모든 것의 '씨앗'을 뜻한다. 땅 위에 있는 모든 푸나무와 거의 모든 날짐승을 비롯하여 물 속과 땅 위에 사는 짐승들도 여태 알을 낳아서 새끼를 까는 것들이 적지 않다. 아주 먼 옛날에는 사람도 그랬던 것인지, 여러 겨레의 서낭 이야기에는 알에서 태어나는 사람의 이야기가 적지 않다. 말하자면, '알'이란 하늘 아래 있는 온갖 목숨이 세상에 태어나도록 하는 씨앗이라는 뜻이다. 또한 알은 '알맹이' 또는 '알짜배기'라는 뜻이기도 하다. 배 안에 들어 있는 알맹이를 '배알'이라 하듯이 몸 안에 들어 있는 알맹이를 '속알'이라 하지만, 그것이 몸의 알이기만 한 것이 아니라 마음의 알이기도 하기 때문에, 그런 모두를 싸잡은 사람의 알맹이로서 '알(얼)'이라 했다. 이것이 없으면 사람은 한갓 껍데기에 지나지 않는 것, 곧 사람의 알짜배기며 사람의 알맹이며 사람의 참된 임자가 '얼'인 것이다.

그리고 '얼'은 '알다'라고 하는 움직씨의 몸통인 '알'이다. '알다'의 몸통인 '알'은 곧 '앎'이다. '얼'은 아는 것이며, 알게 하는 힘이라는 뜻이다. 살갗, 눈, 귀, 코, 입 같은 몸으로 바깥세상을 아는 것뿐만 아니라, 그런 것들로는 도무지 알 수 없는 저 너머에 또 다른 무엇이 있다는 것까지를 아는 힘이다. 한정된 시간과 공간 안에 갇혀 있는 한낱 사람이면서도 끝이 없는 시간과 공간이 있음을 아는 힘, 무엇이 옳고 무엇이 그른지를 알고 무엇을 해야 하고 무엇을 하지 말아야 하는지를 아는 힘이다. 무엇보다도 제 스스로를 들여다볼 줄 알고, 제가 어디서 왔으며 어디로 가야 하는가를 아는 그런 힘이다. 얼이 그처럼 끝없는 시간과 공간과 더불어 언제나 죽지 않고 길이 살아 있는 것이기에 그럴 수 있는지도 모르겠다.

'얼'은 몸에서 생겨나는 것이 아니라 오히려 먼저 얼이 있고 거기서 몸이 생겨나는 것이다. 그러니까 '얼'이란 사람이라는 목숨이 생겨나도록 열어 주는 자연의 힘이며 씨앗이다. 그것은 몸에서 생겨난 속살이 아니기 때문에 몸과 마음이 그 움직임조차 눈치챌 수도 없다. 있는지 없는지도 모르고 머무는지 떠나는지도 모르니, 깨끗한지 더러운지도 모르면서 어떻게 얼을 이야기할 수 있었을까? 그만큼 자연을 뛰어넘는 것이기에 사람이 제 얼을 이야기하는 것은 어림없는 노릇임이 틀림없다. 하지만 우리 겨레는 그런 얼을 알았고, 그런 얼을 이야기하면서, 그런 얼을 지니고 살았다.

우리 겨레는 사람이 죽으면 푸나무나 짐승처럼 '죽었다' 하지 않고 '돌아갔다' 한다. 무엇이 돌아갔다는 것인가? 몸이 돌아간 것은 아니다. 몸은 숨이 멎어 우리 눈앞에 주검으로 누워 있기 때문이다. 그러면 마음이 돌아갔는가? 그럴지도 모른다. 그러나 느낌과 생각과 뜻으로 이루어진 마음이란, 몸에 뿌리를 박고 생겨났으며 몸뚱이와 떨어질 수 없다. 몸에서 말미암고 몸에서 떨어질 수 없는 것들이 몸을 두고 어디로 돌아갈 수 있을 것인가? 굳이 돌아간다면 본디 나왔던 몸으로 돌아갈 수밖에 없으나, 몸은 이미 깃들일 수 없는 주검으로 바뀌었다. 그러니 몸이 자연으로 흩어지는 것과 같이 마음도 자연으로 흩어지는 수밖에 없다고 보아야 한다. 여기까지는 푸나무와 짐승들이 겪는 죽음이다. 그런데 사람은 그런 죽음을 뛰어넘어 '돌아가는' 것이다.

사람이 죽었는데 돌아가야 하는 무엇이 있다면 그것은 '얼'일 수밖에 없다. 얼은 본디 몸에서 말미암은 것이 아닐뿐더러 길이 살아남을 수 있는 것이기 때문이다. 그렇다면 얼은 어디로 돌아가는가? 본디 왔던 거기로 돌아가야 '돌아간다'는 말이 말답게 된다. 얼이 본디 왔던 거기는 어디인가? 아무도 알 수 없는 물음이다. 사람의 힘으로 밝힐 수 없기 때문이다. 그러나 '돌아간다'는 말을 쓰면서 살아온 것으로 보면, 우리 겨레는 죽어서 돌아가는 거기를 알았다고 볼 수 있다. 그것은 참으로 놀라운 직관과 날카로운 통찰력이 아니면 이루어 낼 수 없는 일이다.

세상에는 뛰어난 직관과 통찰력으로 누리 너머를 들여다보고, 거기서 들리는 소리를 들으며 깨달음을 얻은 큰 스승들이 있었다. 그런 스승들은 한결같은 목소리로, 온갖 목숨을 있게 하는 조물주, 아무것도 없는 데서 있는 것을 이끌어 내는 창조주, 하늘과 땅을 빛으로 밝히며 만물을 있게 하는 천지신명, 우주의 뿌리인 제일 원인, 하늘의 임금이신 하느님(천제 또는 상제)…… 이름이야 어찌 되었건 바로 그분 또는 그분이 계시는 곳이 사람이 죽어서 돌아가야 할 거기라고 가르쳤다. 우리 겨레는 일찍이 그런 스승을 만난 적이 없지만 얼을 알았고, 얼이 거기로 돌아간다는 사실을 알았다. 그래서 '얼'이며 '돌아간다' 같은 낱말을 만들어 쓰면서 살았다.

그런데 사람이 죽으면 본디 거기로 돌아가는 얼은 '얼'이라 부르지 않는다. 사람의 몸 안에 들어 있을 적에는 그것이 몸의 알이기에 얼이지만, 마음과 몸을 벗어나 홀로 있으면 스스로 무엇의 알일 수가 없어 얼이라 부를 수가 없기 때문이다. 그래서 바꾸어진 이름이 곧 '넋'이다. 살아 있는 사람의 몸속에 있을 적에는 얼이라 하던 것을, 사람이 죽어 몸 바깥으로 빠져나오면 넋이라 부른다. 살아 있는 사람에게도 더러 '넋 빠진 사람'이니 '넋 나간 사람'이니 '넋을 놓고 있다'느니 하지만, 그것은 넋이 나가고 몸뚱이만 남은 사람, 곧 주검과 다를 바 없는 사람이라는 뜻으로 몹시 몰아치는 말이다. 살아 있는 사람 안에 넋이 있어서 그렇게 쓰는 것은 아니다.

'넋'은 일찍이 글로 적혀 있어 그런 쓰임새를 더듬기가 어렵지 않다.

넉시라도 님을 흔디 녀닛경 너기다니   − 고려 노래, 〈서경별곡〉
백골이 진토 되여 넉시라도 잇고 업고   − 정몽주, 〈단심가〉

이런 노래로 보면, 고려 적에 벌써 '넋'이란 말이 널리 쓰였음을 알 수 있다. '(죽어서) 넋이라도 임과 함께 살아가리라 여겼더니', '(죽어서) 뼈들은 흙이 되고 넋까지도 있든 없든', 이렇게 노래했으니 '넋'은 몸이 죽은 다음에 죽지 않고 홀로 남아 있는 무엇을 뜻하는 것임을 훤히 알아볼 수 있다. 요즘도 굿판에서 '넋건지기, 넋걸이, 넋굿, 넋두리, 넋맞이, 넋반, 넋풀이' 같은 말을 자주 쓴다.

우리 무교에서는 넋이 깨끗해야 본디 왔던 그곳으로 편안히 돌아간다고 여겼다. 제명에 죽지 못한 사람의 넋일수록 깨끗이 씻어 주지 않으면 길이 편히 쉴 고향으로 돌아가지 못하고 구천을 떠돌며 온갖 아픔을 겪는다고 보았다. 그래서 오구 서낭에게 맡겨 넋을 건지고, 넋을 달래고, 넋을 씻어 길이 쉴 수 있는 그곳으로 데려다 달라고 굿을 벌였다. 얼이 몸과 마음에 들어와 있을 적에 갖가지 고달픈 삶이 때도 묻히고 흠도 내었을 것으로 보았기 때문이다. 그런 때와 흠을 씻어 내고 본살같이 되돌려 놓지 않으면 보내 주신 분이 기꺼이 받아들여 주지 않는다고 믿었다. 넋에 묻은 때와 흠은 사람마다 그야말로 천차만별이겠으나, 그것을 씻어 내는 씻김의 아픔은 무엇으로도 견줄 수가 없다. 저승에서 받아야 하는 넋 씻김의 아픔이 얼마나 무서운지를 안다면, 살아생전에 몸과 마음으로 얼에다 때를 묻히는 사람은 아마도 없을 것이다. 이것은 힌두교와 불교와 그리스도교와 이슬람교같이 세상에서 가장 많은 사람이 믿고 살아가는 위대한 종교에서 가르치는 바에 조금도 뒤지지 않는 깨달음을 지닌 가르침이다.

여보

'여보'라는 낱말을 모르는 어른은 없을 것이다. 아이들이라도 너덧 살만 되면 그것이 어머니와 아버지가 서로 부를 때에 쓰는 말인 줄 안다. 국어사전들은 "아내와 남편 사이에 서로 부르는 말"이라는 풀이에 앞서 "허물없는 사이의 어른들이 서로를 부르는 말"이라는 풀이를 내놓고 있다. '여보'라는 말을 요즘에는 아내와 남편 사이에 서로 부르는 말로 많이 쓰지만, 지난날에는 '허물없는 사람끼리 서로 부를 적에 쓰는 말'로 더욱 많이 썼다.

'여보'는 본디 '여보십시오', '여봅시오', '여보시오(여보세요)', '여보시게', '여보게', '여보아라' 같은 낱말에서 '-십시오', '-ㅂ시오', '-시오', '-세요', '-시게', '-게', '-아라'와 같은 씨끝을 잘라 버린 낱말이다. 그런데 '여보'의 본딧말인 '여보십시오', '여보아라' 따위도 애초의 본딧말은 아니다. 애초의 본딧말은 '여기를 좀 보십시오.'나 '여기를 좀 보아라.' 같은 하나의 월이었다. '여기를 좀 보십시오.'가 '여기를 보십시오.'로 줄어지고, 다시 '여기 보십시오.'로 줄어졌다가 마침내 '여보십시오.'로 줄어진 것이다. '눈을 돌려서 여기를 좀 바라보아 달라'는 뜻의 문장이 줄어져서 마침내 사람을 부르는 낱말 '여보'로 탈바꿈했다는 말이다.

낱말로 탈바꿈한 '여보'의 본딧말에서 '여보십시오', '여봅시오', '여보시오(여보세요)'는 손윗사람에게 쓰는 높임말이고, '여보시게', '여보게', '여보아라'는 손아랫사람에게 쓰는 낮춤말이다. 그리고 이처럼 높이거나 낮추거나 하는 대우를 나타내는 몫은 '-십시오', '-시오', '-시게', '-아라' 따위의 씨끝이 맡고 있다. 그러니까 '여보'는 본딧말에서 '높이거나 낮추거나 하는 몫의 씨끝'을 잘라 버려서, 높이지도 못하고 낮추지도 못하는 말이다. 이렇게 높이지도 못하고 낮추지도 못하는 말을 '반말'이라 한다.

듣는 사람을 높일 수도 없고 낮출 수도 없는 사이, 높이지도 못하고 낮추지도 못하는 그런 사이를 '허물없는 사이'라고 한다. 그리고 허물없는 사이에서 가장 허물없는 사이, 도무지 높일 수도 없고 낮출 수도 없이 평등한 사이를 우리 겨레는 아내와 남편 사이라고 여겼다. 그래서 반말이란 아내와 남편 사이에서만 쓰는 말이고, 남에게는 쓰지 못하는 말이었다. 아내와 남편 사이가 아닌 다른 사람 사이에는 반드시 높낮이가 있게 마련이기 때문이다. 가까운 벗들끼리도 서로 평등하니까 반말을 쓸 수 있을 듯하지만, 허물없는 벗들끼리는 서로 조금씩 낮추어서 '-시게' 또는 '-게' 따위의 씨끝을 붙여 온전한 말을 쓰는 것이었고, 반말은 아내와 남편 사이에서만 쓰는 것이 우리 겨레의 말법이었다.

아내와 남편이 평등한 사이였음은 '반말'뿐 아니라, '부름말(호칭어)'로도 알 수 있다. 우리 겨레가 아내와 남편 사이에 쓰는 부름말은 '임자'였다. 알다시피 '임자'는 본디 '물건이나 짐승 따위를 제 것으로 차지하고 있는 사람'을 뜻하는 여느 이름씨 낱말이다. 요즘에는 '주인'이라는 한자말에 밀려서 자리를 많이 빼앗겼지만 아주 쫓겨서 사라지지는 않은 낱말이다. 그런 이름씨 낱말을 우리 겨레는 아내와 남편 사이에 부름말로 썼다. 아내는 남편을 "임자!"라 부르고, 남편도 아내를 "임자!" 하고 불렀다. 서로를 자기의 '임자'라고 부르는 것이다. 서로가 상대에게 매인 사람으로 여기고 상대를 자기의 주인이라고 불렀던 것이고, 아내와 남편 사이에 조금도 높낮이를 서로 달리하는 부름말을 쓰지는 않았다. 요즘 더러 아내는 남편에게 높임말을 하고 남편은 아내에게 낮춤말을 하면서 이른바 '남존여비'를 드러내기도 하지만, 이것은 지난 세기 일제 강점기에 남긴 일본 사람들 말법의 찌꺼기다.

아내와 남편 사이에 높낮이가 없다는 사실은 가리킴말(지칭어)로도 알 수 있다. 우리 겨레가 아내와 남편 사이에 쓰는 가리킴말은 '이녁', 곧 '이녘'이다. 알다시피 '녘'은 자리를 뜻하고 '쪽'은 방향을 뜻하여 꼼꼼히 따지면 서로 다르지만, 여느 쓰임에서는 서로 비슷한 뜻으로 쓰인다. 그러니까 '이녘'이란 말은 '이쪽'과 비슷한 뜻인데, 아내가 남편을 가리키며 '이녁'이라 하고, 남편도 아내를 가리키며 '이녁'이라 한다면 이게 어찌 된 일인가? 상대 쪽이라면 마땅히 '그녁(녘)', 곧 '그쪽'이라 해야 올바르지 않은가? 그러나 우리 겨레는 아내와 남편 사이에 서로를 가리키며

'이녁'이라 했다. 서로가 상대 쪽을 가리키며 자기 스스로라고 하는 셈이다. 아내와 남편 사이는 둘로 떨어지는 남남이 아니라 서로 떨어질 수 없는 한 몸, 곧 한 사람이니 '그녈'으로 부를 수는 없다고 여긴 것이다. 아내와 남편은 평등할 뿐만 아니라 아예 한 사람이기에, 상대가 곧 나 스스로라고 여겼다는 사실이 잘 드러난다.

말이 나온 김에 우리 겨레가 아내와 남편 사이에 반말을 쓰고, 서로를 한 몸 한 사람으로 여기며 살았다는 사실에 몇 마디 더 토를 달고 싶다. 요즘 여성 인권을 드높이는 일에 마음을 쓰는 사람들 가운데는 우리 겨레가 먼 옛날부터 여성을 남성보다 낮추었던 것으로 아는 사람이 더러 있는 듯하다. 그러나 그것은 잘못 알고 있는 것이다. 우리 겨레의 지난날 삶을 깊이 들여다보면, 계집을 낮추고 사내는 높이는 그런 뜨레를 두었던 자취는 없다. 오히려 여성을 남성보다 더 높이고 더욱 아끼고 우러러보며 살았던 자취가 두드러진다. 누이는 오라버니에게 '-하게'를 쓰도록 하면서 아우는 누나에게 결코 '-하게'를 쓸 수 없도록 하고, 형편만 되면 딸은 아름다운 별당에서 곱게 키웠던 것을 그런 자취로 꼽을 수 있다.

다만, 유교 철학으로 나라를 다스리던 조선 오백 년 동안에 '남존여비'로 오해받을 만한 꼬투리가 생긴 것은 사실이다. 그런 꼬투리로 '혼인 풍속'과 '내외법'을 들 수 있다. 우리 겨레의 혼인 풍속에는 남편이 아내 집으로 들어가는 '장가들기'와 아내가 남편 집으로 들어가는 '시집가기'의 두 가지가 있었는데, 형편에 따라 골라 썼다. 그런데 조선으로 넘어오면서 시집가기로만 갈수록 굳혀지니까 아들을 둔 집은 값진 일손을 얻어 오고 딸을 둔 집은 값진 일손을 넘겨주는 일방통행이 되고, 게다가 아들 딸을 낳으면 또 고스란히 남편 집의 핏줄과 일손으로만 이어지 게 되었다. 이래서 딸자식은 공들여 키워도 쓸모가 없다고 여기 게 된 것이다. '내외법'이란 아내와 남편이 삶의 몫을 나누어 맡 는 법도를 뜻한다. 대문 안쪽 집 안에서는 아내가 다스리고, 대 문 바깥세상에서는 남편이 다스리는 삶의 방식이다. 오늘날 눈 에는 집 밖에서 앞장서는 남편 쪽을 높인 것으로 보일 수도 있 지만, 이것은 본디 아주 평등한 역할 분담이었을 뿐이고, 사내 를 높이고 계집은 낮추자는 뜻은 아니었다. 그러니까 유교 철학 에서 나온 이 두 가지 풍속에도 여성을 낮추고 남성을 높이려는 뜻은 없었다는 말이다.

쪽

요즘 젊은 사람들이 '쪽팔린다'는 말을 널리 쓴다. 귀여겨 들어
보니 '부끄럽고 쑥스럽다'는 뜻으로 쓰는 것이었다. 누가 맨 처
음 그랬는지 모르지만 생각해 보니 아주 재미있는 말이다. 이때
'쪽'은 반드시 '얼굴'을 뜻하는 것일 듯하니, 한자 '면(面)'을 '얼굴
면'이라고도 하고 '쪽면'이라고도 하기 때문이다. '팔린다'는 말
은 값을 받고 넘긴다는 뜻이니, 남의 손으로 넘어가 버려서 제
가 어찌해 볼 길이 없다는 뜻이다. 그래서 '쪽팔린다'는 말은 '얼
굴을 어찌해 볼 길이 없다.'라는 뜻이다. '얼굴을 못 든다'거나
'낯 깎인다'거나 '낯 뜨겁다'거나 하는 말들이 일찍이 있었는데,
이제 새로 '쪽팔린다'는 말이 나타나서 우리말의 쓰임새를 더욱
푸짐하게 만들었다.

우리말에는 이 밖에도 여러 가지 '쪽'이 있다. '무엇이 쪼개진
조각의 하나'라는 뜻으로 "그 사과 한 쪽 먹어 보자." 하고, '시
집간 여자가 땋아서 틀어 올린 머리'라는 뜻으로 "쪽을 찌고 비
녀를 꽂으니 예쁘구나!" 하고, '여뀟과에 드는 한해살이풀의 하
나'로 "쪽빛 물감이 참으로 예쁘다." 하고, '책이나 공책 따위의

한 바닥'이라는 뜻으로 "그럼 이제부터 아홉째 쪽을 읽어 보자." 하고, '서로 갈라져 맞서는 둘 가운데 하나'라는 뜻으로 "너는 도대체 어느 쪽 사람이냐?" 하고, 한자말로 '방향'이라 하는 뜻으로 "오늘은 해가 서쪽에서 뜨겠네!" 한다. 이 밖에도 '국물 따위를 뜨도록 만든 부엌세간의 하나('국자'의 사투리)'도 '쪽'이고, '아편을 뜻하는 변말(은어)'도 '쪽'이다.

여기서는 한자말 '방향'한테 잡아먹혀서 없어진 '쪽'만을 이야기해 보고 싶다. 이 '쪽'이 홀로 살아남지는 못했으나 한자말에 붙어서 끈질기게 살아 있어서 이야기해 볼 만하기 때문이다. 알다시피 '동쪽', '서쪽', '남쪽', '북쪽'이라든지 '동남쪽', '남서쪽', '서북쪽', '북동쪽' 같은 모습으로 한자에 달라붙어서 살아 있다. 한자를 우러르는 사람들은 아직도 이들 낱말이 중국에서 한자가 들어오기 전에는 아예 없었으리라 생각하지만 이는 얼토당토 않은 생각이다. 동쪽은 본디 우리말로 '새쪽', '남쪽'은 '마쪽', 서쪽은 '하늬쪽', 북쪽은 '높쪽'이었다. 그리고 남쪽과 북쪽은 또 '앞쪽'과 '뒤쪽'이라는 다른 이름으로 부르기도 했다. 따라서 '동남쪽'은 '새마쪽', '남서쪽'은 '마하늬쪽', '서북쪽'은 '하늬높쪽', '북동쪽'은 '높새쪽'이었다.

이들 '쪽' 이름 가운데 그래도 가장 씩씩하게 살아남은 것은 '새'다. '새 날', '새 해', '새 아침', '새 터', '새 옷', '새벽', '새롭다' 같은 '새'는 모두 본디 해가 처음 솟아오르는 그쪽을 뜻하는 말이었다. 그러나 이것이 쪽의 이름이라는 본살을 또렷하게 드러내 주는 낱말은 바람의 이름인 '샛바람'뿐이었다. 그리고 샛바람을 비롯한 여러 가지 바람 이름에서 한자말에 잡아먹힌 쪽의 이름을 간신히 찾아낼 수가 있었는데, 완판본 〈열녀춘향수절가〉 가운데 암행어사가 되어 거지꼴로 춘향이 집을 찾아온 이몽룡이 월매가 구박 섞어 내온 밥을 짐짓 고픈 듯이 먹어 치우는 대목에 나오는 "마파람에 게 눈 감추듯 한다."라는 말에서 '마파람'이 바로 그것이다.

이렇게 해서 이제까지 겨우 찾아낸 바람의 이름을 불어오는 쪽에 따라 꼽아 보면 이렇다. 동쪽에서 불어오는 바람으로 '샛바람', '가새바람', '된새바람'이 있다. '가새바람'은 샛바람 가운데서 가늘게 불어오는 바람이고, '된새바람'은 샛바람 가운데서 되게(거세게) 불어오는 바람이다. 남쪽에서 불어오는 바람으로 '마파람', '앞바람', '갈마파람', '된마파람'이 있다. '앞바람'은 마파람의 또 다른 이름이고, '갈마파람'은 마파람 가운데서 가늘게 불어오는 바람이고, '된마파람'은 마파람 가운데서 되게(거세게) 불어오는 바람이다. 서쪽에서 불어오는 바람으로 '하늬바람', '높하늬바람', '가수알바람'이 있다. '높하늬바람'은 높쪽과 하늬쪽 사이에서 부는 바람이고, '가수알바람'은 하늬바람의 또 다른 이름이다. 북쪽에서 불어오는 바람으로 '높바람', '뒤바람', '높새바람', '막새바람'이 있다. '뒤바람'은 '높바람'의 또 다른 이름이고, '높새바람'은 높쪽과 새쪽 사이에서 불어오는 바람이다. 그리고 '막새바람'은 높바람 가운데서 샛바람에 가장 가까운 바람이다.

우리말은 서럽다

지은이 | 김수업

1판 1쇄 발행일 2009년 8월 3일
개정판 1쇄 발행일 2012년 12월 17일
개정판 3쇄 발행일 2016년 4월 11일

발행인 | 김학원
경영인 | 이상용
편집주간 | 위원석 황서현
편집장 | 강창훈
기획 | 문성환 박상경 임은선 최윤영 조은화 전두현 최인영 이혜인 정다이 이보람
디자인 | 김태형 유주현 임동렬 최우영 구현석 박인규
마케팅 | 이한주 김창규 이정인 이정원
저자·독자 서비스 | 조다영 채한을(humanist@humanistbooks.com)
스캔·출력 | 이희수 com.
용지 | 화인페이퍼
인쇄 | 천일문화사
제본 | 정민문화사

발행처 | (주)휴머니스트 출판그룹
출판등록 | 제313-2007-000007호 (2007년 1월 5일)
주소 | (03991) 서울시 마포구 연남로 23길 76(연남동)
전화 | 02-335-4422 팩스 | 02-334-3427
홈페이지 | www.humanistbooks.com

© 김수업, 2012

ISBN 978-89-5862-569-8 03700

이 도서의 국립중앙도서관 출판시도서목록(CIP)은 e-CIP홈페이지(http://www.nl.go.kr/ecip)와
국가자료공동목록시스템(http://www.nl.go.kr/kolisnet)에서 이용하실 수 있습니다. CIP제어번호:
CIP2012005654)

만든 사람들

편집주간 | 황서현
기획 | 문성환(msh2001@humanistbooks.com)
편집 | 이영란
디자인 | 최우영